高职高专土建类“十二五”规划教材

建设工程项目管理

Construction project management

主　编　吕玉辉　范秀兰
副主编　韩建军　杨　涛　陈卫宾
吴　俊　廖菲菲

华中科技大学出版社
中国·武汉

前　言

本书以建设工程项目整个生命周期的管理内容为主线，结合最新的《建设工程项目管理规范》和《中国工程项目管理知识体系》组织编写，内容新颖，理论完整，注重实用性和可读性，注重能力的培养与提高。书中附有知识要点及学习要求，每章后还附有思考和练习。本书不仅适用于高等院校本专科学生，也适合从事工程项目管理工作的人员自学。

本书由长期从事工程项目管理教学和工程项目管理实践的教师及工程技术人员共同编写，吕玉辉、范秀兰任主编，韩建军、杨涛、陈卫宾、吴俊、廖菲菲任副主编。全书由主编提出编写框架，经过全体讨论后，确定编写责任人，最后由吕玉辉总纂、定稿。各章编写分工如下：第1、2章由吕玉辉编写，第3章由吴俊、廖菲菲编写，第4章由杨涛编写，第5章由范秀兰编写，第6、9章由韩建军编写，第7章由刘春鸣编写，第8章由张润智编写，第10、11章由王志武编写，第12章由陈卫宾编写。

本书编写过程中，参考了不少专家、学者有关建设工程项目管理方面的著作、论文，在此谨向各位著述者表示衷心的感谢。

由于时间紧迫，编者水平所限，书中难免有缺点和疏漏之处，恳请各位读者、同行批评指正。

编　者

2010年11月

内容提要

本书以建设工程项目整个生命周期的管理内容为主线，结合最新的《建设工程项目管理规范》和《中国工程项目管理知识体系》组织编写，内容新颖，理论完整，注重实用性和可读性，注重能力的培养与提高。书中附有知识要点及学习要求，每章后还附有思考和练习。本书不仅适用于高等院校本专科学生，也适合从事工程项目管理工作的人员自学。

目　　录

第1章　建设工程项目管理概论

【知识要点及学习要求】

知识要点	学习要求
知识要点1　项目、项目管理、建设工程项目的基本概念和特点。	了解
知识要点2　建设工程项目管理的概念及主要模式。	熟悉
知识要点3　建设工程项目的生命周期、建设程序、管理模式。	掌握

1.1　项目与项目管理

根据人们所从事的社会经济活动是否具有重复持续的特征，可以分为两种类型：一类是连续不断具有比较稳定的重复性特征，如一般社会行政事务活动、企业日常的商务活动和生产活动等；另一类则具有明显的一次性特征，如某项工程的投资建设活动、某项新产品或技术的开发过程等。这两种不同类型的社会经济活动，具有不同的运作规律和特点，因而需要不同的管理方法和组织形式，前者构成了一般的行政管理、社会管理或企业管理，后者则构成了项目管理的对象。项目管理是指项目管理主体在有限的资源约束条件下，为实现其目的，运用现代管理理论和方法，对项目活动进行系统化管理的过程。

1.1.1　项目的概念及特征

1. 项目的概念

项目本指事物分出的门类，但随着“项目”一词已越来越广泛地被人们应用于社会经济和文化生活的各个方面，项目的概念有了新的扩展。目前比较有代表性的观点有以下几种：

(1) 国际标准化组织对项目的界定为：“项目是指一组由起止日期、相互协调的受控活动组成的独特过程，过程的实施要达到规定的目标，要满足时间、费用、资源等约束条件限制。”

(2) 美国项目管理协会在其《项目管理知识体系》中认为：“项目是可以按明确的起点和目标进行监控的任务。”

(3) 德国国家标准 DIN69901 将项目定义为：“项目是指在总体上符合如下条件的具有唯一性的任务(计划)：具有预定的目标；具有时间、财务、人力和其他限制条件；具有专门的组织。”

(4)《中国项目管理知识体系纲要》中认为:“项目是创造独特产品、服务或其他成果的一次性工作任务。”

尽管对项目的认识角度和表述不同,但基本含义是一致的,即项目是在一定的时间、费用、质量标准等约束条件限定下,具有完整的组织机构,为实现其特定的目的而进行的一次性活动。

项目是一系列复合工作的统称,是一项有待进行的活动。如某新产品、新技术的研发,项目指的是研发过程,不是研发者,也不是研发的新产品、新技术。项目的含义极为广泛,可以是建设一项工程,如修建一座水电站、一栋大楼,也可以是从事某项科研活动,或开发一件新产品,举办一次文体活动。但是否作为项目来管理,还取决于项目的客观特征和管理目标。许多不是很重要的一次性任务未必需要作为一个项目来管理。

2. 项目的特征

项目通常具有以下特征。

(1) 一次性　项目的一次性,也称项目的单件性,是项目的最主要特征,也是项目与其他重复性运行或操作工作最大的区别。项目有明确的起点和终点,没有可以完全照搬的先例,也不会有完全相同的复制。项目的其他属性也是从这一主要特征衍生出来的。项目的一次性主要表现在项目的功能、目标、环境、条件、过程、组织等诸方面的差异。当然,项目的一次性是对项目的整体而言的,并不排斥项目实施过程中存在重复性工作。

项目的一次性特征要求项目管理者不能用固定的组织方式和生产要素配置形式去管理项目,而必须根据项目任务的具体条件和特殊要求,采取针对性措施管理项目,以保证项目目标顺利实现。

(2) 目标的明确性　项目的实施是一项社会经济活动,任何社会经济活动都是有目的的。所以,项目必须有明确的目标,即项目的功能性要求,是完成项目的最终目的,是项目的最高目标,是项目产生的依据。项目的目标性要求在项目管理中按照目标管理的原则和方法把项目各个方面的利益有机协调起来,确保项目任务的有效完成。同时,项目的目标也为选择和评价项目的经济活动提供了测度标准,从而有助于做出科学的决策和控制。

(3) 约束性　项目是一项任务,任务的完成有其限定条件,这些限定条件构成了项目的约束条件,主要包括时间、质量、资金等方面的限制或要求。没有约束性就构不成项目。而有些约束性是明显的,有些约束性是暗含的、宽松的。项目的约束性为项目的规划、组织、设计、控制活动提供了依据,也为确定和落实项目各方面的责任提供了参考标准。

(4) 系统性　当某项任务的各要素之间存在某种密切联系,且只有有机地结合起来并相互协助才能确保其目标的有效实现时,就需要将其作为一个项目来处理,客观上也就形成了一个系统。每一项目都是一个系统,只有各个要素相互协调,指向统一，才能发挥系统的整体功能，完成预定的目标。在项目管理中，局部必须服从整体，阶段必须服从全过程，项目全过程的整体优化才是项目管理的最高准则。

（5）生命周期性　项目既然是一次性任务，必然有起点和终点。任何项目都会经过启动、开发、实施、结束这样一个过程，通常把这一过程称为项目的“生命周期”。

3. 项目的分类

（1）按项目成果的实体形态，可将项目分为工程项目和非工程项目。前者如建筑工程、水利工程、交通工程等，后者如软件开发、新产品开发、科技攻关、文体演出节目等。

（2）按项目的规模，可将项目分为大型项目、中型项目和小型项目。

（3）按行业领域，可将项目分为水利项目、农业项目、环保项目、科技项目等。

（4）按项目所属主体不同，可将项目分为政府项目、企业项目、私人项目等。

（5）按项目生命周期不同，可将项目分为长期项目、短期项目。

（6）按项目复杂程度不同，可将项目分为大型集成项目、复杂项目、一般项目等。

1.1.2　项目管理的概念及特征

1. 项目管理的概念

项目管理的发展是人类长期生产实践活动的必然产物，项目管理从经验走向科学经历了相当漫长的历史时期，这一过程大致经历了以下四个阶段：

（1）潜意识的项目管理阶段　从远古到20世纪30年代以前，人们无意识地按照项目的形式运作。古代埃及的金字塔、古罗马的尼姆水道、古代中国的都江堰和万里长城，都是人类祖先开始项目实践的标志。有项目，就必然会有项目管理，但当时，对项目的管理还只是凭借个人的经验、智慧和直觉，依靠个人的才能和天赋，根本没有科学标准，缺乏普遍性和规律性。

（2）传统项目管理阶段　这一阶段从20世纪30年代到50年代初期。本阶段的特征是利用横道图进行项目的规划控制。第二次世界大战前夕，横道图已成为计划和控制军事工程与建设项目的重要工具。横道图是由亨利·甘特于20世纪初发明的，故又称甘特(Gantt)图。甘特图直观而有效，便于监督和控制项目的进展情况，时至今日仍是管理项目的常用方法。项目管理通常被认为是第二次世界大战的产物，始于1942年6月至1945年7月美国研制原子弹的曼哈顿计划，这一阶段明确提出了项目管理的概念。

（3）近代项目管理阶段　这一阶段从20世纪50年代初期到70年代末期。本阶段的主要特征是开发和推广应用网络计划技术。20世纪50年代，美国军界和各大企业的管理人员纷纷为管理各类项目寻求更为有效的计划和控制技术，在各种方法中，最为有效和方便的技术莫过于网络计划技术。网络计划技术能够反映各项工作间的逻辑关系，能够描述各项工作的进展情况，并可以事先进行科学安排。网络图的出现，促进了1957年出现的系统工程的发展。项目管理也有了科学的系统方法并逐步发展和完善起来。

(4) 现代项目管理阶段　这一阶段从20世纪80年代到现在。此阶段的特点表现为项目管理范围的扩大，以及与其他学科的交叉渗透和相互促进。进入20世纪80年代以后，项目管理的应用范围由最初的航空、航天、国防、化工、建筑等部门，广泛普及到了医药、矿山、石油等领域。计算机技术、价值工程和行为科学在项目管理中的应用，极大地丰富和推动了项目管理的发展。在这一阶段，项目管理逐步把最初的计划和控制技术与系统论、组织理论、经济学、管理学、行为科学、心理学、价值工程、计算机技术等实践结合起来，并吸收了控制论、信息论及其他学科的研究成果，发展成为一门具有完整理论和方法的科学体系。

我国现代项目管理发展相对较晚，20世纪60年代华罗庚倡议推广统筹法，80年代统筹法在建筑领域得到了较广泛的应用。1982年，在我国利用世界银行贷款建设的鲁布革水电站饮水导流工程中，日本大成建筑公司运用项目管理方法对这一工程的施工进行有效的管理，取得了很好的效果，这对我国建筑行业乃至整个投资建设领域产生了重大影响。1983年5月，国家计委通过了“大中型项目前期项目经理负责制”的规定；1984年，企业进行组织整顿，任命建筑企业项目经理；1987年，国家计委、建设部发出通知，在一批试点企业推行项目法施工；1991年，建设部要求建筑业全面推广工程项目管理。1991年6月，中国项目管理研究委员会正式成立，这是一个跨行业的项目管理专业组织。目前，项目管理作为一种管理方法已在各行业全面推行和应用。

从项目管理的历史和实践来看，一般地，项目管理是指在一定的约束条件下，以项目为对象，对项目组织资源进行有效整合以达成项目预定目标与责任的动态创造性过程。

项目管理的职能和任务，是对项目实施所需资源进行计划、组织、指挥、协调和控制，以达成项目预定的目标。一定的约束条件是制定目标的依据，也是对项目控制的依据，项目管理的目的就是保证项目目标的实现。

2. 项目管理的基本特征

(1) 普遍性　项目作为一次性的任务和创新活动普遍存在于社会生产活动中，现有的各种文化物质成果最初都是通过项目的方式实现的，现有的各种持续重复活动都是项目的延伸和延续，人们各种有价值的想法或建议迟早都会通过项目的方式得以实现。由于项目的这种普遍性，使得项目管理也具有普遍性。

(2) 目的性　一切项目管理活动都是为了“满足或超越项目有关各方对项目的要求与期望”。项目管理的目的性不但表现在要通过项目管理活动去满足或超越项目有关各方已经明确提出的项目目标，而且要满足和超越那些尚未识别和明确的潜在需要。例如，建筑设计项目中对建筑美学很难定量，也很难明确地提出一些要求，项目设计者要努力应用自己的专业知识和技能去找出这些期望的内容，并设法满足甚至超越这些期望。

(3) 独特性 项目管理不同于一般的生产运营管理，也不同于常规的行政管理，它有自己独特的管理对象和活动，也有自己独特的管理方法和工具。虽然项目管理也会应用一般管理的原理和方法，但项目管理活动有其独特的规律性，这正是项目管理存在的前提。

(4) 集成性 项目管理的集成性是指把项目系统的各个要素，如管理信息、技术、方法、目标等，有机地结合起来，形成综合优势，使项目系统总体上达到相当完备的程度。相对一般管理而言，项目管理的集成性更为突出。一般管理的对象是一个组织持续稳定的日常性工作，由于工作任务的重复性和确定性，一般管理的专业分工比较明显。但项目管理的对象是一次性工作，项目的相关利益者对于项目的要求和期望不同，如何将项目的各个方面集合起来，在多个相互冲突的目标和方案中权衡，保证项目整体最优化是项目管理集成性的本质所在。

(5) 创新性 项目管理没有一成不变的模式和方法，必须通过管理创新去实现具体项目的有效管理。现实生活中，即使以前有过类似的项目，但由于新项目在内容、时间、环境等方面的改变，仍然需要各种各样的管理创新。

经过几十年的实践，人们认识到项目管理这样一种针对特殊任务的特殊管理方法有许多不可替代的价值和作用。

今天，项目管理已经应用在许多行业中，从建筑、信息系统到健康保健、财务服务、教育与培训等。随着应用范围的扩大，现在领导项目的人就有各种各样的背景，并在项目管理专业实际工作中把各种水平的经验带到他们的职位上。今天，项目管理已在全球许多国家、公司、政府和小型非盈利组织采用。项目管理的能力已成为一种广受欢迎的技能，在需要按时按预算完成新项目和业务开发的全球竞争中发挥着重要作用。

1.2 建设工程项目

1.2.1 建设工程项目概念与特征

建设工程项目是最常见、最典型的项目类型，它属于投资项目中最重要的一类，是一种既有投资行为又有建设行为的项目活动。结合项目的概念，建设工程项目是指需要一定量的投资，经过前期策划、设计、施工等一系列程序，在一定的资源约束条件下，以形成固定资产为确定目标的一次性事业。

建设工程项目具有以下特征。

(1) 在一定的约束条件下，建设工程项目以形成固定资产为特定目标。约束条件主要包括：① 时间约束，即建设工期目标；② 资源约束，即资金、设备、材料等投入目标；③ 功能性约束，即一个工程项目都有预期的生产能力、技术和质量水平或使用效益目标。

(2) 工程项目的建设需要遵循必要的建设程序和经过特定的建设过程。即一个项目从提出建设设想、方案撰写、评估决策、勘察设计、施工到竣工投产是一个有序的全过程。这个过程也就是项目的生命周期。

(3) 工程项目的建设周期长、投资大。一项工程项目建设的资金投入,少则需要几百万元,多则需要数亿元,如香港机场项目总投资为200亿港币,总工期3年;三峡工程静态投资900亿元,动态投资2500亿元,总工期17年;英吉利海峡隧道工程耗资150亿美元,历时8年。

(4) 工程项目建设活动具有特殊性。表现为资金的一次性投入、建设地点的固定性、设计施工任务的一次性、机械设备及生产力的流动性。

(5) 建设工程项目不确定因素多,风险大。

(6) 建设工程项目具有投资限额标准。只有达到一定的投资限额标准才称为工程项目,不满限额标准的称为零星固定资产购置。

1.2.2 建设工程项目类型

1. 按管理主体和内容不同划分

(1) 业主项目　其管理主体是业主,即建设单位,其内容包括项目建设全过程。业主项目可以是一个建设项目或群体工程,也可能是一个单项工程。

(2) 设计项目　其管理主体是设计承包商,即设计单位,其内容主要是项目设计阶段的一系列工作。设计项目可能是一个建设项目或群体工程,也可能是一个单项工程。

(3) 施工项目　其管理主体是施工承包商,即施工单位,其内容主要是项目施工阶段的一系列工作。施工项目可能是一个建设项目或群体工程,也可能是一个单项工程,或是一个单位工程。

2. 按专业不同划分

建设工程项目按专业不同可分为建筑工程、安装工程、桥梁工程、公路工程、铁路工程、水电工程等。建设部将工程项目按专业分为33类,包括:工业与民用建筑工程;冶金有色工程;化工石油工程;水利水电工程;航务工程;航道工程;公路工程;铁路综合工程;铁路电务工程;火电工程;送变电工程;核工程;矿山建筑安装工程;市政建设工程;古建筑工程;海洋石油工程;设备安装工程;建材工业安装工程;邮电通信工程;建筑装饰工程;地基与基础工程;建筑防水工程;土石方工程;爆破工程;预应力专项工程;钢结构网架工程;广播电影电视设备工程;消防工程;隧道工程;机械工程;机械工业设备安装工程;电子工程;防腐保温工程。

3. 按工程项目的建设性质不同划分

(1) 新建项目　指原来没有现在才开始建设的项目,或对原有规模较小的项目扩大建设规模,其新增固定资产价值超过原有固定资产价值三倍以上的建设项目。

(2) 扩建项目　指原有企业事业单位，为了扩大原有主要产品的生产能力或效益，在原有固定资产的基础上，兴建一些主要车间或工程的项目。

(3) 改建项目　指原有企业单位，为了改进产品质量或产品方向，对原有固定资产进行整体性技术改造的项目。此外，为了提高综合生产能力，增加一些附属辅助车间或非生产性工程，也属改建项目。

(4) 恢复项目　指对因重大自然灾害或战争而遭受破坏的固定资产，按原来规模重新建设或在重建的同时扩建的项目。

(5) 迁建项目　指为改变生产力布局或由于其他原因，将原有单位迁至异地重建的项目，不论其是否维持原来规模，均称为迁建项目。

4. 按工程项目的用途不同划分

(1) 生产性建设项目　指直接用于物质生产或满足物质生产需要的建设项目。它包括工业、农业、林业、水利、气象、交通运输、邮电通信、商业和物资供应设施建设、地质资源勘探建设等。

(2) 非生产性建设项目　指用于人民物质和文化生活需要的建设项目，包括住宅建设、文教卫生建设、公用事业设施建设、科学实验研究及其他非生产性建设项目。

5. 按工程项目建设过程不同划分

(1) 预备项目　按照中长期投资计划拟建而又未立项的工程项目，只作初步可行性研究不进行实际建设准备工作。

(2) 筹建项目　经批准立项正在进行建设准备，还未开始施工的项目。

(3) 在建项目　指计划内正在建设的项目，包括新开工项目和续建项目。

(4) 投产项目　指计划年度内按设计文件规定建成主体工程和相应配套工程，经验收合格并正式投产或将会使用的项目，包括全部投产项目、部分投产项目和建成投产单项工程。

(5) 收尾项目　指以前年度已经全部建成投产，但尚有少量不影响正常生产或使用的辅助工程或非生产性工程，在本年内继续施工的项目。

6. 按建设投资规模不同划分

按建设项目总规模和投资的多少不同，可分为大型项目、中型项目、小型项目。其划分的标准各行业并不相同。一般情况下，生产单一产品的企业，按产品的设计能力来划分；生产多种产品的，按主要产品的设计能力来划分；难以按生产能力划分的则按其全部投资额划分。

7. 按建设投资来源渠道不同划分

(1) 国家投资的建设项目　指国家预算直接安排的建设项目。

(2) 银行信用筹资的建设项目　指通过银行信用方式进行贷款建设的项目。

(3) 自筹资金的建设项目　指各地区、各部门、各企事业单位按照财政制度提留、管理和自行分配用于固定资产再生产的资金进行建设的项目。

(4) 引进外资的建设项目　指利用外资进行建设的项目，外资的来源包括借用国外资金和吸引外国资本直接投资。

(5) 资金市场筹资的建设项目　指利用国家债券筹资和社会集资而建设的项目。

1.3　建设工程项目生命周期及建设程序

1.3.1　建设工程项目的生命周期

建设工程项目的时间限制决定了项目的生命周期是一定的，在这个期限中，项目经历了由产生到消亡的全过程。不同类型和规模的建设工程项目，其生命周期是不一样的，但是，它们都可以分为如下四个阶段：项目的前期策划和确立阶段、项目的设计与计划阶段、项目的实施阶段和项目的运行阶段。

早期的项目管理以工程建设为主要目标，人们将建设工程项目的生命周期定义为从批准立项到交付使用为止。随着项目管理实践的研究和深入，项目的生命周期不断地向前和向后拓展。首先向前延伸到可行性研究阶段，后来又延伸到项目的构思和建议阶段，向后拓展到运行管理(包括物业管理和资产管理)阶段。这样形成的建设工程项目生命周期管理，更加保证了项目管理的连续性和系统性。图 1-1 为建设工程项目生命周期图，表达了建设工程项目从产生到消亡的过程。

1					
	2				
		3			
			4		
				5	
					6
项目构思和建议阶段	项目可行性研究阶段	项目策划确立阶段	项目设计与计划阶段	项目实施阶段	项目运行管理阶段

图 1-1　建设工程项目的生命周期图

注：1. 项目构思和建议阶段；2. 项目可行性研究阶段；3. 项目策划确立阶段；4. 项目设计与计划阶段；5. 项目实施阶段；6. 项目运行管理阶段

1.3.2　建设工程项目的建设程序

建设程序是指建设工程项目从策划、选择、评估、决策、设计、施工到竣工验收、投入生产或交付使用的整个建设过程中各项工作必须遵循的先后工作次序。建设工程项目的建设程序是工程建设过程客观规律的反映，是建设工程项目科学决策和顺利进行的重要保证。

1. 建设程序各阶段的工作内容

按照我国的现行规定，一般大中型及限额以上建设工程项目的建设程序可以分为八个阶段，如图1-2所示。

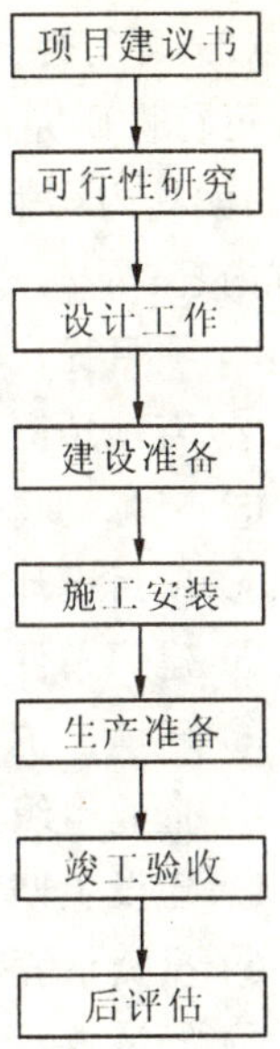

图1-2　建设程序图

1）项目建议书阶段

项目建议书是业主单位向国家提出要求建设某一项目的建议文件，是对建设工程项目的轮廓设想。项目建议书的主要作用是推荐一个拟建项目，论述其建设的必要性、建设条件的可行性和获利的可能性，供国家主管部门选择并确定是否进行下一步工作。

项目建议书的内容视项目的内容不同有繁有简，但一般包括以下几方面内容：

(1) 项目提出的必要性和依据；

(2) 产品方案、拟建规模和建设地点的初步设想；

(3) 资源情况、建设条件、协作关系等的初步分析；

(4) 投资估算和资金筹措设想；

(5) 项目的进度安排；

(6) 经济效益和社会效益的估计。

项目建议书按要求编制完成后，应根据建设规模和限额划分，分别报送有关部门审批。按现行规定，大中型及限额以上的项目建议书首先应报送行业归口主管部门，同时抄送国家发改委。行业归口主管部门根据国家中长期规划要求，着重从资金来源、建设布局、资源合理利用、经济合理性、技术政策等方面进行初审。行业归口主管部门初审通过后报国家发改委，由国家发改委从建设规模、生产力总布局、资源优化配置及资金供应可能、外部协作条件等方面进行综合平衡，还要委托具有相应资质的工程咨询单位评估后审批。凡行业归口主管部门初审未通过的项目，国家发改委不予审批；凡属小型或限额以下项目的项目建议书，按项目隶属关系由部门或地方发改委审批。

项目建议书经批准后，可以进行详细的可行性研究工作，但并不表明项目非上不可，项目建议书不是项目的最终决策。

2）可行性研究阶段

项目建议书一经批准，即可着手开展项目可行性研究工作。可行性研究是对建设工程项目在技术上是否可行和经济上是否合理进行的科学分析和论证。

(1) 可行性研究的工作内容。

① 进行市场研究，以解决项目建设投资的必要性问题；

② 进行工艺技术方案的研究，以解决项目建设的技术可行性问题；

③ 进行财务和经济分析，以解决项目建设的合理性问题。

凡可行性研究未通过的项目，不得进行下一步工作。

(2) 可行性研究报告的内容。

可行性研究工作完成以后，需要编写出反映其全部工作成果的“可行性研究报告”。就其内容来看，各类项目的可行性研究报告内容不尽相同，但一般应包括以下基本内容：

① 项目提出的背景、投资的必要性和研究工作依据；

② 需求预测及拟建规模、产品方案和发展方向的技术经济比较和分析；

③ 资源、原材料、燃料及公用设施情况；

④ 项目设计方案及协作配套工程；

⑤ 建厂条件与厂址方案；

⑥ 环境保护、防震、防洪等要求及其相应措施；

⑦ 企业组织、劳动定员和人员培训；

⑧ 建设工期和实施进程；

⑨ 投资估算和资金筹措方式；

⑩ 经济效益和社会效益。

(3) 可行性研究报告的审批。

按照国家的现行规定，凡属中央政府投资或中央和地方政府合资的大中型和限额以上项目的可行性研究报告，都要报送国家发改委审批，国家发改委在审批过程中，要征求行业主管部门和国家专业投资公司的意见，同时要委托具有相应资质的工程咨询公司进行评估。总投资在 2 亿元以上的项目，无论是中央政府投资还是地方政府投资，都要经国家发改委审批；中央各部门所属小型和限额以下项目的可行性研究报告，由各部门审批；总投资额在 2 亿元以下地方政府投资项目，其可行性研究报告由地方发改委审批。

可行性研究报告经过正式批准后，将作为初步设计的依据，不得随意修改和变更。如果在建设规模、产品方案、建设地点、主要协作关系等方面有变动，以及突破原定投资控制数额时，应报请原审批单位同意，并正式办理变更手续。可行性研究报告经过批准，建设项目才算正式立项。

3) 设计工作阶段

设计是对拟建工程的实施在技术上和经济上所进行的全面而详尽的安排，是基本建设计划的具体化，同时是组织施工的依据。建设工程项目的设计工作一般分为两个阶段，即初步设计阶段和施工图设计阶段，重大项目和技术复杂项目，可根据需要增加一个技术设计阶段。

(1) 初步设计。初步设计是根据可行性研究报告的要求所作的具体方案，目的是为了阐明在指定地点、时间和投资控制数额内，拟建项目在技术上的可行性和在经济上的合理性，并通过对建设工程项目所做出的基本技术经济规定，编制项目的总概算。

初步设计不得随意改变被批准的可行性报告所确定的建设规模、产品方案、工程标准、建设地址和总投资额等控制目标。如果初步设计提出的总概算超过可行性研究报告总投资额的10%以上，或其他主要指标需要变更时应说明原因和计算依据，并重新向原审批单位报批可行性研究报告。

(2) 技术设计。应根据初步设计和更详细的调查研究资料编制，以进一步解决初步设计中的重大技术问题，如工艺流程、建筑结构、设备选型及数量确定等，使建设工程项目更具体、更完善，技术指标更好。

(3) 施工图设计。根据初步设计或技术设计的要求，结合实际情况设计和绘制图纸，完整地表现建筑物外形、内部空间分割、结构体系、构造状况及建筑群的组成和周围环境的配合，还包括各种运输、通信、管道系统、建筑设备的设计。在工艺方面，应具体确定各种设备的型号、规格及各种非标准设备的制造加工图。

4) 建设准备阶段

项目在开工前要切实做好各项准备工作，包括：① 征地、拆迁和场地平整；② 完成施工用水、电、路等工作；③ 组织设备、材料订货；④ 准备必要的施工图纸；⑤ 组织施工招标，择优选定施工单位。

按规定进行了建设准备工作和具备了开工条件以后，便应组织开工。建设单位申请批准开工要经国家发改委同意审核后，编制年度大、中型和限额以上建设工程项目新开工计划，报国务院批准。部门和地方政府无权自行审批大、中型和限额以上建设工程项目开工报告，即年度大、中型和限额以上新开项目需经国务院批准，由国家发改委下达项目计划。

一般项目在报批开工以前，必须由审计机关对项目的有关内容进行审计证明。审计机关主要审核项目的资金来源是否正当及落实情况，项目开工前的各项支出是否符合国家有关规定，资金是否存入规定的专业银行进行审计。新开工的项目还必须具备按施工顺序满足至少3个月以上的工程施工图纸，否则不能开工建设。

5) 施工安装阶段

建设工程项目经批准开工建设，项目即进入了施工阶段。项目开工时间，是指建设工程项目设计文件中规定的任何一项永久性工程第一次正式破土开槽，开始施工的日期；不需要开槽的工程，正式开始打桩的日期就是开工的日期；铁路、公路、水库等需要大量土、石方工程的，以开始进行土方石方工程的日期作为正式开工日期。工程地质勘察、平整场地、旧建筑物的拆除、临时建筑、施工用临时道路和水、电等工程开始施工的日期不能作为正式开工的日期。分期建设的项目分别按各期的工程开工的日期计算，如二期工程应根据工程设计文件规定的永久性工程开工的日期计算。

施工安装活动应按照工程设计要求、施工合同条款及施工组织设计，在保证工程质量、工期、成本及安全、环保等目标的前提下进行。达到竣工验收标准后，由施工单位移交给建设单位。

6）生产准备阶段

对于生产性工程而言，生产准备是项目投产前由建设单位进行的一项重要工作。它是衔接建设和生产的桥梁，是项目建设转入生产经营的必要条件。建设单位应适时组成专门班子或机构做好生产准备工作，确保项目建成后能及时投产。

生产准备工作的内容根据项目或企业的不同，要求也各不相同，但一般应包括以下主要内容。

(1) 招聘和培训生产人员。招聘项目运营过程中所需要的人员，并采用多种方式进行培训。特别要组织生产人员参加设备的安装、调试和工程验收工作，使其能尽快掌握生产技术和工艺流程。

(2) 组织准备。主要包括生产管理机构设置、管理制度和有关规定的制订、生产人员配备等。

(3) 技术准备。主要包括国内装置设计资料的汇总，有关国外技术资料的翻译、编辑，各种生产方案、岗位操作法的编制及新技术的准备等。

(4) 物资准备。主要包括落实原材料、协作产品、燃料、水、电、气等的来源和其他需要配合的条件，并组织工装、起居、备品、备件等的制造或订货。

7）竣工验收阶段

当建设工程项目按设计文件的规定内容和施工图纸的要求全部建完后，便可组织验收。竣工验收是工程建设过程的最后环节，是投资成果转入生产或使用的标志，也是全面考察基本建设成果、检验设计和工程质量的重要步骤。竣工验收对促进建设项目和更新改造项目及时投产、发挥投资效益及总结建设经验，都有重要作用。通过竣工验收，可以检查建设项目实际形成的生产能力或效益，也可避免项目建成后继续消耗建设费用。

(1) 竣工验收的范围和标准。按照国家现行规定，所有基本建设项目和更新改造项目，应按批准的设计文件规定的内容建成，符合验收标准的都应及时组织验收，办理固定资产移交手续。建设工程项目竣工验收、交付使用，应达到下列标准：

① 生产性项目和辅助公用设施已按设计要求完成，能满足生产要求；

② 主要工艺设备已安装配套，经联动负荷试车合格，形成具备生产能力，能够生产出设计文件规定的产品；

③ 职工宿舍和其他必要的生产福利设施，能适应投产初期的需要；

④ 生产准备工作能适应投产初期的需要；

⑤ 环境保护设施、劳动安全卫生设施、消防设施已按设计要求与主体工程同时建成使用。

以上是国家对工程建设项目竣工应达到标准的基本规定，各类工程建设项目除了应遵循这些共同标准外，还要结合专业特点确定其竣工应达到的具体条件。

对某些特殊情况，工程施工虽未全部按设计要求完成，也应进行验收，这些特殊情况主要指：

① 因少数非主要设备或某些特殊材料短期内不能解决，虽然工程内容未全部完成，但已可以投产或使用；

② 按规定的内容已建完，但因外部条件的制约，如流动资金不足、生产所需原料不足等，而使已建工程不能投入使用；

③ 有些建设工程项目或单位工程，已形成部分生产能力，但近期内不能按原计划规模续建，应从实际情况出发经主管部门批准后，可缩小建设规模，并对已完成的工程和设备组织竣工验收，移交固定资产。

按国家现行规定，已具备竣工验收条件的工程，3 个月内不办理验收投产和移交固定资产手续的，取消企业和主管部门（或地方）的基建试车收入分成，由银行监督全部上交财政。如 3 个月内办理竣工验收确有困难，经验收主管部门批准，可适当推迟竣工验收时间。

(2) 竣工验收的准备工作。建设单位应认真做好竣工验收的准备工作，主要包括：

① 整理技术资料。技术资料主要包括土建施工、建筑安装方面的有关文件、合同和试生产情况报告等。

② 绘制竣工图。建设工程项目竣工图是真实记录各种地下、地上建筑物等详细情况的技术文件，是对工程进行交工验收、维护、扩建、改建的依据，同时也是使用单位长期保存的技术资料。关于绘制竣工图的规定如下：

凡按图施工没有变动的，由施工承包单位（包括总包单位和分包单位）在原施工图上加盖“竣工图”标志后即作为竣工图；

凡在施工中虽有一般性设计变更，但能将原施工图加以修改补充作为竣工图的，可不重新绘制，由施工承包单位负责在原施工图（必须是新蓝图）上注明修改部分，并附以设计变更通知单和施工说明，加盖“竣工图”标志后，即作为竣工图；

凡结构形式、工艺、平面布置、项目及其他发生重大改变，不宜再在原施工图上修改补充的，应重新绘制改变后的竣工图。由于设计原因造成的，由设计单位负责重新绘图；由于施工原因造成的，由施工部门负责重新绘图；由于其他原因造成的，由业主自行绘图或委托设计单位绘图，施工承包单位负责在新图上加盖“竣工图”标志，并辅以有关记录和说明，作为竣工图。

竣工图必须准确、完整，符合归档要求，方能交工验收。

③ 编制竣工结算。建设单位必须及时清理所有财产、物资或应收回的资金，编制工程竣工决算，分析概（预）算执行情况，考核投资效益，报请主管部门审查。

(3) 竣工验收的程序和组织。根据国家现行规定，规模较大、较复杂的工程建设项目应进行初验，然后再正式验收。规模较小、较简单的建设工程项目，可以进行全部项目的一次竣工验收。

建设工程项目全部建完，经过各单位的正式验收，符合设计要求，并具备竣工图、竣工决算、工程总结等必要文件资料，由项目主管部门或建设单位向负责验收的单位提出竣工验收申请报告。

大、中型和限额以上项目由国家发改委或其委托的主管部门、地方政府组织验收；小型和限额以下项目由项目主管部门或地方政府组织验收。竣工验收要根据工程规模及复杂程度组成验收委员会或验收组。验收委员会或验收组负责审查工程建设的各个环节，听取各有关单位的工作汇报；审阅工程档案、实地查验建筑安装工程实体，对工程设计、施工和设备质量等做出全面评价。不合格的工程不予验收。对遗留问题要提出具体解决意见，限期落实完成。

8）后评估阶段

项目后评估是工程项目竣工投产、生产运营一段时间后，对项目的立项决策、设计施工、竣工投产、生产运营等全过程再进行系统评价的一种技术经济活动，是固定资产投资管理的一项重要内容，也是固定资产投资管理的最后一个环节。通过建设项目后评估，可以达到肯定成绩、总结经验、研究问题、吸取教训、提出建议、改进工作、不断提高项目决策水平和投资效果的目的。

项目后评估的内容包括立项决策评估、设计评估、施工评估、生产运营评估和建设效益评估。在实际工作中，可以根据建设项目的特点和工作需要而有所侧重。

项目后评估的基本方法是对比法，就是将建设工程项目建成投产后所取得的实际效果、经济效益和社会效益、环境保护等情况与前期决策阶段的预测情况相对比，与项目建设前的情况相对比，从中发现问题，总结经验和教训。在实际工作中，往往从以下三个方面对建设项目进行后评估。

（1）影响评估。通过项目竣工投产后对社会的经济、政治、技术和环境等各方面所产生的影响来评价项目决策的正确性。如果项目建成后达到了原来预期的效果，对国民经济发展、产业结构调整、生产力布局、人民生活水平、环境保护等方面都带来了有益影响，说明项目决策是正确的；如果背离了既定的决策目标，就应具体分析，找出原因，引以为戒。

（2）经济效益评估。通过项目竣工投产后所产生的实际效益与可行性研究所预测的经济效益相比较结果，对项目进行评价。对生产性建设项目要运用投产运营后的实际资料来计算财务内部收益率、财务净现值、财务净现值率、投资利润率、投资利税率、贷款偿还期、国民经济内部收益率、国民经济净现值、国民经济净现值率等一系列后评估指标，然后与可行性研究阶段的相应指标进行对比，从经济上分析项目投产运营后是否达到了预期的效果。没有达到预期效果的，应分析原因，采取措施，提高经济效益。

（3）过程评估。对建设工程项目的立项决策、设计施工、竣工投产、生产运营等全过程进行系统分析，找出项目后评估与原预期效益之间的差异及其产生的原因，使后评估结论有根有据，同时，针对问题提出解决办法。

以上三个方面的评估之间有着密切的联系，必须全面理解和运用，才能对后评估项目做出客观、公正、科学的结论。

2. 国际工程项目的建设程序

图 1-3 为国际工程项目生命周期及阶段划分。

1						
	2					
		3				
			4			
				5		
					6	
						7
项目可行性研究阶段	项目评估决策阶段	项目计划设计阶段	项目采购阶段	项目施工阶段	项目竣工验收阶段	项目使用阶段

图 1-3　国际工程项目生命周期及阶段划分

注：1. 项目概念形成及可行性研究阶段；2. 项目评估及决策阶段；3. 项目计划与设计阶段；4. 项目采购阶段；5. 项目施工阶段；6. 项目试生产及竣工验收阶段；7. 项目使用阶段

从图中可以看出，国际建设工程项目的建设程序大致可以分为以下四个阶段。

1）项目决策阶段

项目决策阶段的主要目标是通过投资机会的选择、可行性研究、项目评估和报请主管部门批准，对项目的必要性、可能性及投资的目的、时机、地点、实施等重大问题进行科学的论证和多方案比较，此阶段对项目的长远经济效益和战略方向起着决定性的作用，因而是投资者最为重视的阶段。

2）项目组织、计划与设计阶段

项目组织、计划与设计阶段的主要工作包括：初步设计和施工图设计、项目招标及承包商的选定、承包合同的签订、项目实施总体计划的制定和征地、建设条件的准备。本阶段是战略决策的具体化，在很大程度上决定了项目实施的成败及能否高效地达到预期的目标。

3）项目实施阶段

项目实施阶段的主要任务是将项目的“蓝图”变为项目的实体，实现投资决策的意图。通过施工，在规定的工期、质量和造价范围内，按照设计图纸要求，实现项目的目标。本阶段是项目管理的重点阶段，在整个项目周期中工作量最大，投入的人力、物力和财力最多，项目管理的难度也最大。

4）项目试生产、竣工验收阶段

本阶段完成项目的竣工验收、联动试车、试生产。项目试生产正常并经业主认可后，即告结束。但从项目管理的角度来讲，在项目质量缺陷期内，还要进行项目管理。

1.4 建设工程项目管理模式

1.4.1 建设工程项目管理的含义及特征

建设工程项目管理是以建设工程项目为对象，在有限的资源条件约束下，为最优地实现工程项目目标和达到规定的工程质量标准，根据工程项目建设的内在规律，运用现代管理理论与方法，对建设工程项目从策划、决策到竣工交付使用全过程进行计划、组织、协调和控制等系统化管理过程。

建设工程项目管理具有如下特征：

(1) 工程项目管理具有复杂性。工程项目的投资规模一般较大，项目组成较复杂，建设周期长、阶段多，且工程项目的生产工艺技术和建造技术具有专业特殊性，这些特点决定了项目管理工作内容的复杂性。

(2) 工程项目管理主体是多方面的。工程项目建设过程涉及建设单位、监理单位、设计单位、施工单位、政府职能部门、材料设备供应商、出资者及其他相关者，如某些大型建设项目的工程合作合同多达数百份。他们站在各自立场上，出于不同目的对同一项目进行管理，既有冲突又有统一，增加了项目协调和沟通的难度。

(3) 工程项目管理具有科学性。系统理论是现代工程项目管理的指导思想和理论基础，计算机应用技术、信息论、控制论等现代化技术是主要手段和方法。

(4) 目标管理是工程项目管理的核心。工程项目管理的基本目标就是有效地利用有限资源，在确保工程质量标准的前提下，用尽可能少的费用和尽可能快的速度建成项目，实现项目的预定功能。因此，工程项目管理目标可概括为质量、工期和费用三大目标，它们是实现项目“功能”目标的基础和保证。项目三大管理目标相互联系，相互影响，某一目标的变化必然引起其他目标的变化，但必须保证三者结构关系的均衡性和合理性，任何强调最短工期、最高质量、最低费用都是片面的。项目三大目标管理是一个由总体到具体、从概念到实施、从简单到详细的过程。项目的三大目标必须分解落实到具体的各个阶段和各个项目单元上，形成目标控制系统，这样才能保证总目标的实现。所以工程项目管理的核心内容是工程项目目标管理。

(5) 合同管理是工程项目管理的纽带。工程项目建设中参与者较多，他们的目的既对立又统一。为实现项目总目标，各主体及当事人都要通过签订合同来明确自己的权利和义务。严格履行合同是确保工程项目顺利实施的主要措施之一。

(6) 社会经济环境是工程项目管理的组织保证。社会制度、经济环境、法律法规体系等决定了工程项目的管理模式、程序及制度。国内外项目管理发展史上为数众多的项目管理模式，如设计—建造模式、设计—采购—建造模式、建造—运营—移交模式、项目管理承包模式、项目法人责任制、建设监理制度、招标投标制度等，对项目管理效率有着直接的影响。

综上所述，建设工程项目管理的宗旨是“以项目为主线，以合同为纽带，以目标管理为核心，以制度创新为保证，顺利实现项目目标”。

1.4.2 建设工程项目管理主要模式

1. 建设工程项目管理的国内外背景及发展趋势

1）建设工程项目管理的国外背景

20世纪60年代末和70年代初期，工业发达国家开始将项目管理的理论和方法应用于建设工程领域，并于70年代中期前后在大学开设了与工程管理相关的专业。项目管理首先应用在业主方的工程管理中，而后逐步在承包商、设计方和供货方中得到推广。70年代中期前后，又兴起了项目管理咨询服务，项目管理咨询公司的主要服务对象是业主，但它也服务于承包商、设计方和供货方。国际咨询工程师协会(FIDIC)于1980年颁布了业主方与项目管理咨询公司的项目管理合同条件(FIDIC IGRA 80 PM)，该文本明确了代表业主方利益的项目管理方的地位、作用、任务和责任。

在许多国家，项目管理由专业人士——建造师担任。建造师可以在业主方、承包商、设计方和供货方从事项目管理工作，也可以在教育、科研和政府等部门从事与项目管理有关的工作。建造师的业务范围并不局限于项目实施阶段的建设工程项目管理工作，还包括项目决策的管理和项目使用阶段的物业管理（设施管理）工作。

2）建设工程项目管理的国内背景

我国于20世纪80年代初期开始引进建设项目管理的概念，世界银行和一些国际金融机构要求接受贷款的业主方能应用项目管理的思想、组织、方法和手段实施建设工程项目。我国于1983年由当时的国家计划委员会提出推行项目前期项目经理负责制；1988年开始推行建设工程监理制度；1995年建设部颁发了建筑施工企业项目经理资质管理办法，推行项目经理负责制；2003年建设部发出关于建筑业企业项目经理资质制度向建造师执业资格制度过渡的有关问题的通知，鼓励具有工程勘察设计、施工、监理资质的企业，通过建立与建设工程项目管理业务相适应的组织机构、项目管理体系，充实项目管理专业人员，按照有关资质管理规定，在其资质等级许可的建设工程项目范围内开展相应的建设工程项目管理业务。

3）建设工程项目管理的发展趋势

(1) 项目管理作为一门学科，40多年来一直在不断地发展，传统的项目管理(Project Management)是该学科的第一代；第二代是Program Management，指的是包含一个项目全过程的管理，不仅仅限于项目的实施阶段；第三代是Portfolio Management，指的是组织管理；第四代是Change Management，指的是变化管理。

(2) 将项目决策阶段的开发管理(DM，Development Management)、实施阶段的项目管理(PM,Project Management)和使用阶段的设施管理(FM,Facility Management)集成为项目全寿命管理(LM,Lifecycle Management)。

(3) 在项目管理中应用信息技术,包括项目管理信息系统(PMIS,Project Management Information System)和在互联网平台上的工程管理等。

2. 我国建设工程项目管理模式简介

我国建设工程项目管理的模式包括以下几种。

(1) 建设单位自行组织建设模式。这种模式的特点是在建设工程项目的全寿命期内,一切管理工作均由建设单位临时组建的管理班子自行完成,属于粗放式的管理模式。

(2) 工程指挥部模式。这种模式是将军事指挥的方式引入生产管理之中,用行政的手段管理生产。

(3) 设计—招标—建造模式。这是一种国际上最为通用的管理模式,该模式的特点是:建设单位进行建设工程项目的全过程管理,将设计和施工过程通过招投标发包给设计单位和施工单位完成,通过竣工验收交付给建设单位建设工程项目产品。这种模式有利于建设管理经验的积累,有利于合同管理、风险管理和节约投资。

(4) 建筑工程管理(CM,Construction Management Approach)模式。CM 模式是一种新型的管理模式,不同于设计完成后进行施工发包的管理模式,而是边设计、边发包的阶段性发包方式,可以加快建设速度。CM 模式有两种类型:第一种是代理型,在这种模式下,业主、业主委托的 CM 经理、建造师组合成联合小组,共同负责组织和管理工程的规划、设计和施工,CM 经理对规划设计起协调作用,完成部分设计后,即进行施工发包,由业主与承包人签订合同,CM 经理在施工中负责监督和管理,CM 经理与业主是合同关系,与承包人是监督、管理与协调关系;第二种是非代理型,CM 单位是以承包人的身份参与建设工程项目的实施,并根据自己承包的范围进行分包,直接与分包人签订合同。

(5) 管理承包(MC,Management Contracting)模式。MC 模式是业主直接找一家公司进行管理承包,并签订合同,设计承包人负责设计,施工承包人负责施工、采购及对分包人进行管理。设计承包人和施工承包人与管理承包人签订合同,而不与业主签订合同。这种方式加强了业主的管理,并使施工与设计很好地结合,可以缩短建设的期限。

(6) 建造—运营—移交(BOT,Build Operate Transfer)模式。BOT 模式即建造—运营—移交模式(见图 1-4),适用于大型基础设施,需要大量资金进行建设的项目。为了进行工程项目建设,获得足够的建设资金,东道国政府开放市场,授予建设工程项目公司特许经营权,由项目公司负责融资和组织建设,建成后负责运营和偿还贷款,在特许期满时,将工程无条件地移交给东道国政府。这种模式既可以解决资金不足的问题,又可以强化全过程的项目管理,大大提高工程的整体效益。

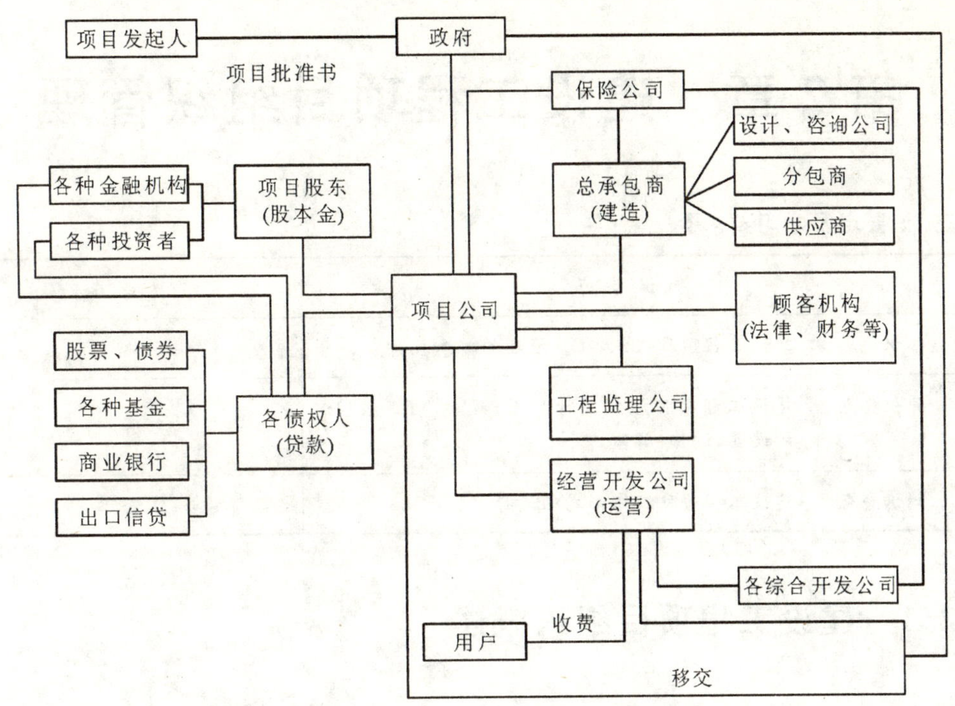

图 1-4 建造—运营—移交模式

【思考和练习】

1. 什么是项目？其特征有哪些？列举一些“项目”的例子。
2. 简述建设工程项目的程序。
3. 简述建设工程项目管理概念及特征。
4. 简介我国建设工程项目管理模式。
5. 什么是 BOT 模式？

第2章　建设工程项目组织管理

【知识要点及学习要求】

知识要点	学习要求
知识要点1　建设工程项目组织、项目经理的概念及特点。	了解
知识要点2　建设工程项目组织设计原则、程序，项目经理部的设置、运作、解体。	熟悉
知识要点3　建设工程项目组织形式的选择。	掌握

2.1　建设工程项目组织概述

2.1.1　建设工程项目组织含义、职能及特点

1. 建设工程项目组织的含义

“组织”通常有动词和名词两种解释。动词的“组织”是指组织的职能，即把生产中的人力、物力、财力合理地组织起来，以达到预期的目的。名词的“组织”是指组织机构，即企业把人力、物力、财力组合起来，完成生产任务所需的组织机构。组织机构是依靠权利和影响力建立起系统的管理体系，管理部门进行职责分工和制定规章制度，使整个管理活动成为有序进行的一个整体活动。

企业的组织按其对象划分可分为生产组织、劳动组织、管理组织；同样，建设工程项目的组织也可分为这三部分。但二者也有不同，企业组织的人员、人员之间的关系和分工协作是相对稳定的，而建设工程项目组织的人员、人员之间的关系和分工协作随建设工程项目的不同而不同，人员也会随建设项目的竣工而解体。

建设工程项目组织是指为完成工程任务而建立起来的，从事项目工作的组织系统。它包括两个层面，一是项目业主、承包商等管理主体之间的相互关系，即通常意义上的项目管理模式；二是某一管理主体内部针对具体工程项目所建立的组织关系。本章主要指后一种组织关系的管理。

2. 建设工程项目组织的职能

(1) 组织设计职能。其目的是确保项目能顺利完成。因此必须设计成各职能

部门的职责和权限明确，能建立正常工作的规章制度，能保证相互间信息畅通的合理的组织系统。

(2) 组织运行职能。为确保项目的顺利完成，加强各个职能部门之间的联系和协调是至关重要的，项目是否能按预期目标完成是检验组织运行是否正常的标志。

(3) 组织调整职能。项目管理本身是一个动态过程的管理，通过组织的建立和运行，以及工作要求、条件变化，按照实际不断出现的新情况不断地调整组织机构。但这里要提出的是组织结构一旦建立，不宜频繁变动。

3. 建设工程项目组织的特点

建设工程项目的特点决定了项目组织的特殊性。建设工程项目组织的特点有以下几个方面。

(1) 项目组织具有临时组合性特点，是一次性的，暂时性的。项目组织的寿命与它所承担的工程任务时间长短有关，即使项目管理班子人员未变，但项目的改变也可以认为这个组织是一次性的，这是有别于企业组织的一大特点。

(2) 项目目标和任务是决定项目组织结构和运行的最重要因素。由于项目管理主体来自不同单位或部门，各自有独立的经济利益和责任，所以必须在保证项目总目标的前提下，按项目合同和项目计划进行工作，完成各自的任务。

(3) 项目的组织管理既要研究项目各参与单位之间的相互关系，又要研究某一单位内部的项目组织形式。这是项目组织有别于企业组织的又一大特点。

(4) 项目组织较企业组织更具弹性和可变性。这不仅表现为项目组织成员随项目的进展而不断地调整其工作内容和职责，甚至变换角色，而且当采用不同的项目管理模式时，则表现为不同的项目组织形式。

(5) 项目组织管理较一般企业组织管理困难和复杂。由于项目组织的一次性和可变性，以及参与单位的多样化，很难构成较为统一的行为方式、价值观和项目组织文化。

2.1.2　建设工程项目组织设计原则与程序

1. 项目组织机构的设计原则

为了实现项目目标，项目组织必须是高效率的。项目组织的设计和运行(包括组织结构、组织运作规则、组织运作、组织控制和考核)必须符合现代管理理论的基本原则。这些基本原则在项目组织中总有特殊性，一般应遵循以下原则。

1) 目的性原则

施工项目组织机构设置的根本目的，是为了产生组织功能，是为了施工项目管理的总目标。从这一根本目的出发，就会因目标设事，因事设机构、定编制，按编制设岗位、定人员，以职责定制度、授权力。

2）精干高效原则

施工项目组织结构的人员设置，以能实现施工项目所要求的工作任务为原则，尽量简化机构，做到精干高效。人员配置要从严控制二三线人员，力求一专多能、一人多职，同时还要增加项目管理班子人员的知识含量，着眼于使用和学习锻炼相结合，以提高人员素质。

3）管理跨度和分层统一的原则

管理跨度亦称管理幅度，是指一个主管人员直接管理的下属人员数量。跨度大，管理人员的接触关系增多，处理人与人之间关系的数量随之增大。反之，则减少。跨度大小还与分层多少有关，层次多，跨度会小，层次少，跨度会大。这就要根据领导者的能力和施工项目的大小进行权衡。对施工项目管理层来说，管理跨度应尽量小些，以集中精力进行施工管理。

4）业务系统化管理原则

由于施工项目是一个开放的、有众多子系统组成的大系统，各子系统之间，子系统内部各单位工程之间，不同组织、工种、工序之间，存在着大量接合部，这就要求项目组织也必须是一个完整的组织结构系统，适当分层和设置部门，以便在接合部上形成一个相互制约、相互联系的有机整体，防止产生职能分工、权限划分和信息沟通上相互矛盾或重叠的现象。在设计组织机构时，以业务工作系统化原则作指导，周密考虑层间关系，分层与跨度关系，部门划分、授权范围、人员配备及信息沟通等情况，使组织机构成为一个严密的、封闭的组织系统，更好地为实现项目管理总目标而进行合理分工及协作。

5）弹性和流动性原则

建设工程项目的单件性、阶段性、露天性和流动性是施工项目生产活动的主要特点，必然带来生产对象数量、质量和地点的变化，带来资源配置的品种和数量的变化。于是要求管理工作和组织机构随之进行调整，使组织机构适应施工任务的变化。这就是说，要按照弹性和流动性的原则建立组织机构，不能一成不变，随时准备调整人员及部门设置，以适应工程任务变动对管理机构流动性的要求。

6）项目组织与企业组织一体化原则

项目组织是企业组织的有机组织部分，企业是它的母体，归根结底，项目组织是由企业组建的。从管理方面来看，企业是项目管理的外部环境，项目管理的人员全部来自企业，项目管理组织解体后，其人员仍回企业。施工项目的组织形式与企业的组织形式有关，不能离开企业的组织形式去谈项目的组织形式。

2. 项目组织机构的设计程序

按照上述原则要求，施工项目组织应按图 2-1 所示的程序进行设置。

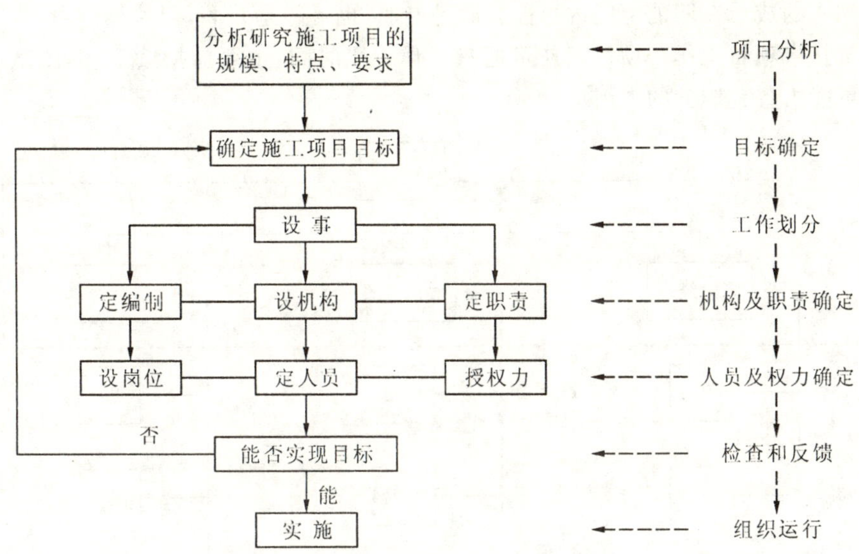

图2-1　施工项目组织机构设置程序

2.2　建设工程项目管理组织结构形式

2.2.1　建设工程项目管理组织形式

项目管理组织形式有很多种，从不同的角度去分类，也会有不同的结果。由于项目执行过程中往往也涉及技术、财务、行政等相关方面的工作，特别是有的项目本身就是以一个新公司的模式运作的，即所谓项目公司，因此，项目组织结构与形式在某些方面与公司的组织形式有一些类似之处，但这并不意味着二者可以相互取代。

按目前国际上通行的分类方式，项目组织的基本形式可以分成职能式、项目式和矩阵式三种。

1. 职能式

1）职能式的组织形式

职能式是目前国内咨询公司在咨询项目中应用最为广泛的一种模式，通常由公司按不同行业分成各项目部，项目部内又分成专业处，公司的咨询项目按专业不同分给相对应的专业部门和专业处来完成。

职能式的组织结构示意图见图2-2。

职能式项目管理组织模式有两种表现形式。一种是将一个大的项目按照公司行政、人力资源、财务、各专业技术、营销等职能部门的特点与职责，分成若干个子项目，由相应的各职能单元完成各方面的工作。具体地说，在公司高级管理者的领导下，由各职能部门负责人构成项目协调层，由各职能部门负责人具体安排落实本部门内人员完成相关任务的项目管理组织形式。协调工作主要在各部门。分配到项目团体中的成员在职能部门内可能暂时是专职，也可能是兼职，但总体上看，没有专职人员从事项目工作。项目工作可能只工作一段时间，也可能持续下去，团队中的成员可能由各种职务的人组成。

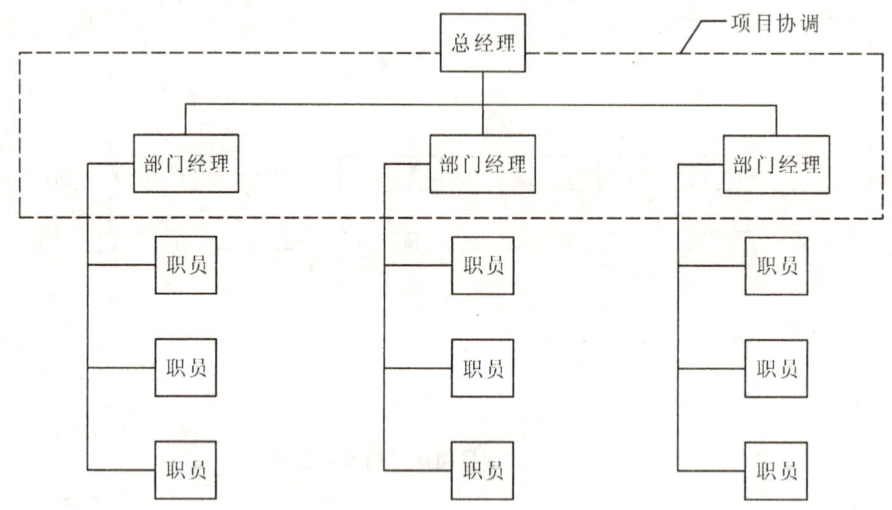

图 2-2　职能式组织结构示意图

2）职能式组织形式结构的优点

（1）项目团队中各成员无后顾之忧。

（2）各职能部门可以在本部门工作与项目工作任务的平衡中去安排力量，当项目团队中的某一成员因故不能参加时，其所在的职能部门可以重新安排人员予以补充。

（3）当项目工作全部由某一职能部门负责时，在项目的人员管理与使用上变得更为简单，使之具有更大的灵活性。

（4）项目团队的成员由同一部门的专业人员作技术支撑，有利于提高项目的专业技术问题的解决水平。

（5）有利于公司项目发展与管理的连续性。

3）职能式组织结构的缺点

（1）项目管理没有正式的权威性。

（2）项目团队的成员不易产生事业感与成就感。

（3）对于参与多个项目的职能部门，特别是具体到个人来说，不利于安排好各项目之间力量投入的比例。

（4）不利于不同职能部门的团队成员之间的交流。

（5）项目的发展空间容易受到限制。

4）职能式组织形式的应用

职能式组织主要适合于生产、销售标准产品的企业，工程承包企业和监理企业较少单纯采用这一组织形式，项目监理部或项目经理部可采用这种形式，如图 2-3 所示。

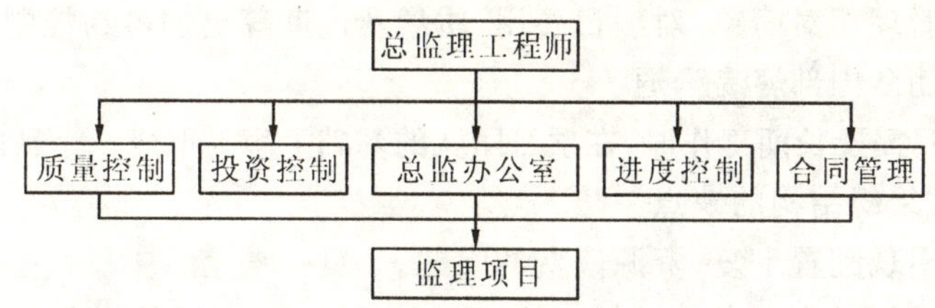

图 2-3　某项目监理部职能式组织结构

2. 项目式

1）项目式的组织形式

项目式管理组织形式就是将项目的组织形式独立于公司职能部门之外，由项目组织自己独立负责其项目主要工作的一种组织管理模式。项目的具体工作主要由项目团队负责，项目的行政事务、财务、人事等在公司规定的权限内进行管理，如图 2-4 所示。

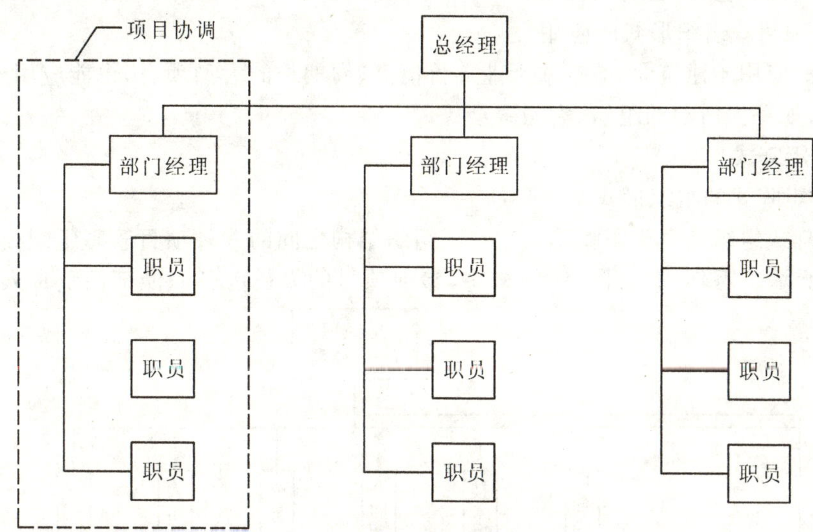

图 2-4　项目式组织结构示意图

在一个项目型组织中，工作成员是经过搭配的。项目工作会运用到大部分的组织资源，而项目经理也有高度独立性，享有高度的权力。项目型组织中也会设立一些组织单位，这些单位也称作部门，但是这些工作组不仅要直接向某一项目经理汇报工作，还要为各个不同的项目提供服务。

2）项目式组织结构的优点

（1）项目经理是真正意义上的项目负责人。

（2）团队成员工作目标比较单一。

（3）项目管理层次相对简单，使项目管理的决策速度和响应速度变得快捷起来。

（4）项目管理指令一致。

(5) 项目管理相对简单，对项目费用、质量及进度等更加容易控制。

(6) 项目团队内部容易沟通。

(7) 当项目需要长期工作时，在项目团队的基础上容易形成一个新的职能部门。

3) 项目式组织结构的缺点

(1) 容易出现配置重复、资源浪费的问题。

(2) 项目组织成为一个相对封闭的组织，公司的管理与对策在项目管理组织中的贯彻可能遇到阻碍。

(3) 项目团队与公司之间的沟通基本上靠项目经理，容易出现沟通不够和交流不充分的问题。

(4) 项目团队成员在项目后期没有归属感。

(5) 由于项目管理组织的独立性，使项目组织产生小团体观念，在人力资源与物资资源上出现"囤积"的思想，造成资源浪费；同时，各职能部门考虑其相对独立性，对其资源的支持会有所保留。

4) 项目式组织形式的应用

广泛应用于建筑业、航空航天业等价值高、周期长的大型项目，也能应用于非营利机构，如募捐活动的组织、大型聚会等。

3. 矩阵式

1) 矩阵式的组织形式

矩阵式组织是介于职能式与项目式组织结构之间的一种项目管理组织模式，如图 2-5 所示。矩阵式项目组织结构中，参加项目的人员由各职能部门负责人安排，

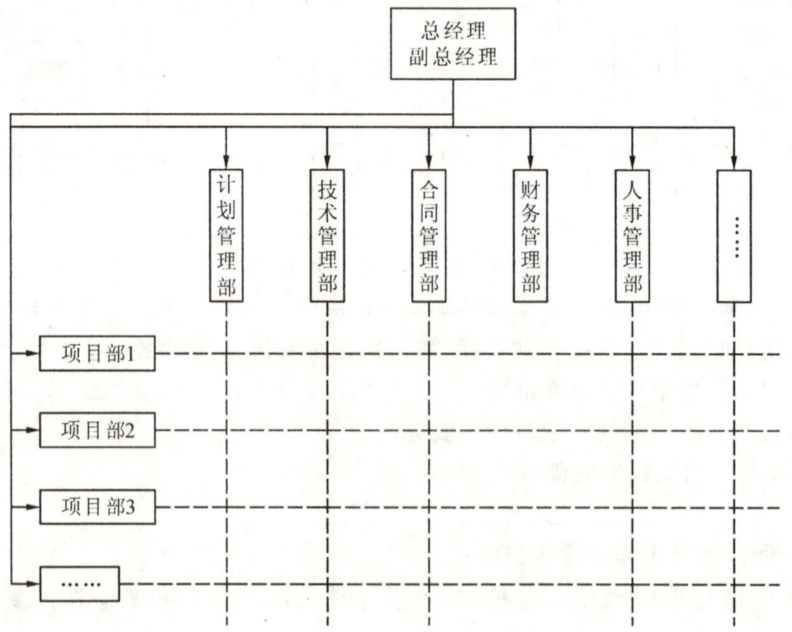

图 2-5　施工企业矩阵式组织结构模式的示例

而这些人员的工作在项目施工期间服从项目团队的安排，人员不独立于职能部门之外，是一种暂时的、半松散的组织形式，项目团队成员之间的沟通不需要通过其职能部门的领导，项目经理往往直接向公司领导汇报工作。

根据项目团队中的情况，矩阵式项目组织结构又可分成弱矩阵式结构、强矩阵式结构和平衡矩阵式结构三种形式。

(1) 弱矩阵式项目管理组织结构。

一般是指在项目团队中没有一个明确的项目经理，只有一个协调员负责协调工作。团队各成员之间按照各自职能部门所对应的任务，相互协调进行工作。实际上在这种模式下，相当多的项目经理的职能由部门负责人分担。

(2) 强矩阵式项目管理组织结构。

这种模式下的主要特点是，有一个专职的项目经理负责项目的管理与运行，项目经理来自于公司的专门项目管理部门。项目经理与上级沟通往往是通过其所在的项目管理部门负责人进行的。

(3) 平衡矩阵式项目管理组织结构。

这种组织结构是介于强矩阵式项目管理组织结构与弱矩阵式项目管理组织结构二者之间的一种形式。主要特点是项目经理由一职能部门中的成员担任，其工作除项目的管理工作外，还可能负责本部门承担的相应项目中的任务。此时的项目经理与上级沟通不得不在其职能部门的负责人与公司领导之间做出平衡与调整。

2) 矩阵式组织形式的特征

(1) 按照职能原则和项目原则结合起来的项目管理组织，既能发挥职能部门的纵向优势又能发挥项目组织的横向优势，多个项目组织的横向系统与职能部门的纵向系统形成了矩阵结构。

(2) 企业的职能部门是相对长期稳定的，项目管理组织是临时性的。职能部门的负责人对项目组织中本单位人员负有组织调配、业务指导、业绩考察的责任。项目经理在各职能部门的支持下，将参与本项目组织的人员横向上有效地组织在一起，为实现项目目标协同工作，并对参与本项目的人员有权控制和使用，必要时可对其进行调换或辞退。

(3) 矩阵中的成员接受原单位负责人和项目经理的双重领导，可根据需要和可能为一个或多个项目服务，并可在项目之间调配，充分发挥专业人员的作用。

3) 矩阵式组织形式的适用范围

(1) 大型、复杂的施工项目，需要多部门、多技术、多工种配合施工，在不同施工阶段，对不同人员有不同的数量和搭配需求，宜采用矩阵式项目组织形式。

(2) 企业同时承担多个施工项目时，各项目对专业技术人才和管理人员都有需求。在矩阵式项目组织形式下，职能部门可根据需要和可能将有关人员派到一个或多个项目上去工作，充分利用有限的人才对多个项目进行管理。

4）矩阵式组织形式的优点

(1) 团队的工作目标与任务较明确，有专人负责项目的工作。

(2) 团队成员无后顾之忧。

(3) 各职能部门可根据自己部门的资源与任务情况来调整、安排资源力量，提高资源利用率。

(4) 相对职能式结构来说，减少了工作层次与决策环节，提高了工作效率与反应速度。

(5) 相对项目式组织结构来说，在一定程度上避免了资源的囤积与浪费。

(6) 在强矩阵式模式中，由于项目经理来自于公司的项目经理部门，可使项目运行符合公司的有关规定，不易出现矛盾。

5）矩阵式组织形式的缺点

(1) 矩阵式项目组织的结合部多，组织内部的人际关系、业务关系、沟通渠道等都较复杂，容易造成信息量膨胀，引起信息流不畅或失真，需要依靠有力的组织措施和规章制度规范管理。若项目经理和职能部门负责人双方产生重大分歧难以统一时，还需企业领导出面协调。

(2) 项目组织成员接受原单位负责人和项目经理的双重领导，当领导之间发生矛盾，意见不一致时，当事人将无所适从，影响工作。在双重领导下，若组织成员过于受控于职能部门时，将削弱其在项目上的凝聚力，影响项目组织作用的发挥。

(3) 在项目施工高峰期，一些服务于多个项目的人员，可能应接不暇而顾此失彼。

2.2.2 组织形式的选择

前面介绍的职能式、项目式和矩阵式三种项目组织形式，各有各的优点和缺点，主要的优缺点见表 2-1。其实这三种组织形式有着内在的联系，它们可以表示为一个变化的系列，职能式结构在一端，项目式结构在另一端，而矩阵式结构是介于职能式和项目式之间的一种结构形式。

表 2-1 三种组织结构形式的比较

组织形式	优　点	缺　点
职能式	没有重复的活动，职能优异	狭隘、不全面，反应缓慢，不注重实际客户
项目式	能控制资源，向客户负责	技术复杂，项目之间缺乏知识信息交流
矩阵式	有效利用资源，所有专业知识可供所有项目使用，促进学习、交流知识，沟通良好，注重客户	双层汇报关系，需要平衡权利

在具体的项目实践中，究竟选择何种项目的组织形式没有一个可循的公式。一般在充分考虑各种组织结构特点、企业特点、项目特点和项目所处环境等因素的条件下，才能做出较为恰当的选择。表 2-2 列出了选择项目组织结构形式应该考虑的一些因素。

表 2-2　影响项目组织结构形式选择的关键因素

影响因素＼组织结构	职能式	矩阵式	项目式
不确定性	低	高	高
所用技术	标准	复杂	新
复杂程度	低	中等	高
持续时间	短	中等	长
规模	小	中等	大
重要性	低	中等	高
客户类型	各种各样	中等	单一
对内部依赖性	弱	中等	强
对外部依赖性	强	中等	强
时间限制性	弱	中等	强

一般来说，职能式组织结构比较适用于规模较小、偏重于技术的项目，而不适用于环境变化较大的项目。因为，环境的变化需要各职能部门间的紧密合作，而职能部门本身的存在，以及责权的界定成为部门间密切配合不可逾越的障碍。当一个公司中包括许多项目或项目的规模较大、技术复杂时，则应选择项目式的组织结构。同职能式组织结构相比，在对付不稳定的环境时，项目组织结构显示出了自己潜在的长处，这来自于项目团队的整体性和各类人才的紧密合作。同前两种组织结构相比，矩阵式组织形式无疑在充分利用组织资源上显示出了巨大的优越性，由于其融合了两种结构的优点，这种组织形式在进行技术复杂、规模巨大的项目管理时呈现出了明显的优势。

2.3　建设工程项目经理

2.3.1　项目经理的地位和作用

工程项目管理的组织特征是严格的项目经理负责制。项目经理负责制自 1941 年在美国产生以来，已在一些工业发达国家得到普遍推广。我国于 1984 年在建筑企业试行项目经理负责制，至今已推广到建设领域的各个方面及其他领域。这是加强项目管理所采取的一项有力的组织措施。

项目经理是其上级任命的一个项目管理班子的负责人，项目经理是一个管理岗位，他的任务仅限于从事项目管理工作，项目经理的管理权限由其上级决定。项目经理组织则是指以项目负责人为首的项目管理工作班子。项目经理是项目管理的核心，在项目管理中起着关键作用，是项目组织的灵魂，是决定项目成功与否的关键人物。项目经理的管理素质、组织能力、知识结构、经验水平、领导艺术等都对项目管理的成败有决定性的影响。

项目经理包括业主的项目经理、咨询监理单位的项目经理、设计单位的项目经理和施工单位的项目经理。业主的项目经理是项目法人委派的领导和组织一个完整工程项目建设的总负责人。咨询监理单位的项目经理即为咨询监理单位派出的项目管理总负责人即总监理工程师。设计单位的项目经理是指设计单位领导和组织一个工程项目设计的总负责人。施工单位的项目经理是指受施工企业法定代表人的委托对工程项目施工过程中全面负责的项目管理者，是施工单位法定代表人在工程项目上的代表人，是施工单位在施工现场的最高责任者和组织者。

在工程项目管理过程中，项目经理在总体上全面负责，控制工程项目建设的全过程。项目经理的地位和作用主要表现有以下四点。

1. 项目经理是工程项目活动的最高决策者

工程项目建设的特点决定了工程项目是一个复杂的开放系统，其管理活动要求有一个管理系统的全权负责人，就是甲、乙双方的项目经理。他们必须是工程项目管理活动的最高决策者、管理者、组织者、协调者和责任者。不管采取何种工程项目的组织形式，都应该体现线性系统为主的原则，而项目经理就是这个线性系统的最高决策者，只有这样，才能保证工程项目建设按照客观规律和统一意志高效率地达到预期目标。

2. 项目经理是工程项目组织工作的协调者

一个大型复杂的工程项目牵涉到许多部门和单位，而项目经理就是工程项目有关各方面协调配合的桥梁和纽带，是组织工作的协调中心。工程项目管理又是一个动态的管理过程，在工程实施过程中众多的结合部、复杂的人际关系，必然会产生各种矛盾、冲突和纠纷，而负责沟通、协商、解决这些矛盾的关键人物就是项目经理。作为业主和承包商的全权代理人，甲、乙双方的项目经理既代表着双方的利益，对工程项目行使管理权，也对工程项目的实施承担着全部责任，他的地位和作用是其他人不能替代的。

3. 项目经理是工程项目合同的代表人

工程项目主要是以经济和法律方法为基础实施管理的。工程项目各方是以合同关系联结在一起的。项目经理作为法人代表，是履行合同义务、执行合同条款、承担合同责任、处理合同变更、行使合同权力的合法当事人。他们的权力、责任、义务，受到法律的约束和保护，按合同履约是项目经理一切行动的准则，拒绝承担合同以外的其他各方强加的干预、指令，是项目经理的基本权力。当然，合同的签订与执行必须遵守法律，在合同与法律范围内，组织工程项目管理是项目经理的任务。

4. 项目经理是工程项目实施过程的控制者

工程项目的管理过程是一个决策过程，其实质是一个信息的变换过程。为了有效地进行信息沟通，以及对工程项目的控制，项目经理既是信息中心，又处于控制中心地位，他是工程项目实施过程中各种重要信息、指令、目标、计划、办法的发起者和控制者。如在工程项目实施过程中，对于工程项目外部，如业主、政府、承包商、当地社会环境、国内外市场等有关重要信息，均要通过项目经理汇总、沟通，得以实现；对于工程项目内部，项目经理则是工程项目各种重要目标、决策、计划、措施和制度的决策人和制定者。同时项目经理又要依据目标管理原则来具体实施，在实施过程中，依据信息反馈，不断地对工程项目过程进行调整与控制。

2.3.2　项目经理的职责、职权及素质

1. 项目经理的职责

1）确保工程项目目标实现，保证用户满意

对于项目经理来说，确保工程项目目标的实现和保证用户（即业主）满意是项目经理的任务和最基本的职责，也是衡量项目管理成败、管理水平高低的基本标志。

实现工程项目目标和保证用户满意，两者紧密相关，但又有所区别。一般地说，实现工程项目目标是用户的基本要求，但不一定能使用户满意。因为用户往往在工程项目目标即工期、资金、质量上，对各自的实现程序或优先次序会有不同的具体要求，也就是说，用户对三个具体目标的要求，都会因主观需要和环境条件制约而有所侧重。因此，就产生了对工程项目目标实现程度或优先次序的不同要求。

2）制定工程项日阶段性目标和工程项目总体控制计划

工程项目总目标一旦确定，项目经理的首要职责就是将总体目标逐级分解为子目标和阶段性目标系统，并在此基础上划分主要工作范围、工作内容和工作量，确定工程项目阶段性目标的实现标志——工程项目进展时程碑，估计需要投入的人员数量、比例及对人选的基本要求，考虑配套的总体计划及主要技术手段。作为指导工程项目实施的战略文件应与工程项目目标和工程项目合同相匹配，与企业能力相适应，并在工程项目实施前和实施初期，由项目经理来亲自主持制定，而具体计划由计划职能部门负责制定。

3）建立工程项目组织机构

建立科学的、高效的组织机构是工程项目成功的组织保证，也是项目经理的重要职责。组织机构的建立包括组织设计和人员的选配。

（1）组织设计。

① 依据前述甲、乙双方项目组织形式的分析，选择适合于本工程项目实际的项目组织形式。

② 根据工程项目组织机构的设置原则，确定工程项目组织机构的层次划分、职

责划分、管理跨度及授权程度。

③ 建立合理的信息沟通渠道和联系方式，即工作流程和信息流程。

④ 制定与组织机构相适应的工作准则和规章制度。

(2) 人员选配。

① 主要助手的选配。组织机构形成后，关键就是要选人和用人。对于项目经理来说，首要的是选好助手，而且要亲自选聘，一般来说选配好人员是必要的。

② 设置顾问组织。对于复杂的大型工程项目，可以考虑设置专家顾问组织，即聘请管理专家作为顾问参谋人员，不承担管理实务，只就专门问题或全局性问题提供咨询服务。

③ 重视整体效应。工程项目管理班子的组成，不仅要注意个人的素质和能力，更要重视管理班子的整体性，否则个体再优，但目标分散、内耗丛生，这样的项目管理班子也是失败的。

4) 建立信息沟通渠道

工程项目活动是在复杂多变的环境中进行的。工程项目外部环境和工程项目内部环境，都有大量的指令、信息、资源的交换。而项目是各种信息的汇合点，是信息中心，因此，建立信息流通渠道并保持该渠道的畅通是项目经理的重要职责之一。保持信息流通渠道的畅通关系到项目经理决策能否及时、正确，关系到工程项目管理能否高效率，甚至关系到工程项目的成败。在信息沟通中，最重要的是项目经理与用户(业主)、本工程项目主管领导和职能部门及承包(或分包)商之间的信息沟通。

(1) 项目经理与业主的信息沟通。业主对工程项目的意见和要求是项目经理工作的依据，因此，及时沟通和确认业主意图，及时向业主报告和反馈工程项目进展情况，及早确认业主对工程项目变更的要求，及早对重大问题取得业主认可，才有利于工程项目的顺利进行。

(2) 项目经理与本工程项目主管领导和职能部门的信息沟通。工程项目目标的有效实施，其前提条件是项目经理的工作必须得到本工程项目主管领导和职能部门的支持。所以，对于项目经理来说，应当重视与他们的信息沟通，以求得他们的支持和指导。如采用混合式组织形式时，作为工程项目的一个工作部门，应该定期报告工作进程，及时汇报重大问题的处理方案和处理结果，汇报经济、技术指标的完成情况，汇报人员绩效考评及奖惩处理结果等。对于矩阵式组织形式，不仅要加强同工程项目领导的信息沟通，更要重视与纵向职能部门的信息沟通，以便得到各纵向职能部门的合作与支持。

(3) 项目经理与承包(分包)商的信息沟通。甲、乙双方之间的信息沟通是合作的基础，也是减少纠纷、避免矛盾的前提，其中关键是对合同的共同确认和理解。因为，矛盾和分歧往往都是由此而引起的。一旦发生合同变更，出现追加费用或索赔时，也应该及时沟通信息，本着原则性和灵活性相结合的精神，进行协商解决，当然，最后还是应该尊重合同的法律严肃性。

5) 履行合同义务，监督合同执行，处理合同的变更

项目经理是合同的法定代表人，工程项目各方是由合同联系在一起的，是为共同实现工程项目目标而工作的。因此，项目经理既有按合同控制工程项目各方的权利，又有按合同履约和承担义务的责任。

2. 项目经理的职权

1) 项目经理的职权

项目经理个人负责制是现代工程项目管理的突出特点。对项目经理充分授权是项目经理正常履行职责的前提，也是工程项目管理取得成功的基本保证。实践证明，凡是失败的工程项目，往往是因为对项目经理的授权不充分，缺乏强有力的授权保证体系而造成的。只有对项目经理授予合适的权力，才能保证工程项目顺利实施。

(1) 人事权。项目经理必须在其管辖范围内具有人事权，这是最重要的权力。它包括工程项目管理班子组建时的人员选择、考核和聘任权；对重要高级人才调人的建议和选择权；对班子内成员的任职、考核、升迁、分配、奖励、处罚、调配、指挥、监督及辞退权等。

(2) 财权。项目经理必须拥有承包范围内的财务决策权，在财务制度允许的范围内，项目经理有权做出有关决定。

(3) 技术决策权。技术决策是工程项目实施的重大决策，项目经理应有决策控制权。项目经理并不需要亲自处理具体技术问题，他的职责主要在于审查和批准重大技术措施和技术方案，以防止决策失误，造成重大损失。

(4) 设备、物资、材料的采购控制权。项目经理主要是对不同采购方案、采购目标、到货要求进行决策把关，而不是干涉具体采购业务。

(5) 进度计划控制权。项目经理不是要参与和干涉具体进度计划的编排，而是根据工程项目总目标，将其进度与阶段性目标、资源平衡与优化、工期压缩与造价控制进行统筹判断，针对网络计划反映出来的拖期或超前信息，对整个工程项目的人力、设备、资源进行统一调配，以便对整个工程项目进行有效的控制。

2) 授予项目经理职权的基本依据

对项目经理授权的主要依据是权责一致、权能匹配的原则，即依据项目经理担负的职责和任务，并考虑个人的实际工作能力，授予项目经理相应的职权及其范围。具体授权应根据工程项目的不同具体情况，予以区别对待。

(1) 根据项目特点授权。工程项目目标要求严格时，应给予项目经理较大权力。如工程项目工期要求相当紧迫时，项目经理可以集中一切必要权力，以确保工期。同样，当工程项目属于大型项目、交钥匙工程项目时，也应授予项目经理较大的权力。反之，如是简单小型的工程项目，则无须授予项目经理过大的权力。应该指出的是，授权大小，还应考虑工程项目的风险大小。风险越大，承担风险一方的项目经理应被授予较大的权力。

(2) 按合同类型授权。当合同承包范围较大时，授权也大。如对工程项目进行

设计、采购、施工总承包时，应授予项目经理全过程的控制权力。同时，当合同付款方式不同时，甲、乙双方的权力也不同。如总价合同，乙方对工程项目控制权就较大，而甲方不能过多地干涉；反之，当合同为实报实销方式时，甲方控制权就较大，乙方应听命于甲方。

(3) 根据项目经理水平高低和领导能力授权。显然，项目经理水平高、能力强时，可以授予其较大权力；反之，则应限制授权范围。

3) 授予项目经理职权的原则

(1) 按预期成果授权的原则。按预期成果授权的原则即按确定的目标及编制的计划所要收到的预期成果，对实施各相应计划的下属授权的原则。所谓下属，即为符合计划与目标而设置的必要职位。

(2) 职能界限的原则。职能界限的原则即按职务和部门的预期成果，对从事这些部门工作的各职务，授予与其职能界限相适应的权利的原则。显然职权和信息交流越是有明确的界限，个人的责任就越是能充分地促进工程项目目标的实现。这即是授权的原则，也是部门划分的原则。

(3) 等级原则。等级原则即从项目经理到基层，必须形成一个指挥等级链，从上到下的职权系统越是明确，则决策和组织通讯联络就越是有成效。

(4) 职权——管理层次原则。职权——管理层次原则即职能界限原则加上等级原则构成的原则。在某一个组织层次上的职权的存在，显然是为了在其职权范围内做出某种决策。主管人员在其个人职权权限的范围内，应做出决策，而不要提交给组织机构中的上一级。换句话说，各级经理及主管人员应该按照所授予的职权做出他那一级的决策；只有职权界限限制他做出决策时，才可以提交给上级。

(5) 统一指挥的原则。统一指挥原则即按线性系统领导的原则，越是单线领导，在发布指示中互相冲突的问题就越少，个人对成果的责任感就越强。因为职责在实质上总是对个人而言的，由两名以上的上级给一名下属授权，很可能产生职权与职责两者的矛盾，统一指挥的原则有利于澄清职权与职责的关系。

(6) 职责绝对性原则。由于职责作为一种应该承担的义务是不可能授予别人的，即职权可以授予，但职责却不能授予。所以，即使上级通过授权，也不可能逃避他对下属的业务工作授权与委派任务的职责。同样，下属对上级负责也是绝对的，一旦他们接受了委派，就有义务去贯彻执行，而上级也不能逃避领导下属业务工作的职责。

(7) 职责和职权对等原则。由于职权就是执行任务时的决定权，职责是完成任务的义务，所以职权与职责一定要相符。

3. 项目经理的素质

1) 项目经理应具有的素质

(1) 品格素质。

① 有良好的社会道德品质，对社会的安全、文明、发展负道德责任，有高度的事业心和责任感，对工程项目建设具有献身精神。既要考虑项目的经济利益，也要考

虑对社会利益的影响。

② 廉洁奉公、联系群众。要求项目经理有高尚的品德和职业道德，要尊重知识、尊重人才，善于听取各方面的意见，善于与人共事、团结合作，讲究诚信。

③ 懂得有关经济政策和法律、法规，并能模范地执行。

(2) 技术业务素质　项目经理应熟悉工程项目建设的客观规律及基本建设程序，应掌握基本建设的方针、政策，应具备一定深度的专业技术知识。其专业特长应和工程项目专业技术相"对口"，特别是大型复杂工程项目，工艺、技术、设备专业性很强，非一朝一夕能吃透，作为工程项目实施的最高决策人，不懂技术就无法按照工程项目的工艺逻辑、施工逻辑来组织实施，更难以鉴别工程项目工艺设计、设备选型、安装调试及施工技术方案的优劣，往往会导致工程项目的失败。

(3) 经营管理素质　项目经理必须懂经营、会管理。管理作为综合性的软科学，具有交叉渗透、覆盖面宽等特点。项目经理的主要职能是经营管理专家的角色，而不是技术专家的角色。对于项目经理来说，管理比技术更重要，只精通技术而不懂管理的人，不宜作项目经理。项目经理必须在管理理论和管理技术(管理方法和手段)上，训练有素，并且能灵活地加以运用。项目经理的管理知识，应要求有一定的深度和广度。

(4) 实际经验及创新素质　项目经理不仅要懂技术，而且还要会管理，他更需要的是丰富的实践阅历和解决实际问题的技能。光懂管理理论和专业技术知识是当不好项目经理的。由于科学技术迅速发展，新工艺、新材料等不断涌现，建筑产品的用户会不断地提出新要求。项目经理只有解放思想，开拓创新，与时俱进地开展工作，才能实现项目的总目标。

(5) 身体素质　项目经理的身体素质应能适应项目建设工作的需要。如前所述，项目经理日理万机，负担沉重，如果没有良好的身体素质和心理素质，是无法承担这一重任的。

2) 项目经理应具备的能力

(1) 决策应变能力　工程项目实施过程情况多变，及时决断、灵活应变就可以抓住战机，优柔寡断、瞻前顾后就会贻误战机，特别是在投标报价、合同谈判、纠纷处理、方案选择、突发事件等重大问题的处理上，项目经理的决策应变水平就显得格外重要。

(2) 组织指挥能力　项目经理作为工程项目的责任者和指令的发出者，每天都要行使行政组织指挥权。他必须统筹全局、指挥若定、忙而不乱、及时准确。这种素质的形成需要阅历的积累和实践的磨炼。这种才能的发挥需要以合理的指挥、等级链的建立，以及正确而充分的授权为前提。在工作中，注意统筹全局，抓关键、全局性的大事，如果事必躬亲，必将陷入琐碎的日常事务当中，忘掉了全局，而自己也苦不堪言，疲于奔命，工作反而没有做好。

(3) 协调控制能力　协调是管理的本质，一个大型工程项目有众多的结合部，有时间上和空间上的配合,有人力、物力、资金的合理配置,有各种人际关系的处理,项目经理在实施计划、组织、控制职能时,各项职能及各职能之间,都需要协调,通过协调才能达到管理的目的。同样地,为了实现工程项目的目标,就必须通过组织的保证,对工程项目活动实施有效的控制和监督,以便纠正偏差,排除干扰实现工程项目的目标。所以,作为一个项目经理,必须有良好的组织协调能力和控制技巧。而建立科学的信息沟通渠道,及时、准确地获得信息反馈,是协调和控制的前提条件。

(4) 用人的艺术　依据管理的能级原理,要使各种人才形成动态稳定的结构,如高、中、初级人才以宝塔形结构较为合理,而且,要使不同人才位于相应的能级上,做到合理用人,即做到优化组合。为此,作为项目经理,就应该做到:用人所长、容人之短;疑人不用,用人不疑;职责明确,充分授权;及时指导,客观评价。

(5) 会议的管理能力　会议是项目经理下达指令、沟通情报、协调矛盾、反馈信息、制定决策的重要手段,是项目经理对工程项目进行有效管理的重要工具,因此,如何高效率地召开会议,掌握组织会议的技巧,也是项目经理的基本功之一。

2.3.3　项目经理部的设置、运作与解体

1. 项目经理部的作用

项目经理部是项目管理的工作班子,置于项目经理的领导之下。其作用有:

(1) 项目经理部负责施工项目从开始到竣工的全过程施工生产经营的管理,对作业层负有管理与服务的双重职能,作业层工作的质量取决于项目经理的工作质量;

(2) 项目经理部为项目经理决策提供信息依据,当好参谋,同时又要执行项目经理的决策意图,对项目经理全面负责;

(3) 项目经理部作为组织体,应完成企业所赋予的基本任务——项目管理任务,凝聚管理人员的力量,调动其积极性,促进管理人员的合作,树立为事业献身的精神,协调部门之间、管理人员之间的关系,发挥每个人的岗位作用,为共同目标进行工作,影响和改变管理人员的观念和行为,使个人的思想、行为变为组织文化的积极因素,实行责任制,搞好管理,沟通部门之间、项目经理部与作业队之间、与公司之间、与环境之间的关系;

(4) 项目经理部是代表企业履行工程承包合同的主体,对项目产品和建设单位全面、全过程负责,使每个施工项目经理部成为市场竞争的主体成员。

2. 项目经理部的设置

(1) 设置原则　《建设工程项目管理规范》(以下简称《规范》)5.1.1 条规定项目管理组织的建立应遵循下列原则:

① 组织结构科学合理;

② 有明确的管理目标和责任制度;

③ 组织成员具备相应的职业资格;

④ 保持相对稳定，并根据实际需要进行调整。

(2) 设立规模 根据企业推行施工项目管理的实践经验，一般按项目的使用性质和规模设置。通常企业将项目经理部分为三个等级。

① 一级施工项目经理部：建筑面积为15万m^2以上的群体工程；面积为10万m^2以上的(含10万m^2)的单体工程；投资在8 000万元以上的(含8 000万元)的各类施工项目。相应的项目经理应持有国家注册一级项目经理职业资格证书。

② 二级施工项目经理部：建筑面积为15万m^2以下、10万m^2(含10万m^2)以上的群体工程；面积为10万m^2以下、5万m^2以上的(含5万m^2)的单体工程；投资在8 000万元以下、3 000万元以上的(含3 000万元)的各类施工项目。相应的项目经理应持有国家注册二级项目经理职业资格证书。

③ 三级施工项目经理部：建筑面积为10万m^2以下、2万m^2(含2万m^2)以上的群体工程；面积为5万m^2以下、1万m^2以上的(含1万m^2)的单体工程；投资在3 000万元以下、500万元以上的(含500万元)的各类施工项目。相应的项目经理应持建筑行业颁发的项目经理职业资格证书。

(3) 设立的步骤 《规范》5.2.4条规定建立项目经理部应遵循下列步骤：

① 根据项目管理规划大纲确定项目经理部的管理任务和组织结构；

② 根据项目管理目标责任书进行目标分解与责任划分；

③ 确定项目经理部的组织设置；

④ 确定人员的职责、分工和权限；

⑤ 制定工作制度、考核制度与奖惩制度。

(4) 组织形式 《规范》5.2.5条规定“项目经理部的组织结构应根据项目的规模、结构、复杂程度、专业特点、人员素质和地域范围确定。”

《规范》5.2.6条规定“项目经理部所制订的规章制度，应报上一级组织管理层批准。”常用的项目经理部的组织形式有以下三种组织结构形式。

① 工作队(专业队式)组织：属职能组织结构形式，适用于工期要求紧迫的项目、要求多工种多部门密切配合的项目。

② 部门控制式项目组织：属直线式组织结构形式，比较适合小型的、专业性较强的、不需涉及众多部门配合的施工项目。

③ 矩阵式项目组织：属矩阵式组织结构形式，用于同时担任多个需要进行项目管理工程的企业，大型、复杂的施工项目。

(5) 项目经理部的设置 项目经理部可根据工程的规模、结构、复杂程度、专业特点、人员素质和地域范围，按工程项目组织结构的设置程序设置人员和部门。

3. 项目经理部的运行体系

(1) 运行机制 项目经理部的运行应实行岗位责任制，明确各成员的责、权、利，设立岗位考核指标。各成员包括项目部管理层、作业队及分包人。项目经理部是管理机制有效运行的核心，应做好协调工作，并能够严格检查和考核责任目标的实施状况，有效调动全员积极性。

(2) 工作内容。

① 在项目经理领导下制定“项目管理实施规划”及项目管理的各项规章制度；

② 对进入项目的资源和生产要素进行优化配置和动态管理；

③ 有效控制项目工期、质量、成本和安全等目标；

④ 协调企业内部、项目内部及项目与外部各系统之间的关系，增进项目有关各部门之间的沟通，提高工作效率；

⑤ 对施工项目目标和管理行为进行分析、考核和评价，并对各类责任制度执行结果实施奖罚。

4. 项目经理部的解体

《规范》5.2.3 条“项目经理部应在项目启动前建立，并在项目竣工验收、审计完成后或按合同约定解体。”

(1) 解体的必要性。

① 有利于企业公平公正的评价项目管理的实施效果；

② 有利于满足不同类型项目对管理层的需要，便于项目管理层的重组和匹配；

③ 有利于打破传统的管理模式，改变传统的思想观念；

④ 有利于促进项目管理的发展和项目管理人才的职业化。

(2) 解体的基本条件。

① 工程项目已经竣工验收，已经验收单位确认并形成书面材料；

② 与各分包单位已经结算完毕；

③ 已协助企业管理层与发包人签订了“工程质量保修书”；

④ “项目管理目标责任书”已经履行完成，经过企业管理层审计合格；

⑤ 项目经理部在解体之前应与企业职能部门和相关管理机构办妥各种交接手续；

⑥ 项目经理部在解体之前应做好现场清理工作。

【思考和练习】

1. 简述建设工程项目组织的设计原则与程序。
2. 不同的建设工程项目组织形式有何优势和不足？
3. 如何选择建设工程项目的组织形式？
4. 简述项目经理的地位、作用及对其的素质要求。
5. 项目经理部的设置应考虑哪些因素？
6. 收集一个建设工程项目组织的案例，分析属于哪一种组织结构形式。

第3章　建设工程项目目标规划与控制管理

【知识要点及学习要求】

知识要点		学习要求
知识要点1	建设工程项目的目标责任系统,管理规划与组织设计的关系。	了解
知识要点2	项目结构分解的内容,规划大纲、内容、编制与执行。	熟悉
知识要点3	工程项目控制的实施、变更的处理和控制。结构分解的过程与方法。	掌握

3.1　建设工程项目结构分解

3.1.1　项目结构分解的意义与内容

1. 项目结构分解的意义

项目是由许多相互联系、相互影响、相互依赖的工程活动组成的行为系统,它具有系统的层次性、集合性、相关性、整体性的特点。组织应根据项目范围说明文件进行项目的结构分析。也就是把工作对象(工作项目及其管理过程)作为一个系统,按照一定的目的,将其分解为相互独立、相互制约和相互联系的活动或过程。

项目结构分解是一个渐进的过程,是项目管理的基础工作。对于一个大型复杂的项目,如果没有科学的项目结构分解,或项目结构分解的结果得不到很好的利用,则不可能有高水平的项目管理。项目的设计和计划、控制,不可能仅以整个笼统的项目为对象,必须考虑各个部分、各个细节,考虑具体的工程活动。有必要在项目的总目标和总任务定义后进行详细而周密的项目结构分解,系统地剖析整个项目,避免项目设计和计划的失败。项目越大,越复杂,这个工作就越有必要。

2. 项目结构分解的内容

项目结构分解包括如下工作内容。

(1) 对项目的系统总目标和总任务进行全面研究,划定整个项目的系统范围,包括工程范围和项目所包括的实施责任范围。

(2) 建设项目的结构分解。即按系统分析方法将由总目标和总任务定义的项目分解开来,得到不同层次的项目单元(工程活动)。建设工程项目结构分解可以按照一定的规则由粗到细，由总体到具体，由上而下地进行。它是项目系统分析最重要的工作。

(3) 项目单元的定义。将项目目标和任务分解落实到具体的项目单元上，从质量、技术要求、实施活动的责任人、费用限制、工期、条件等方面对它们做详细的说明和定义。这个工作应与相应的技术设计、计划、组织安排等工作同步进行。

(4) 项目单元之间界限的分析。包括界限的划分与定义、逻辑关系的分析、实施顺序安排，将全部项目单元还原成一个有机的项目整体。这是进行网络分析、工程组织设计的基础工作。

3.1.2 项目结构分解的目的、结果、过程与方法

1. 项目结构分解的目的

《建设工程项目管理规范》(以下简称《规范》)3.4.1条规定："组织应严格按照项目的范围和项目分解结构文件进行项目的范围控制。"

结构分解的目的是为了对项目的范围进行控制，从而界定项目的责任范围。

项目结构分解是为了解决由招标文件(合同条件)所规定的工程目标和工程范围到具体的可控制、可知性、可考核的工程活动的过程。该工作是施工项目管理规划的基础，对整个工程的技术措施、施工方法、质量计划、工期、资源、计划成本和责任体系有决定性的作用。

2. 项目结构分解的结果

施工项目结构分解的结果由施工项目结构图、项目结构分析表、施工工程任务单等组成。

1) 项目结构分解图

常见的工程项目结构分解如图3-1所示。其中每一个单元又统一被称为项目单元。项目结构图表达了项目总体的结构框架。

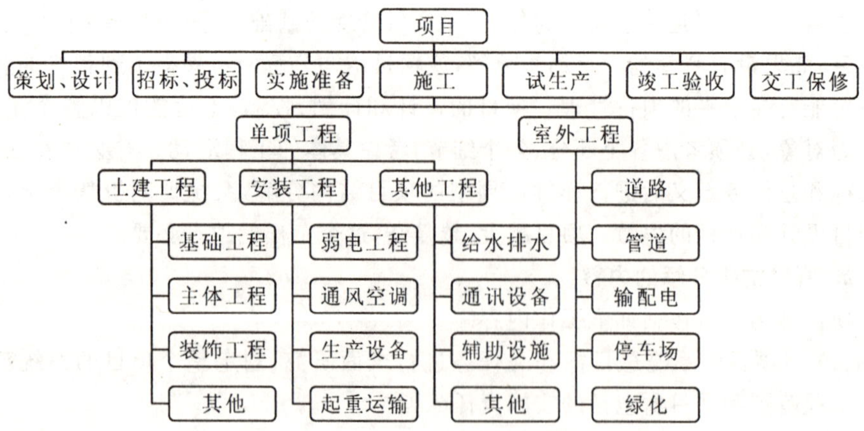

图3-1 某建设工程项目结构分解图

2）项目结构分解表

项目结构分解表结构类似于计算机中文件的目录路径。项目结构分解表见表3-1。

表 3-1　项目结构分解表

编　　码	名　称	负责人	成　本	* * *	* * *
10000					
11000					
11100					
11200					
12000					
12100					
12200					
12110					
12120					
12130					
12121					
12122					
13000					
13100					
13200					
14000					
14100					
14200					
14210					
14220					
14230					
14211					
14212					

3）施工任务单

施工任务单是项目的工作范围文件，如果项目任务是完成一份合同，则它就是合同工作范围文件。

3. 项目结构分解的过程与方法

《规范》3.3.2 条规定："项目应逐层分解至工作单元，形成树形结构图或项目工作任务表，进行编码。"每个项目单元进行编码是现代信息处理的要求。

常见的建设工程项目的结构分解包括以下两类。

1）按技术系统的结构分解

（1）按功能区间分解。功能是工程建成后应具有的作用，与工程的用途有关。常在一定的平面和空间上起作用，故有时又被称为“功能面”。对功能的分析、分解、综合、说明是项目的策划、技术设计、计划的重要工作。通常在项目技术设计前将项目的总功能目标逐步分解成各个部分的局部功能目标，再做功能面目录，详细说明该功能的特征，如面积、技术要求（建筑、环境、装备）、环境要求（采光、通风）等。对一个复杂的工程，功能还可分为子功能。

（2）按要素进行分解。一个功能面可以分为各个专业要素，要素一般不能独立存在，它们必须通过有机组合构成功能，要素应具有鲜明的专业特征，有些要素还可以进一步分解为子要素。

2）按实施过程分解

整个工程、每一个功能或要素作为一个相对独立的部分，必然经过项目实施的全过程，因此，可以按照过程化的方法进行分解。

常见的建设工程项目可以分解为如下实施过程：① 设计和计划；② 招标投标；③ 实施准备（现场准备、技术准备、采购订货、制造、供应等）；④ 施工（土建、机械设备安装、装饰工程）；⑤ 试生产、验收；⑥ 投产、运行、保修等。

对承包商来说，实施过程的范围由承包合同限定。如果是“设计-施工-供应”总承包合同，则与上述过程相似。

3.1.3 结构单元的关系

项目单元应能区分不同的责任者和不同的工作内容，具有较高的整体性和独立性，单元之间的工作责任、界限应尽可能小而明确，这样才能明确地划分各单元和各项目参加者之间的界限，方便项目目标和责任的分解和落实，有利于进行成果评价和责任分析。项目的结构单元通常包括：① 项目系统目标文件；② 项目工程技术设计文件；③ 实施方案和计划文件；④ 工作包说明。

它们共同构成对项目的系统描述。在项目的过程中，上述文件之间存在时间顺序和依存关系。通常由目标文件决定技术设计，再一起决定实施方案和计划，最后决定工作包。

工作包（work package）是工作分解结构（WBS）的最底层元素，一般的工作包是最小的“可交付成果”，这些可交付成果很容易识别出完成它的活动、成本和组织，以及资源信息。例如：管道安装工作包含管道支架制作和安装、管道连接与安装、严密性检验等几项活动，其成本包含运输、焊接、管道制作人工费用及管道、金属附件材料费等，还包含管道安装过程中产生的报告、检验结果等文档，以及被分配的工班组等责任包干信息。

3.2　建设工程项目的目标系统

3.2.1　目标管理概述

1. 目标管理的概念

目标管理(MBO)指集体中成员亲自参加工作目标的制订,在实施中运用现代管理技术和行为科学,借助人们的事业感、能力、自信、自尊等,实行自我控制,努力实现目标。

目标管理是20世纪50年代由美国的德鲁克提出的。其基本点是以被管理活动的目标为中心,把经济活动和管理活动的任务转化为具体的目标加以实施和控制,通过目标的实现,完成经济活动的任务。

2. 目标管理的划分

(1) 确定施工项目组织各层次、各部门的任务分工,既对完成施工任务提出要求,又对工作提出要求。

(2) 把项目组织的任务转换为具体的目标。

(3) 落实制订的目标。

① 落实目标的责任主体,即谁对目标的实现负责。

② 明确目标主体的责、权、利。

③ 落实对目标责任主体进行检查、监督的上一级责任及手段。

④ 落实目标实现的保证条件。

(4) 对目标的执行过程进行调控。

(5) 对目标完成的结果进行评价。

3. 目标管理体系

施工企业目标管理体系的一般模式如图3-2所示。

4. 各目标之间的关系

企业的总目标是一级目标,经营层和管理层的目标是二级目标,项目管理层(作业管理层)的目标是三级目标。每一级目标对下一级目标都有制约关系和时间顺序。通常,上一级目标控制下一级目标,下一级目标的制订是依据上一级目标对相关目标进行分解。

3.2.2　建设工程项目的目标责任系统

1. 项目经理与企业经理之间的责任制

项目经理产生后,与企业法定代表人就项目全过程管理签订“项目管理目标责任书”。其内容是对施工项目从开工到竣工验收全过程管理及项目经理部建立、解体、善后处理和重大问题的处理,事先形成具有企业法规性的文件。这种责任书,也

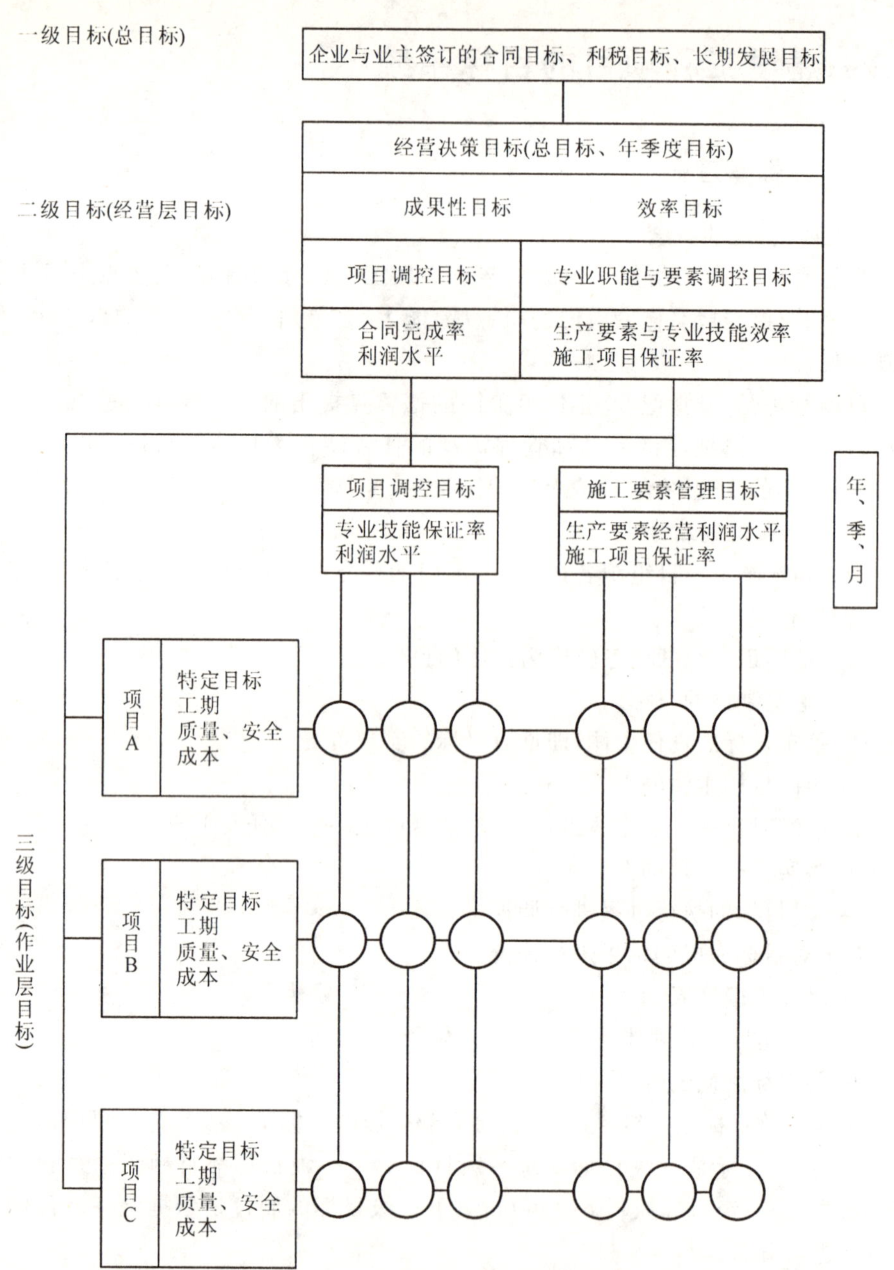

图 3-2 施工企业目标管理体系一般模式

是项目经理的“任职目标”。

责任书的签订需经过双方同意并经企业工会鉴定，使之具有约束力。

在“项目管理目标责任书”的总体指标内，按企业当年综合计划，项目经理与企业经理签订“年度项目经理经营责任书”。因为有些项目经理部承担的施工任务跨年度，如果只有“项目管理目标责任书”而无年度责任书，就很难保证工程项目的最终目标实现。

“年度项目经理经营责任书”应以企业当年统一下达给各项目经理部的计划指标为依据，主要内容包括施工产值、工程形象进度、工程质量、成本降低率、文明施工和安全生产要求。

2. 项目经理与本部其他成员之间的责任制

项目经理在实行个人责任制的过程中，还必须按“管理的幅度”和“能位匹配”等原则，将“个人负责”转变为“人人尽职尽责”，在内部建立以项目经理为中心的岗位目标责任制。

3.2.3 建设工程项目目标制订依据、原则和程序

1. 目标的制订依据

(1) 工程承包合同。工程承包合同提出了建设施工企业应承担的施工项目总目标。因此，项目经理部与企业之间签订的内部承包责任书中项目经理部的责任目标(控制目标)，应依据工程承包合同目标制订。

(2) 国家的政策、法规、方针、政策、标准和定额。

(3) 生产要素市场的变化动态和发展趋势。

(4) 有关文件、资料、设计图纸、招标文件、施工组织设计等。

(5) 对国际工程施工项目，制订控制目标还应依据工程所在国的各种条件及国际市场情况。

2. 目标的制订原则

(1) 实现工程承包合同目标，以目标管理方法进行目标展开，将总目标落实到项目组织直至每一个执行者。

(2) 充分发挥施工规划在制订控制目标中的作用。

(3) 注意目标之间的相互制约和依存关系。

3. 目标的制订程序

(1) 认真研究、核算工程承包合同中界定的施工项目控制总目标，收集制订控制目标的各种依据，为控制目标的落实做准备。

(2) 施工项目经理编制施工组织设计，确定施工项目的计划总目标。

(3) 制订施工项目的阶段控制目标和年度控制目标。

(4) 按时间、部门、人员、班组落实控制目标，明确责任。

(5) 责任者提出控制措施。

3.3 建设工程项目管理规划

《规范》4.1.2条规定：“项目管理规划应包括项目管理规划大纲和项目管理实施规划两类文件。”

《规范》4.1.3 条规定："项目管理规划大纲应由组织的管理层或组织委托的项目管理单位编制。"

3.3.1 建设工程项目管理规划概述

1. 建设工程项目管理规划的概念

建设工程项目管理规划是指导项目管理工作的纲领性文件。建设工程项目管理规划涉及项目整个实施阶段，属于业主方项目管理的范畴。如果采用建设项目总承包的模式，业主方也可以委托建设项目总承包方编制工程项目管理规划。

建设项目的其他参与单位，如设计单位、施工单位、监理单位和供货单位等，为进行其项目管理也需要编制项目管理规划，但他们只涉及项目实施的一个方面，并体现一个方面的利益，可称为设计方项目管理规划、施工方项目管理规划、监理方项目管理规划和供货方项目管理规划。

2. 建设工程项目管理规划的目的

(1) 投标前，通过施工项目管理规划大纲对施工项目的总目标、施工项目的管理过程和投标过程进行全面规划，争取中标，并签订一个既符合发包方要求，又能够使承包商取得综合效益的承包合同。

(2) 施工合同签订后，通过施工项目管理实施规划，保证施工项目安全、高效、有序地进行，全面完成施工合同责任，实现施工项目的管理目标。

3. 建设工程项目管理规划的作用

(1) 研究并制订施工项目管理目标。

(2) 规划实施项目目标管理的组织、秩序和方法，落实组织责任。

(3) 作为工程的施工项目管理规范，在施工项目管理过程中落实和执行。

(4) 作为对施工项目经理部考核的依据之一。

4. 建设工程项目管理规划的种类

(1) 施工项目管理规划大纲。在取得招标文件后，用以指导承包人编制投标文件、投标报价和签订施工合同。

(2) 施工项目管理实施规划。在施工合同签订后，用以策划施工项目计划目标、管理措施和实施方案，保证施工合同的顺利实施。

3.3.2 建设工程项目管理规划与组织设计的关系

《规范》4.1.5 条规定："大中型项目应单独编制项目管理实施规划，承包人的项目管理实施规划可以用施工组织设计或质量计划代替，但应能够满足项目管理实施规划的要求。"

1. 建设工程项目管理规划体系

1) 建设项目施工总体规划

建设项目施工总体规划即施工组织总设计，它是以整个建设项目施工或区域开发工程的总体为对象编制的。施工企业项目管理中的施工组织总设计，一般是针对住宅小区、大型工业建筑、高层建筑等。其目的是对整个工程的施工通盘考虑并进行全面规划，用以指导项目经理部进行全场施工准备和有计划地运用施工力量，开展施工活动，是整个建筑群或建设项目施工全过程技术、经济和组织等各项施工活动的综合性文件。

2）单位工程项目施工规划

单位工程项目施工规划即单位工程施工组织设计，它是以单位工程项目为对象编制的。

单位工程施工组织设计在工期、质量、成本、安全文明施工、现场标准化管理等方面，应服从于施工组织总设计的总体目标和要求，同时要从单位工程的具体施工条件出发，制定管理措施，保证施工项目的施工管理目标的实现。

3）分部分项工程项目施工规划

分部分项工程项目施工规划即分部分项工程施工组织设计，它是以分部分项工程为对象编制的。在大型工程项目施工中，由于各分部分项工程量大、技术复杂、质量要求高，或在施工条件特殊的施工部位，如大体积混凝土施工、设备安装、高级装饰等，还必须编制独立的施工组织设计，作为单位工程施工组织设计的补充和深化。同时，它也是项目经理部进行施工分包和签订施工作业合同的基础及发包条件。

2. 建设工程项目施工规划的内容

项目施工规划的内容即施工组织设计的内容，取决于它的任务和作用。因此，须根据项目的不同特点和要求，根据施工条件，从实际出发，决定各生产要素的组合方式和这种组合方式的时间和空间关系，以及要素种类、数量和供应时间与方式等。

（1）基本内容。基本内容包括施工组织设计的施工方案、施工进度计划和施工平面布置。它是组成施工组织设计的最基本框架，起着控制拟建工程施工全局的指导作用。

（2）配套内容。配套内容是指从基本内容进一步演化或推导出来为说明拟建工程中某个局部问题而编制的辅助计划。常见的有：施工准备工作计划、劳动力需要量计划、机械需要量计划、其他资源需要量计划及其供应计划等。

（3）增变内容。增变内容是指在特定条件下，对基本内容和配套内容的补充。如冬（雨、夏）季施工措施、高空作业安全措施、文明施工作业措施等。增变内容是不定的，随条件变化而变化。

3. 建设工程项目施工规划的编制

拟建工程中标后，施工单位须编制工程施工组织设计。工程实行总包和分包的，由总包单位编制施工组织设计，分包单位在总包单位的总体部署下，编制分包工程的施工组织设计。施工组织设计应根据合同及有关规定编制，并且要广泛征求各协作单位的意见。

对结构复杂、施工难度大，以及采用新工艺和新技术的工程项目，要进行专题研究,必要时举行有经验的专业工程技术人员参加的专题会议。

在编制过程中,要充分发挥各职能部门的作用,充分利用施工企业的技术和管理资源,合理地进行工序交叉配合的程序设计。

当比较完整的施工组织设计方案提出后,要组织参加编制的人员及单位讨论,逐项研究,最终形成正式文件,送主管部门审批。

4. 建设工程项目管理规划大纲与施工组织设计的关系

如果发包人要求在投标文件中提供施工组织设计,则项目管理规划大纲的内容应考虑发包人对施工组织设计的内容要求、评标指标和评标方法。施工项目管理规划大纲的内容可以直接或经过细化、修改、调整、补充后在施工组织设计中使用。

3.3.3 建设工程项目管理规划大纲、内容、编制与执行

1. 建设工程项目规划大纲

(1) 项目规划大纲的作用。

① 作为编制投标文件的战略指导和依据。

② 在投标、合同谈判和签订合同中贯彻执行。

③ 作为中标后编制项目管理实施规划的依据。

(2) 项目规划大纲的内容。

① 项目概况描述,包括项目基本情况描述、承包范围描述。

② 项目实施条件分析,包括发包人条件、相关市场条件、自然条件、政治法律和社会条件、现场条件、招标条件等。

③ 项目管理目标,包括施工合同要求的目标、企业对施工项目的要求等。

④ 拟定的项目组织构架,包括专业施工的组织方案、项目管理的组织方案等。

⑤ 质量目标规划和主要的施工方案描述,包括招标文件或发包人要求的总体质量目标、主要的施工方案描述等。

⑥ 工期目标规划和施工总进度计划。

⑦ 施工预算和成本目标规划。

⑧ 施工风险预测和安全目标规划。

⑨ 施工平面图和现场管理规划。

⑩ 投标和签订合同工作规划。

⑪ 文明施工及环境保护规划。

2. 建设工程项目管理实施规划

《规范》4.1.4 条规定:"项目管理实施规划应由项目经理组织编制。"

1) 项目管理实施规划的作用

项目管理实施规划是承包人在中标后为全面完成工程的施工任务而编制的,必须由施工项目经理组织施工项目部在工程开工前编制完成。它是整个工程施工管理的执行计划,同时也是施工项目的管理规范。

2）项目管理实施规划的内容

（1）工程概况描述。包括：工程特点、建设地点、周边环境、施工条件、项目管理特点及总体要求等。

（2）施工部署。包括：项目的质量、进度、成本及安全目标，拟投人的最高人数和平均人数，分包规划，劳务供应规划，物资供应规划，工程施工区段的划分及施工顺序安排。

（3）项目管理总体安排。包括：项目管理组织的结构和人员安排，项目管理总体工作流程和制度设置，项目经理部各部门的责任，项目施工过程中的控制、协调、总结分析与考核等。

（4）施工方案。包括：施工流向和施工程序，施工段划分，施工方法、技术、工艺和施工机械选择，工程分包策略和分包方案，材料供应方案，设备供应方案，安全施工方案设计等。

（5）施工进度计划。包括：施工进度计划说明，施工进度计划。

（6）资源供应计划。包括：资源种类，资源需要量计划，劳动力、主要材料、主要设备资源使用计划，按时间坐标显示在整个施工工期范围内资源的投人强度，劳动力及施工现场人员的雇佣和培训，材料和施工设备订购储存等计划。

（7）施工准备工作计划。包括：施工准备组织及时间安排，技术准备工作，施工现场准备，施工作业队伍和施工管理人员的组织准备，物资准备，资金准备。

（8）施工平面图。包括：在施工现场范围内现存的永久性建筑，拟施工的永久性建筑，现存永久性道路和施工临时道路，垂直运输机械，施工临时设施，现存的及施工临时水电管网等。

（9）施工技术组织措施计划。包括：保证进度、质量、安全、成本目标的措施，季节施工、保护环境、文明施工措施。

（10）项目风险管理规划。包括：风险因素的识别，风险出现的概率及将会造成的损失的估计，对各种风险做出确认并列出重点风险管理点，对主要风险提出防范措施，落实风险管理责任人。

（11）技术经济指标计算与分析。包括：项目管理规划达到的技术经济指标，指标的设立原则、计算与分析。

3. 建设工程项目管理规划的编制和管理

（1）项目管理规划在编制过程中应听取企业相关部门的意见，必要时应会同这些部门共同参与编写，编写完成后再报送这些部门。

（2）承包人盖章后报总监理工程师认可，如有不同意见，协商后由施工项目经理主持修改。

（3）项目管理规划大纲编制完成后，应向承包人投标小组各方人员交底，在投标过程中，各方工作应贯彻项目管理规划大纲的要求。

（4）执行中应进行检查和协调，及时排除障碍。

(5) 制订相应的检查规定和奖罚标准,制订检查办法、协调办法、考核办法、奖惩办法。

(6) 项目管理结束后,应对项目管理实施规划的编制、执行的经验教训和问题进行全面总结、分析和评价,将书面总结报告,连同规划文件一起作为企业档案保存。

3.4 建设工程项目的实施控制系统

3.4.1 工程项目控制的特征、干扰因素和矛盾性

1. 工程项目控制的特征

(1) 目标的可变性。即在项目实施中由于上层组织战略的变化,实施环境的干扰,新技术的出现等原因需要修改目标。

(2) 项目目标多,且目标之间经常产生争执。在控制过程中必须保证目标系统的平衡,包括子目标和总目标,阶段性目标与整体目标,质量、工期、成本三大目标的平衡。

(3) 组织行为对控制影响大。项目参加者在项目实施中的行为受其在项目中的利益驱动,参加者所属企业的目标常常决定其行为。

(4) 外界环境变化对项目实施的外部干扰,使实施过程偏离目标。项目目标与环境之间的交互作用是控制的难点。项目的目标控制是动态的、多变的。在项目实施的整个过程中,应加强对外部环境的监控和预警。

2. 工程项目控制的干扰因素

(1) 外界环境的变化,包括自然事件和社会事件,如恶劣的气候条件使运输拖延造成材料拖延,或发生了一些人力不可抗拒的自然灾害,或政府特殊管制等。

(2) 其他方面供应不足,如停水、断电、材料和设备供应受阻、资金短缺,或未达到实际的生产能力,各项目参加者的协调出现问题。

(3) 设计和计划的错误,如设计频繁修改使正常的施工秩序被打乱、实施过程中管理工作或技术工作出现失误、管理者缺少经验等。

(4) 业主的新要求,政府新干预,造成对项目目标的干扰。

上述各方面都会导致对工程的干扰,造成工程实施与目标和计划的偏离。只有进行严格的控制才能不断地调整实施过程,保证实施的发展符合目标,与计划一致。

3. 工程项目控制的矛盾性

建设工程项目控制在项目构思、目标设计阶段即已开始,对项目阶段工作成果的审查、批准都是控制工作。按照项目寿命期的影响曲线,项目早期控制的效果最大,它能影响整个生命期。所以控制措施越早做出,对工程、对成本影响就越大、越有效。但在项目早期,往往对项目的功能、技术标准要求、实施方法等各方面的目标尚未明确,或没有足够的说明,使人们控制的依据不足,所以,常疏于项目前期的控制工作。因此,应加强项目前期的控制。

项目前期的控制主要是企业(即项目上层系统)管理的任务,主要表现为项目的

目标确定、项目范围定义、可行性研究、设计和计划中的阶段决策和各种审批工作。

在项目实施阶段，由于技术设计、计划、合同等已经全面定义，控制的目标十分明确，所以人们十分强调这个阶段的控制工作，将它作为项目管理的一个独特的阶段。它是项目管理工作最为活跃的阶段，但它的影响比较前期控制来说要小多了。

3.4.2 工程项目控制的实施

1. 建设工程项目控制实施的任务

在管理学中，控制包括提出问题、研究问题、计划、控制、监督、反馈等内容，这是广义的控制。而本书中的控制指在计划阶段后对项目实施阶段的控制工作，即控制的实施，它与计划一起形成一个有机的项目管理过程。项目控制实施的总任务是保证按预定的计划实施项目，保证项目总目标的圆满实现。

2. 建设工程项目控制实施的作用

(1) 项目管理主要采用目标管理方法，由前期策划阶段确定的总目标和经过设计和计划分解的详细目标，必须通过控制实施才能实现。

(2) 现代工程项目规模大、投资大、技术要求高、系统复杂，其计划实施的难度大，不进行有效的控制，会导致项目的失败。

(3) 由于专业化分工，参加项目实施的单位多，项目的顺利实施需要各单位在时间上、空间上协调一致。但由于各项目参加者有自己的利益，有其他项目或其他方面的工作，会造成行为不一致、不协调或利益的冲突，使项目实施过程中断或受到干扰，所以对他们必须有严格的控制。

(4) 由于多种经营及抵御风险的需要，许多企业跨部门、跨行业、跨地区，甚至跨国的项目越来越多，这给项目管理带来了新的问题，给控制提出了新的课题和要求。项目失控现象无论在国际上，还是在国内都十分普遍，现代项目管理必须解决跨地区、跨国界、跨行业和远程控制等问题。

(5) 项目计划是基于许多假设条件对项目实施过程预先的安排，它会有许多错误。工程项目在实施过程中，也会由于各种干扰的作用使实施过程偏离项目目标，偏离计划，如果不进行控制，将会造成偏离的增大，最终可能导致项目的失败。

3. 建设工程项目控制实施的对象

(1) 建设工程项目结构的各层次、各单元及各工程活动，都是控制最主要的对象。

(2) 项目各生产要素，包括劳动力、材料、设备、现场、费用等。

(3) 项目管理任务各方面，如成本、质量、工期、合同等。

(4) 建设工程项目实施过程的秩序、安全、稳定性等。

为便于有效地控制和检查，对控制对象要设置一些控制点。控制点通常都是关键点，能最佳地反映目标。

4. 建设工程项目控制实施的内容

(1) 工期(进度)控制。

(2) 成本(投资、费用)控制。

(3) 质量控制。

(4) 合同控制。

(5) 风险控制。

(6) 安全控制。

(7) 项目变更管理及项目形象管理。

5. 建设工程项目控制实施的主要工作

(1) 管理和监督项目实施。控制实施的首要任务是监督,通过经常性的监督,保证整个项目和各工程活动按照计划和合同预定的质量要求、预计花费、预定的工期有效地和经济地实施,达到预定的项目目标。

(2) 跟踪项目实施过程。通过对实施过程的监督获得反映工程实施情况的资料,将这些资料经过统计分析,管理者可以获得项目实施的实际状况报告。

(3) 实施过程诊断。

(4) 采取调控措施。

(5) 变更管理。

6. 建设工程项目控制实施的流程

建设工程项目实施控制是一个积极的过程。建设工程项目控制实施流程如图3-3所示。

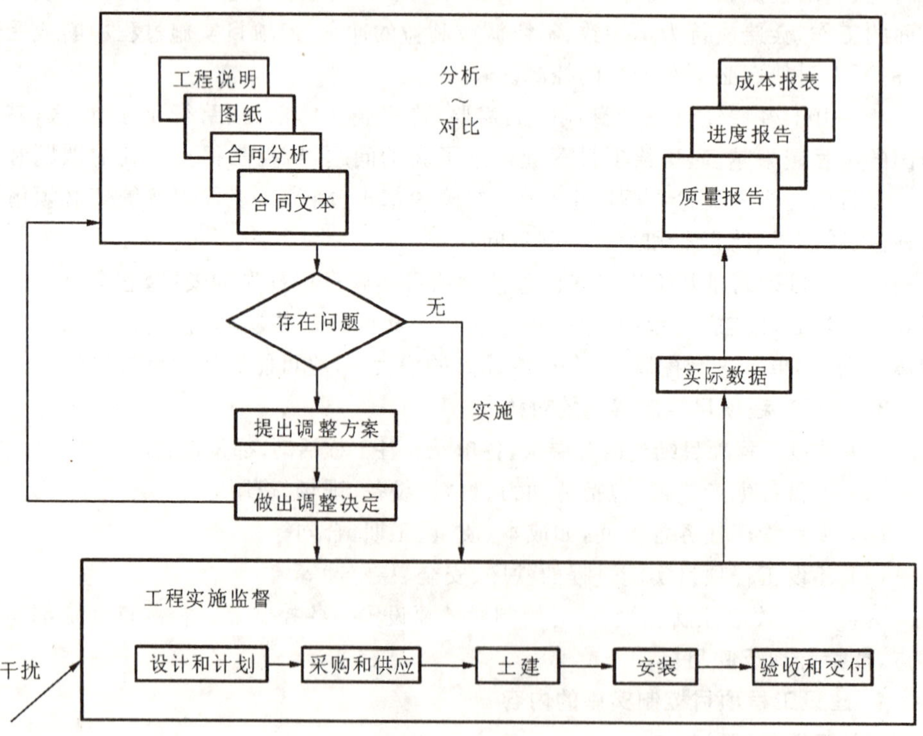

图 3-3 建设工程项目控制实施流程

3.5　建设工程项目的变更管理

3.5.1　建设工程变更的概念

建设工程变更主要是施工合同变更，即合同成立以后，履行完毕之前由双方当事人依法对原合同内容进行修改。

3.5.2　建设工程变更造成的影响

建设工程变更会导致项目系统状态的变化，对项目实施影响很大。主要表现在如下几方面。

(1) 定义工程目标和工程实施的各种文件，如设计图纸、规范、计划、合同、施工方案、供应方案等，都要作相应的修改和变更。有些重大的变更会打乱整个施工部署。

(2) 引起项目组织责任的变化和组织争执。

(3) 有些工程变更还会引起已完工程的返工，现场工程施工的停滞，施工秩序的打乱，已购材料的损失等。变更的影响程度常常取决于做出变更的时间和变更的大小。同样一个变更，发生在项目早期的变更对项目目标，以及实施过程的影响要比发生在项目实施中的变更小。

3.5.3　建设工程变更的处理和控制

1. 变更应尽可能快地做出

在实际工作中，变更决策时间过长和变更程序太繁杂会造成很大的损失，常有以下两种现象：

(1) 现场施工停止，承包商等待变更指令或变更会谈决议，造成拖延；

(2) 变更指令不能迅速下达，而现场继续施工，造成更大的返工损失。

2. 建设工程变更指令做出后，应迅速、全面、系统地落实变更指令

(1) 全面修改相关的各种文件，如图纸、规范、施工计划、采购计划等，使它们反映和包容最新的变更。

(2) 在相关的实施者的工作中落实变更指令，并提出相应的措施，对新出现问题做出解释和对策，同时又要做好与项目其他过程和其他工作的协调。在实际工程中，由于变更时间紧，难以详细地计划和分析，使责任落实不全面，容易造成计划、安排、协调方面的漏洞，引起混乱，导致损失。

【思考和练习】

1. 建设工程项目结构分解应包括哪些内容？

2. 试述建设工程项目的目标责任体系。
3. 施工规划大纲的内容包括哪些?
4. 试述建设工程项目控制的内容及主要工作。
5. 收集一个工程项目目标管理、规划与控制的案例,并分析该案例。

第4章 建设工程项目进度控制

【知识要点及学习要求】

知识要点	学习要求
知识要点1　进度管理的基本概念，进度管理的主要任务。	了解
知识要点2　建设工程项目进度计划的内容构成，表示方式，实施要点。	熟悉
知识要点3　检查进度计划实施的方法、实施的差异分析、进度计划调整的方法。	掌握

4.1 建设工程项目进度控制概述

4.1.1 建设工程项目进度控制的概念与主要任务

1. 建设工程项目进度控制的基本概念

从建设工程项目管理的定义可以知道，建设工程项目有多种类型，代表不同利益方的项目管理都有进度控制的任务，但其控制的目标和实践范畴是不相同的。本章主要讨论的是施工项目实施过程中的进度控制。

所谓“进度”是指活动顺序、活动之间的相互关系、活动持续时间和过程的总时间。施工项目可以是一个，也可以是多个，所对应的竣工日期也可能是一个或多个，如：一个单位工程有一个竣工日期，多个单位工程可能有一个或多个竣工日期，这主要取决于发包人的要求。

进度控制是非常重要的，项目经理要保证在合同规定的竣工日期前，使项目取得实质性竣工，否则，就可能会引起索赔。因此，项目管理者应以合同约定的竣工日期控制进度行动。

综上所述，建设工程项目进度控制应是指，为保证施工项目在合同规定的竣工日期前取得实质性的竣工，在整个项目实施过程的连续的时间内，通过协调每一分部工程之间的逻辑关系和人员的组织关系，连续地、反复地对每一阶段或每一分部工程进行项目实施持续时间控制的过程。

2. 建设工程项目进度控制的基本作用

(1) 有效地缩短项目建设周期；

(2) 落实承建单位各项施工规划，保证施工项目成本、进度、质量目标的顺利实现；

(3) 为防止或提出项目施工索赔提供依据；

(4) 减少不同单位和部门之间的相互干扰。

3. 建设工程项目进度控制的主要任务

(1) 业主方进度控制的任务是：控制整个项目实施阶段的进度，以及项目动工前准备阶段的工作进度。

(2) 施工方进度控制的任务是：依据施工任务承包合同对施工进度的要求控制施工进度，这是施工方履行合同的义务。

4.1.2 建设工程项目进度控制的方法和措施

1. 建设工程项目进度控制的方法

(1) 进度控制的组织体系。组织是目标能否实现的决定性因素，因此必须重视健全项目管理的组织体系。

(2) 进度控制的管理。项目的管理一般要涉及管理的思想、方法、手段、承发包模式、合同管理和风险。所以，在理顺组织的前提下，科学和严谨的管理显得十分重要。

(3) 进度控制的经济措施。项目的经济措施涉及资金需求计划、资金供应的条件和经济激励措施等。只有在正常的资金保障的条件下，才能顺利地按时完成项目。

(4) 进度控制的技术措施。项目进度控制的技术措施涉及对实现进度有利的设计技术和施工技术的选用。合理的设计技术和施工方案对保障工程进度顺利完成起到加速器的作用。

2. 建设工程项目进度控制的措施

进度控制的措施主要有组织措施、技术措施、合同措施、经济措施和信息管理措施。

(1) 组织措施的内容：① 建立进度管理体系；② 配备人员；③ 建立进度信息沟通渠道；④ 进行协调和检查。

(2) 技术措施的内容：① 采用流水施工、排序和网络计划等方法；② 利用计算机辅助管理。

(3) 合同措施的内容：① 加强合同管理，使进度目标相互协调；② 严格控制合同变更；③ 做好工期索赔工作。

(4) 经济措施的内容：① 提供实现进度计划的资金保证；② 建立严格的奖惩制度；③ 保证设备、材料和其他物资的供应。

(5) 信息管理措施的内容：收集项目实际进度的有关信息并进行整理，与计划进度比较，及时提供进度信息。

4.2　建设工程项目进度计划的表达和实施

4.2.1　建设工程项目进度计划的概述和表达要素

1. 建设工程项目进度计划的概述

进度计划是用图表形式表达一个拟建项目或工程从施工准备、开始施工到工程全部竣工过程中，确定各项施工活动在时间上和空间上的衔接、穿插、平行搭接、协作配合的关系。它是施工组织设计的主要内容，也是现场施工管理的中心内容。它有如下两个特点：

(1) 施工进度计划是需要随着施工条件的变化而随时保持更新的工程文件，如：合同变更通知单经常要对某些工程范围做出更改，这就要求对相应的施工进度计划也做出相应的调整。

(2) 更新后的施工进度计划除了作为项目管理的一种有效工具外，当发生合同变更而进行额外工期索赔时，也可利用更新后的施工进度计划作为一种索赔证据。

2. 建设工程项目进度计划的表达要素

进度计划的表达一般通过流水施工横道图和网络计划图来表达。

1) 流水施工横道图的表达要素

(1) 工艺参数。工艺参数是指一组流水施工过程的个数。在计划施工过程时，只有那些对工程施工具有直接影响的施工内容才予以考虑并组织在流水之中。施工过程可以根据计划的需要确定其粗细程度，可以是一个个工序，也可以是一项项分项工程，还可以是他们的组合。组织流水的施工过程如果各由一个专业队施工，则施工过程数和专业队数相等。有时由几个专业队(组)负责完成一个施工过程或一个专业队(组)完成几个施工过程，于是施工过程数与专业队数便不相等。计算时可以用 N 表示施工过程数，用 N' 表示专业队(组)数。

对工期影响最大的，或对整个流水施工起决定性作用的施工过程(工程量大，必须配备机械)，成为主导施工过程。在划分施工过程以后，首先应找出主导施工过程，以便抓住流水作业的关键环节。

(2) 空间参数。空间参数指的是单体工程划分的施工段或群体工程划分的施工区的个数。施工区、施工段可称为流水段。划分施工段的基本要求有以下几个方面。

① 当建筑物只有一层时，施工段数就是一层的段数；当建筑物是多层时，施工段数是各层段数之和。各层应有相等的段数和上下垂直对应的分段界限。

② 尽量使各段的工程量大致相等，以便组织节奏流水，使施工连续、均衡、有节奏。

③ 有利于保持建筑物的整体性，尽量利用结构缝及在平面上有变化处，住宅可

按单元、楼层划分；厂房可按跨、按生产线划分；线性工程可依主导施工过程的工程量为平衡条件，按长度分段；建筑群可按栋、按区分段。

④ 段数的多少应与主导施工过程相协调，以主导施工过程为主形成工艺组合。工艺组合数应等于或小于施工段数。因此分段不宜过多，过多可能延长工期或使工作面狭窄；过少则无法流水，使劳动力或机械设备窝工。

⑤ 分段大小应与劳动组织相适应，有足够的工作面。以机械为主的施工对象还应考虑机械的台班能力的发挥。混合结构、大模板现浇混凝土结构、全装配结构等工程的分段大小，都应考虑吊装机械能力的充分利用。

(3) 时间参数。

① 流水节拍。流水节拍是指某个专业队在一个施工段上的施工作业时间，其计算公式是：

$$t = \frac{Q}{RS} = \frac{P}{R} \tag{4-1}$$

式中 t——流水节拍；

Q——一个施工段的工程量；

R——专业队的人数或机械数；

S——产量定额，即单位时间(工日或台班)完成的工程量；

P——劳动量或台班量。

确定流水节拍应注意以下问题。

a. 流水节拍的取值必须考虑到专业队组织方面的限制和要求，尽可能不过多地改变原来的劳动组织状况，以便对专业队进行领导。专业队的人数应有起码的要求，以使他们具有集体协作的能力。

b. 流水节拍的确定，应考虑到工作面条件的限制，必须保证有关专业队有足够的施工操作空间，保证施工操作安全和能充分发挥专业队的劳动效率。

c. 流水节拍的确定，还应考虑到机械设备的实际负荷能力和可能提供的机械设备数量，也要考虑机械设备操作场所安全和质量的要求。

d. 有特殊技术限制的工程，如有防水要求的钢筋混凝土工程，受潮汐影响的水工作业，受交通条件影响的道路改造工程、铺管工程，以及设备检修工程等，都受技术操作或安全质量等方面的限制，对作业时间长度和连续性都有限制或要求，在安排其流水节拍时，应当满足这些限制要求。

e. 必须考虑材料和构配件供应能力对进度的影响和限制，合理确定有关施工过程的流水节拍。

f. 应先确定主导施工过程的流水节拍，并以它为依据确定其他施工过程的流水节拍，主导施工过程的流水节拍应是各施工过程流水节拍的最大值，尽可能是有节奏的，以便组织节奏流水。

② 流水步距。流水步距是指两个相邻的工作队进入同一个施工段进行流水作

业的最小时间间隔，以符号“K”表示。流水步距的长度，要根据需要及流水方式的类型经过计算确定，计算时应考虑以下因素。

a. 每个专业队连续施工的需要。流水步距的最小长度，必须是专业队进场以后，不发生停工、窝工现象的长度。

b. 技术间歇的需要。有些施工过程完成后，后续施工过程不能立即投入作业，必须有足够的时间间歇，这个间歇时间应尽量安排在专业队进场之前，不然，便不能保证专业队工作的连续。

c. 流水步距的长度应保证每个施工段的施工作业程序不乱，不要发生前一施工过程尚未完成，而后一施工过程便开始施工的现象。有时为了缩短时间，某些次要的专业队可以提前插入，但必须在技术上可行，而且不影响前一个专业队的正常工作。提前插入的现象越少越好，多了会打乱节奏，影响均衡施工。

③ 工期。工期是指从第一个专业队投入流水作业开始，到最后一个专业队完成最后一个施工过程的最后一段工作退出流水作业为止的整个持续时间。由于一项工程往往有许多流水组组成，所以我们这里说的是流水组的工期，而不是整个工程的总工期，可用符号“T_t”表示。

2) 网络计划图的表达要素

网络计划图分为双代号网络计划和单代号网络计划两种，其表达要素是一样的，主要是时间参数的计算。

(1) 工作最早开始时间(ES_{i-j})。工作最早开始时间是指各紧前工作全部完成后，本工作可能开始的最早时刻。工作最早开始时间应从网络计划的起点节点开始，顺着箭线方向依次逐项计算。

(2) 工作最早完成时间(EF_{i-j})。工作最早完成时间是指本工作最早可能完成的时间。即工作的最早完成时间是工作最早开始时间加本工作的持续时间之和。

(3) 网络计划计算工期(T_c)和计划工期(T_p)。网络计划计算工期是由最早时间参数计算确定的工期；网络计划工期是指网络计划的预期工期。

注意：如果有规定工期 T_r，则计划工期等于规定工期，即 $T_p=T_r$；如果无规定工期，则计算工期就是计划工期，即 $T_p=T_c$。

(4) 工作最迟完成时间(LF_{i-j})。工作最迟完成时间是在不影响整个任务按期完成的条件下，本工作最迟必须完成的时刻。

注意：工作 $i-j$ 的最迟完成时间 LF_{i-j} 应从网络计划的终点节点开始，逆着箭线方向依次逐项计算；以终点节点($j=n$)为箭头节点的工作的最迟完成时间 LF_{i-j} 应按网络计划的计划工期确定。

(5) 工作最迟开始时间(LS_{i-j})。工作最迟开始时间是在不影响整个任务按期完成条件下，本工作最迟必须开始的时刻，其值为本工作的最迟完成时间减去本工作的持续时间。

注意：一般先计算最迟结束时间，后计算最迟开始时间。

(6) 工作总时差(TF_{i-j})。工作 $i-j$ 的总时差，是在不影响工程总工期的前提下该工作所具有的最大机动时间。

(7) 工作自由时差(FF_{i-j})。工作 $i-j$ 的自由时差，是在不影响其紧后工作按最早开始时间开工的前提下，工作 $i-j$ 所具有的机动时间。

4.2.2 建设工程项目进度计划的表示方法和实施步骤

1. 建设工程项目进度计划的表示方法

建设工程项目进度计划的表示方法一般有两种，即横道图法和网络图法，网络图法又分为双代号网络图法和单代号网络图法两种。

1) 横道图进度计划的表示方法

横道图进度计划法是传统的进度计划方法。横道图计划表中的进度线(横线)与时间坐标相对应，这种表达方式较直观，易看懂计划编制的意图。横道图表示进度计划有以下种类。

(1) 按流水施工对象的范围分类。

① 细部流水　一个专业队利用同一生产工具依次地、连续不断地在各个区段中完成同一施工过程的工作流水。

② 专业流水　或称工艺组合工程流水，把若干个工艺上有密切联系的细部流水组合起来，就形成了专业流水。它是各个专业队共同围绕完成一个分部工程的流水。如：基础工程流水、结构工程流水、装修工程流水。

③ 工程项目流水　为完成单位工程而组织起来的全部专业流水的总和。

④ 综合流水　为完成工业企业或民用建筑群而组织起来的全部工程项目流水的总和。

(2) 按施工过程分解的深度分类。

① 彻底分解流水　经过分解后的所有施工过程都是属于单一工种完成的施工过程。为完成该施工过程，所组织的专业队都应该是由单一工种的工人(或机械)组成。

② 局部分解流水　在进行施工过程的分解时将一部分施工工作适当合并在一起，形成多工种协作的综合性施工过程，这就是不彻底分解的施工过程。

(3) 按流水的节奏特征分类。

① 等节奏流水(全等节拍流水)　流水速度相等，是最理想的组织流水方式，因为这种组织方式能够保证专业队的工作连续、有节奏，可以实现均衡施工。等节奏流水又分为线性等节奏流水和非线性等节奏流水。在可能的情况下，应尽量采用这种流水方式组织流水施工。

等节奏流水适用于各施工段的工程量基本相等或其他施工过程的流水节拍与主导施工过程的流水节拍相等。一般在多层的建筑施工中，且每层的工程量变化不大的情况下最适合，但应做到施工段数与专业队数相等最理想。

图 4-1 为线性等节奏流水施工横道图。

工序	施工进度/天									
	1	2	3	4	5	6	7	8	9	10
A										
B										
C										

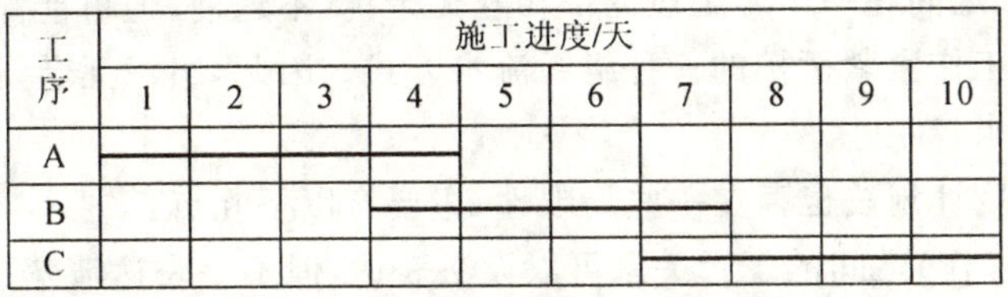

图 4-1　线性等节奏流水施工横道图

图 4-2 为非线性等节奏流水施工横道图。

工作队	施工进度/天															
	1	2	3	4	5	6	7	8	9	10	11	12	13	14	15	16
A		1			2			3								
B			c	1			2				3					
C						z			1			2			3	

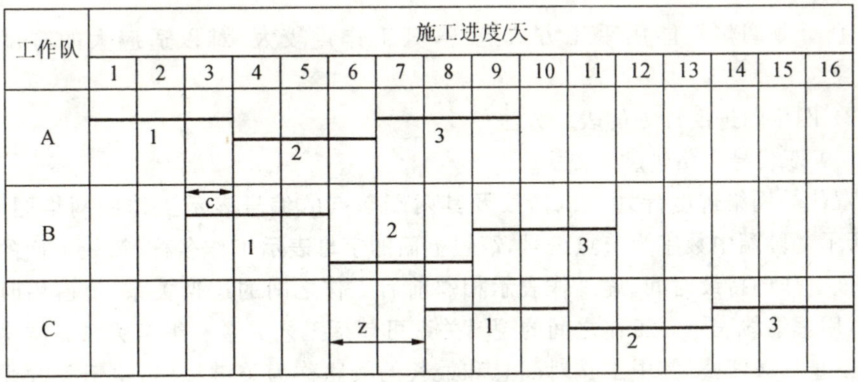

图 4-2　非线性等节奏流水施工横道图

c—搭接时间；z—间歇时间

② 异节奏流水　异节奏流水是指流水速度不相等的组织流水方式，其优点是各专业队的工作有相同的节奏，会给组织连续、均衡施工带来方便．一般地，在组织这种流水施工时，常采用各专业队的流水节拍都是某一个常数的倍数，即成倍节拍流水。图 4-3 为成倍节拍流水横道图。这种流水施工的横道图绘制方法一般是以主导施工过程为主，其余施工过程根据主导施工过程的时间安排。

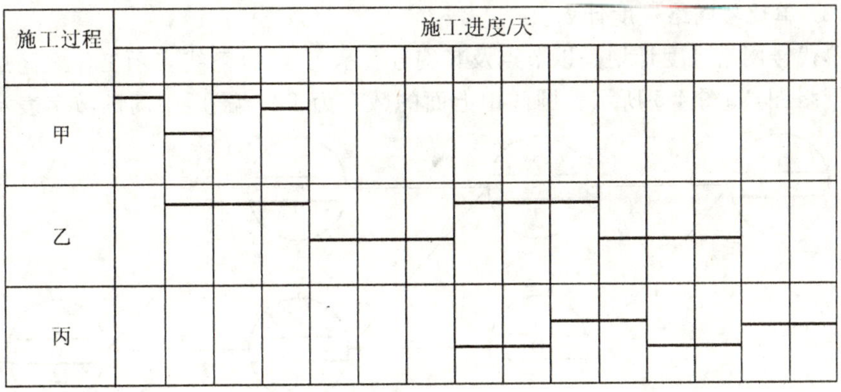

施工过程	施工进度/天														
甲															
乙															
丙															

图 4-3　成倍节拍流水横道图

③ 无节奏流水施工　无节奏流水施工是指各工作队连续作业，流水步距经计算确定，专业队之间在一个施工段内部相互无干扰(不超前，但可能滞后)，或做到前后工作队之间工作紧紧衔接的一种组织流水方式。因此，组织无节奏流水的关键就是正确计算流水步距。

横道图进度计划法也存在一些局限性，主要有以下几点：

① 工序(工作)之间的逻辑关系可以设法表达，但不易表达清楚；

② 只适用于手工编制计划；

③ 没有通过严谨的进度计划时间参数计算，不能确定计划的关键工作、关键路线与时差；

④ 计划调整只能用手工方式进行，其工作量较大，难以适应大的进度计划系统。

2) 网络图进度计划的表示方法

(1) 双代号网络进度计划。

双代号网络进度计划是以箭线及其两端节点的编号表示工作的网络图，如图4-4所示。圆圈中数字为节点编号，箭线上面的字母表示工作名称，箭线下面的数字表示该工作的持续时间，虚工作表示相邻前后工作之间的逻辑关系，不占用时间和资源，用虚箭线表示。工作之间的逻辑关系可包括工艺关系和组织关系。网络图中常常不止一条线路，其中工作时间总和最长的线路称为关键线路，位于关键线路上的工作称为关键工作，关键线路的总时差和自由时差均为零。

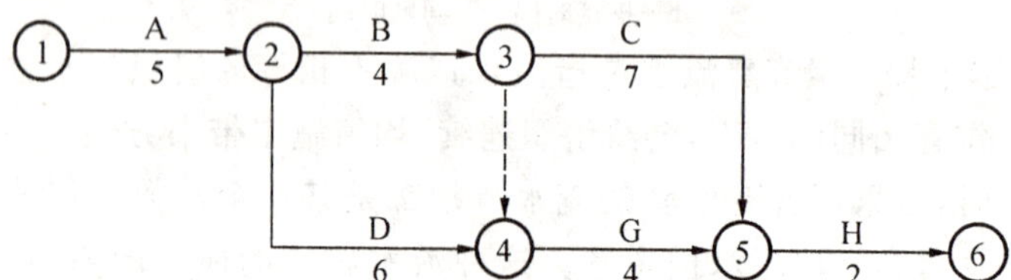

图 4-4　双代号网络进度计划图

(2) 单代号网络进度计划。

单代号网络进度计划是以节点及其编号表示工作，以箭线表示工作之间逻辑关系的网络图，如图4-5所示。圆圈中上面的数字为工作编号，中间的数字表示工作

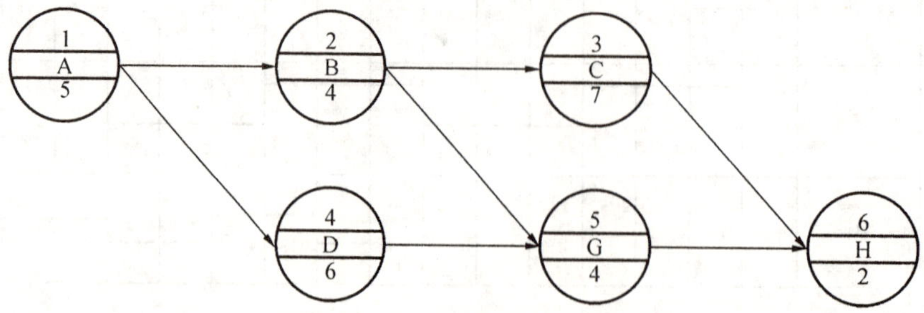

图 4-5　单代号网络进度计划图

名称，下面的数字表示该工作的持续时间，工作之间的逻辑关系和双代号网络图一样，应正确反映工艺关系和组织关系。

(3) 双代号时标网络进度计划。

双代号时标网络进度计划是以时间坐标为尺度编制的网络计划，如图 4-6 所示。双代号时标网络计划中应以实箭线表示工作，以虚箭线表示虚工作，以波形线表示工作的自由时差。

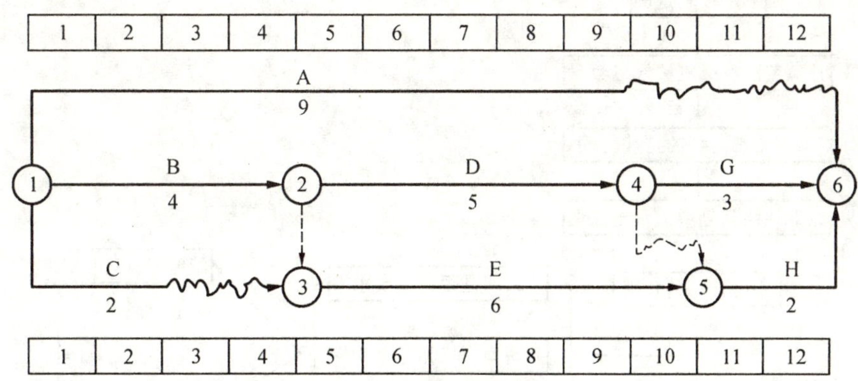

图 4-6　双代号时标网络进度计划图

网络图克服了横道图的一些缺点，可以清楚地表示施工过程之间的逻辑关系，能够正确计算出各施工过程的时间参数，可适用于编制大型工程的施工进度计划。但同时，也存在一些缺点，如看起来不直观，不能显示资源的均衡性等。

在施工中，一般这两种方式均采用。在编制施工组织设计时，多采用网络图编制整个工程的施工进度计划。在施工现场，多采用横道图编制分部分项工程施工进度计划。

2. 施工进度计划的种类

1) 施工总进度计划

主要针对建设项目、单项工程的施工而编制的进度计划。一般情况下，这种施工进度总计划主要针对工程量大、对施工进度起主导作用的施工过程进行编制。

2) 单位工程施工进度计划

主要针对单位工程的施工而编制的进度计划。单位工程施工进度计划的主要作用是指导和控制单位工程的进度，所以一般编制得较详细，须将整个施工过程中的工序全部考虑进去，要具有可操作性。如果遇到特殊部位或采用特殊方法施工但无法在单位工程施工进度计划中表达清楚的，应该另行编制一份局部工程施工进度计划，以辅助单位工程施工进度计划的实施。

3. 建设工程项目进度计划的实施步骤

这里以单位工程施工进度计划的编制程序为例，说明进度计划的实施程序。如图 4-7 所示。

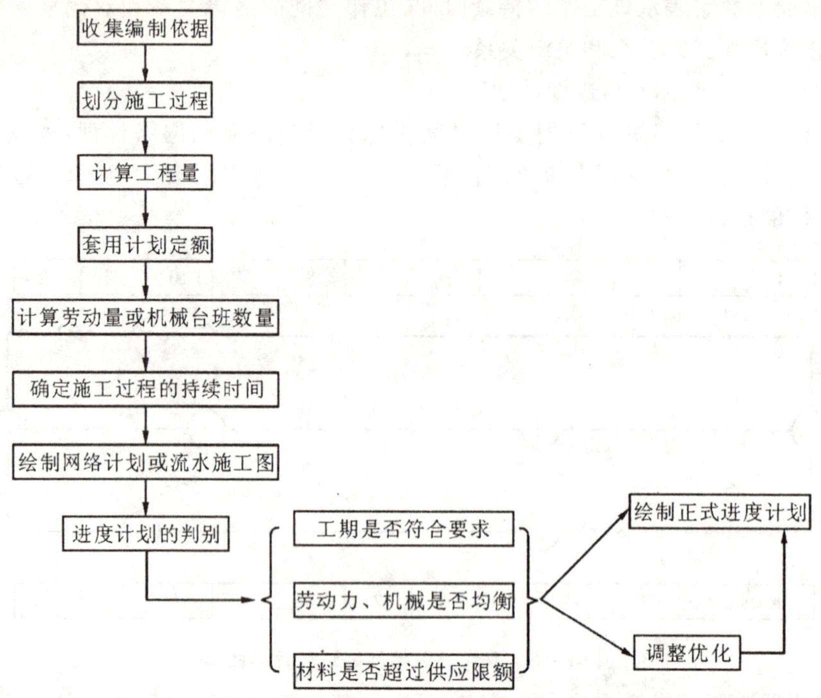

图 4-7 单位工程施工进度计划编制程序

4.3 建设工程项目进度计划检查与调整

4.3.1 建设工程项目进度计划的检查方法

在施工进度计划实施的过程中，应在计划图表上进行实际进度记录，并跟踪记载每个施工过程的开始日期、完成日期、每日完成工作量、施工现场发生的情况、干扰因素的排除情况等。记录的成果可作为检查、分析、调整、总结进度控制情况的原始资料。

施工进度的检查与进度计划的执行是融合在一起的，计划检查是计划执行信息的主要来源，是施工进度调整和分析的依据，是进度控制的关键步骤。进度计划的检查方法主要是对比法，即实际进度与计划进度进行对比，从而发现偏差，以便调整和修改计划。这种对比最好是在图上对比，故计划图形的不同便产生了多种检查方法。

1. 横道图比较法

如图 4-8 所示，细线表示计划进度，粗线表示实际进度。

从图 4-8 可知，由于 B 工序提前了 0.5 天，使得 C 工序提前 0.5 天开始并完成；虽然 D 工序延长了 0.5 天，但不影响 E 工序进入施工的时间。由于 C 工序提前了

工序	施工进度/天									
	1	2	3	4	5	6	7	8	9	10
A										
B										
C										
D										
E										
F										

图 4-8　横道图比较法

0.5 天，所以 E 工序仍然可提前 0.5 天进入施工，最终使得 F 工序提前完成了 0.5天。

2. 前锋线比较法

由图 4-9 可以看出，对该网络计划第 6 天结束时进行进度检查发现，由于 D 工作在关键线路上，D 工作延迟了一天，故使整个进度计划要延长 1 天。在此网络图中，虽然 A 工作提前完成了 2 天，E 工作提前完成了 1 天，但由于 A、E 工作不在关键线路上，不能影响总工期。所以总工期需要延长 1 天。

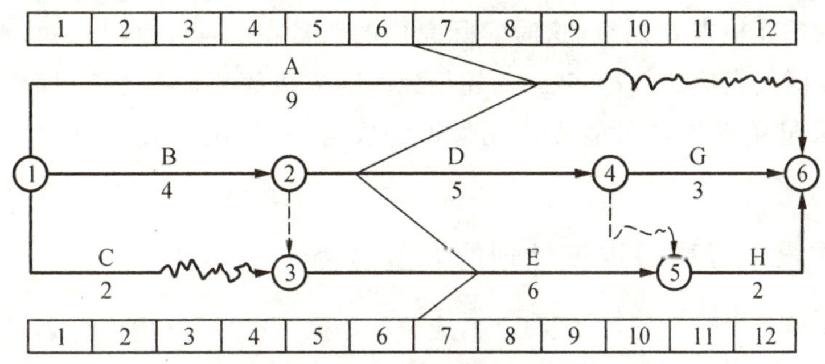

图 4-9　利用时标网络计划的前锋线比较法

从时标网络进度计划上进行比较，比较直观，同时还能看到工序之间的逻辑关系，这是目前采用较多的一种比较法。但其也存在局限，只能用于小工程或局部的施工进度计划比较中，不能用于整个大的工程中。

3. 香蕉形曲线比较法

图 4-10 是根据计划绘制的累计完成数量与时间对应关系的轨迹。A 线是按最早时间绘制的计划曲线，B 线是按最迟时间绘制的计划曲线，P 线是实际进度记录线。由于一项工程开始、中间和结束时曲线的斜率不相同，总的呈“S”形，故称“S”曲线。如果同时在一张图中绘制 A 线(最早时间)和 B 线(最迟时间)，A 线和 B 线构成香蕉状，故称为“香蕉”曲线。

如图 4-10 所示，如果我们进行进度检查时，工程进度到 t_1 时刻，这时实际完成的数量在 M 点，由图可知，实际完成的数量比最早时间要求的数量少 ΔC_1，但比最

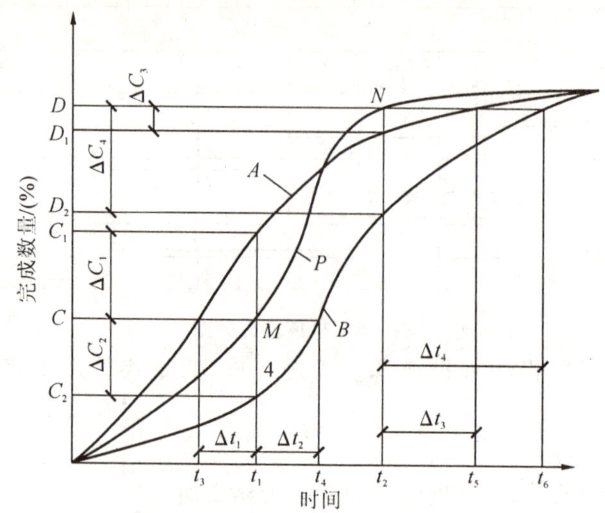

图 4-10 “香蕉”曲线图

迟时间完成的数量多 ΔC_2。同样，实际完成的时间比最早完成的时间迟 Δt_1，但比最迟完成时间早 Δt_2。故不会影响工期。

如果我们在检查 t_2 时刻，这时实际完成的数量在 N 点，由图可知，实际完成的数量比最早时间完成的数量多 ΔC_3，比最迟时间完成的数量多 ΔC_4；同样，实际完成的时间比最早完成的时间早 Δt_3，比最迟完成时间早 Δt_4。故会提前完成，会缩短工期。

4.3.2 建设工程项目进度计划的调整途径

当进度偏差影响计划目标实现时，应分析原因，及时调整进度计划，保证计划目标的实现。必要时，可调整进度目标并报有关部门批准。调整工作主要对进度控制起协调作用，协调各方面的配合关系，排除施工中出现的各种矛盾，克服薄弱环节，实现动态平衡。

调整进度计划可采用改变逻辑关系、缩短关键线路上关键工作的持续时间、组织流水施工、采取赶工措施等方法。

1. 调整的内容

施工进度计划在实施中的调整必须依据施工进度计划检查结果进行，包括以下几方面。

(1) 施工内容：如工序的合并或拆分、施工段的重新划分等。

(2) 工程量：工程量的增减在施工过程中是常见的、也是最多的。

(3) 起止时间：可根据工期、资源等的要求，改变起止时间。

(4) 持续时间：可根据资源的情况、施工环境的情况对工序或施工过程的持续时间进行调整。

(5) 工作关系:包括工艺关系、组织关系等,但一般指组织关系。

(6) 资源供应:包括人力、物力、财力等资源供应情况进行调整。

上述内容可逐项进行调整,也可同时调整,还可将几项结合起来调整。如:工期与资源、工期与成本、工期资源及成本结合起来调整,以求综合效益最佳。只要能达到预期目标,调整得越少越好,但往往需要几项结合起来进行调整。

2. 调整的途径

1) 关键线路的调整

当关键线路的实际进度比计划进度提前时,首先要确定是否对原计划工期予以缩短。如果不想缩短,可利用这个机会降低资源强度或费用,方法是选择后续关键工作中资源占用量大的或直接费用高的予以适当延长,延长的长度不应超过已完成的关键工作提前的时间量。如果要使提前完成的关键线路的效果导致整个计划工期的缩短,则应将计划的未完成部分作为一个新计划,重新进行计算与调整,再按新的计划执行,并保证新的关键工作按新的计划时间完成。

当关键线路的实际进度比计划进度落后时,计划调整的任务是采取措施把失去的时间抢回来,于是应在未完成的关键线路中选择资源强度小的予以缩短,重新计算未完成部分的时间参数,按新参数执行,这样做有利于减少赶工费用。

2) 非关键工作时差的调整

时差调整的目的是更充分地利用资源,降低成本,满足施工需要,时差调整幅度不得大于计划总时差值。每次调整均须进行时间参数计算,从而观察这次调整对计划全局的影响。调整的方法有三种:在总时差范围内移动工作的起止时间;延长非关键工作的持续时间,缩短非关键工作的持续时间。这三种方法的前提均是降低资源强度。

3) 增减工作项目

增减工作项目均不应打乱原网络计划总的逻辑关系。由于增减工作项目,只能改变局部的逻辑关系,此局部改变不影响总的逻辑关系。增加工作项目,只能是对原遗漏或不具体的逻辑关系进行补充;减少工作项目,只是对提前完成了的工作项目或原不应设置而设置了的工作项目予以删除。只有这样才是真正调整而不是“重编”。增减工作项目之后重新计算时间参数,以分析此次调整是否对原网络计划工期有影响,如有影响,应采取措施消除。

4) 逻辑关系调整

逻辑关系调整的原因必须是施工方法或组织方法改变。但一般说来只能调整组织关系,工艺关系不宜调整,以免打乱原计划。调整逻辑关系是以不影响原定计划工期和其他工作的顺序为前提的,调整的结果绝对不可形成对原计划的否定。

5) 持续时间调整

持续时间调整的原因应是原计划有误或实现条件不充分。调整的方法是重新估算。调整后应重新计算网络计划的时间参数，以观察对总工期的影响。

6）资源调整

资源调整应在资源供应发生异常时进行。所谓异常，即因供应满足不了需要（中断或强度降低），影响了计划工期的实现。资源调整的前提是保证工期或施工期适当，故应进行适当的工期—资源优化，从而使调整有好的效果。

4.4 建设工程项目进度拖延原因与解决措施

4.4.1 建设工程项目进度拖延的原因分析

建设工程的施工特点是工程量大，施工周期长，影响进度的因素多，这就造成施工进度计划经常会发生被拖延的情况。所以，在施工前，特别是在编制施工进度计划时应充分考虑这些因素，并设计好应对措施，以便更好地组织施工，确保施工顺利进行。

1. 有关单位的原因

在建设工程施工中，牵涉的单位很多，如：业主、监理单位、设计单位、承包商、分包单位、供货商等，这些单位都可能使工程的进度被拖延。

(1) 来自业主、监理单位的主要原因分析如下：

① 工程变更 由于在设计时未考虑或未全面考虑工程的使用功能，在施工过程中提出变更；对设计不满意提出的工程变更；资金不足提出的变更等。

② 资金不足 工程费用超支或其他原因。

③ 停工 对施工队伍的施工质量不满意而提出的停工要求。

(2) 来自设计单位的主要原因分析如下：

① 业主提出的变更要求；

② 设计错误或漏项。

(3) 来自承包商或分包单位的主要原因分析如下：

① 设计变更 由于设计方案无法保证施工质量或无法施工；

② 施工质量 由于施工质量没有达到预期的目的使业主不满意；

③ 施工组织不合理 没有实现预期的目标或组织不合理造成的拖延。

(4) 来自供货商的主要原因分析如下：

① 供货质量不合格；

② 没有及时到货等。

2. 项目施工技术原因

恰当地选择施工技术方案，合理地安排施工过程，是确保工程按计划完成的前提。如果施工单位一味地为了降低成本或搞技术革新，如使用新材料、新结构、新施工工艺，或为了抢工期而不考虑工程自身的特点，忽略了自身的施工水平和施工经验，会导致出现工程质量缺陷等技术事故而使工程不能顺利地进行，从而造成工程不能按计划完成。

3. 施工条件变化及不可预见的原因

施工中工程地质条件和水文地质条件与勘察不符，如地质断层、溶岩、地下障碍物等；恶劣的气候条件，如暴雨、高温、地震、火灾、海啸等。

4.4.2　建设工程项目进度拖延的解决措施

1. 有关单位影响造成进度拖延的解决措施

对于人为因素，承包商在工程施工前应采取以下解决措施。

首先，应充分调查业主，包括业主的资金状况及资金承受能力，提前提醒业主或提出更改设计的方案，尽量避免由于业主资金不到位而造成的工程进度拖延或可能提出工程变更的情形出现。

其次，应仔细阅读图纸，对设计中出现的错误、不利于施工或施工技术做不到的部位在施工前提出，以避免造成工期的延误。

再次，确定工程的进度，做好资源计划，充分考虑可能造成工期延误的特殊情况。如对供货商的供货时间应该留有充分的余地。

最后，承包商应加强自身队伍的管理和分包商的管理，全面加强施工的系统管理，确保工程按计划完成。

2. 施工技术原因造成进度拖延的解决措施

在编制施工方案时，应充分考虑到工期、企业的施工技术水平、施工经验，根据不同的工程特点、施工规范要求、施工技术规程及工程质量的要求，做充分的调研，编制出切实可行的施工方案和施工进度计划，确保工程按计划完成。

一旦发现工程计划拖延，应及时调整施工进度计划。但在调整施工进度计划时，应采用科学的调整方法，并应编制调整后的施工进度计划。当采用网络计划进度拖期后，需要进行赶工，赶工的办法是在以后的关键工作中，缩短那些有压缩空间，且追加费用最低的关键工作。

3. 施工条件变化造成进度拖延的解决措施

作为有经验的承包商，在工程施工前，应做好施工地区的地质、水文、气候的充分调查，包括对地区历史的变迁、地质的变化、气候的变化，以及是否出现过特殊的地质原因造成的灾害或特殊的气候变化。对上述现象做好预测和充分的估计，并在施工进度计划和施工方案中做出全面的考虑。

【思考和练习】

1. 试述施工进度控制的基本作用。
2. 施工进度控制的方法和措施有哪些？
3. 业主方和施工方进度控制的任务有什么不同？

4. 进度计划的表示方法有哪些?
5. 试述单位工程施工进度计划编制的程序。单位工程的施工进度计划编制有哪些特别的要求?
6. 施工进度计划调整的途径有哪些?
7. 试述施工进度计划拖延的原因和解决的措施。
8. 收集一个施工项目进度控制的案例,分析进度计划控制的任务、表达方法、进度计划实施中存在的问题、产生的原因及解决的方法。

第 5 章　建设工程项目成本管理

【知识要点及学习要求】

知识要点	学习要求
知识要点 1　建设工程项目成本管理的目的、因素及过程。	了解
知识要点 2　建设项目投资构成，施工项目成本计划。	熟悉
知识要点 3　施工项目成本核算，施工项目成本分析与预测。	掌握

5.1　建设工程项目成本管理概述

5.1.1　建设工程项目成本管理的定义及理念

1. 建设工程项目成本管理的定义、目的

《中华人民共和国国家标准 GB/T 50326—2006 建设工程项目管理规范》对建设工程项目成本管理的定义如下：建设工程项目成本管理是指为实现成本目标所进行的成本预测、计划、控制、核算、分析和考核活动。

建设工程项目成本管理是指为保证项目实际发生的成本不超过项目预算成本所进行的项目资源计划编制、项目成本估算、项目成本预算和项目成本控制等方面的管理活动。建设工程项目成本管理也可以理解为：为了保证完成项目目标，在批准的项目预算内，对项目实施成本所进行的按时、保质、高效的管理过程和活动。

建设工程项目成本管理的目的是通过依次满足项目建设的阶段性成本目标，实现实际成本不超出计划额度要求，并同时取得工程建设投资的经济、社会及生态环境效益。项目成本管理可以及时发现和处理项目执行中出现的成本方面的问题，达到有效节约项目成本的目的。

2. 建设工程项目成本管理的理念

为了能够科学、客观地遵循项目管理的客观规律，在建设工程项目成本管理中应树立以下两种理念：一是全过程——项目全生命周期成本管理的理念；二是全方位——项目全面成本管理的理念。

1）项目全生命周期成本管理

项目全生命周期成本管理（LCC，Life Cycle Cost）的理念主要是由英美的一些学者和实际工作者在 20 世纪 70 年代末和 80 年代初提出的，其核心内容如下。

(1) 项目全生命周期成本管理是项目投资决策的一种工具，是一种用来选择项目备选方案的方法。

(2) 项目全生命周期成本管理是项目设计的一种指导思想和手段，项目全生命周期成本管理要计算项目整个服务期的所有成本，包括直接的、间接的、社会的和环境的成本等等。

(3) 项目全生命周期成本管理是一种实现项目全生命周期(包括项目前期、项目实施期和项目使用期)总成本最小化的方法。

项目全生命周期成本管理理念的根本点就是要求人们从项目全生命周期出发，考虑项目成本和项目成本管理问题，其中最关键的是要实现项目整个生命周期总成本的最小化。

2) 项目全面成本管理的理念

项目全面成本管理的理念是国际全面成本管理促进会前主席(原美国造价工程师协会主席)R. E. Westney 在 1991 年 5 月发表的《90 年代项目的发展趋势》一文中提出的。R. E. Westney 给全面成本管理下的定义是："全面成本管理就是通过有效地使用专业知识和专业技术控制项目资源、成本、盈利和风险。"国际全面成本管理促进会对"全面成本管理"的系统方法所涉及的管理内容给出了界定，项目全面成本管理主要包括以下几个阶段与工作。

(1) 启动阶段相关的项目成本管理工作。

(2) 说明目的、使命、目标、指标、政策和计划阶段项目成本管理工作。

(3) 定义具体要求和确定管理技术阶段的相关的项目成本管理工作。

(4) 评估和选择项目方案阶段相关的项目成本管理工作。

(5) 根据选定方案进行初步项目开发与设计阶段相关的项目成本管理工作。

(6) 获得设备和资源阶段的相关的项目成本管理工作。

(7) 实施阶段相关的项目成本管理工作。

(8) 完善和提高阶段相关的项目成本管理工作。

(9) 退出服务和重新分配阶段相关的项目成本管理工作。

(10) 补救和处置阶段相关的项目成本管理工作。

5.1.2 建设工程项目成本管理的因素及过程

1. 建设工程项目成本管理应考虑的因素

建设工程项目成本管理一般应考虑如下因素。

(1) 建设工程项目成本管理首先要考虑完成项目活动所需资源的成本，这也是建设工程项目成本管理的主要内容。

(2) 建设工程项目成本管理要考虑各种决策对项目最终产品成本的影响程度，如增加对某个构件检查的次数会增加该过程的测试成本，但是这样会减少项目客户的运营成本。在决策时，要比较增加的测试成本和减少的运营成本的大小关系，如果增加的测试成本小于减少的运营成本，则应该增加对某个构件的检查的次数。

(3) 建设工程项目成本管理还要考虑到不同项目关系人对项目成本的不同需求，项目关系人会在不同的时间以不同的方式了解项目成本的信息，例如，在项目采购过程中，项目客户可能在物料的预定、发货和收货等阶段详细或大概地了解成本信息。

2. 建设工程项目成本管理的过程

(1) 工程项目成本控制的基本步骤。① 比较：通过比较实际与计划费用，确定有无偏差及偏差大小程度；② 分析：确定偏差的严重性及产生偏差的原因；③ 预测：按偏差发展趋势估计项目完成时的费用，并以此作为成本控制的决策依据；④ 纠偏：根据偏差分析、预测结果，采取相应缩小偏差行动；⑤ 检查：基于对纠偏措施执行情况、效果的确认，决定是否继续实施上述步骤，通过措施调整，持续进行纠偏活动，或在必要时，调整不合理的项目成本方案或成本目标。

(2) 工程项目成本管理过程如图 5-1 所示。

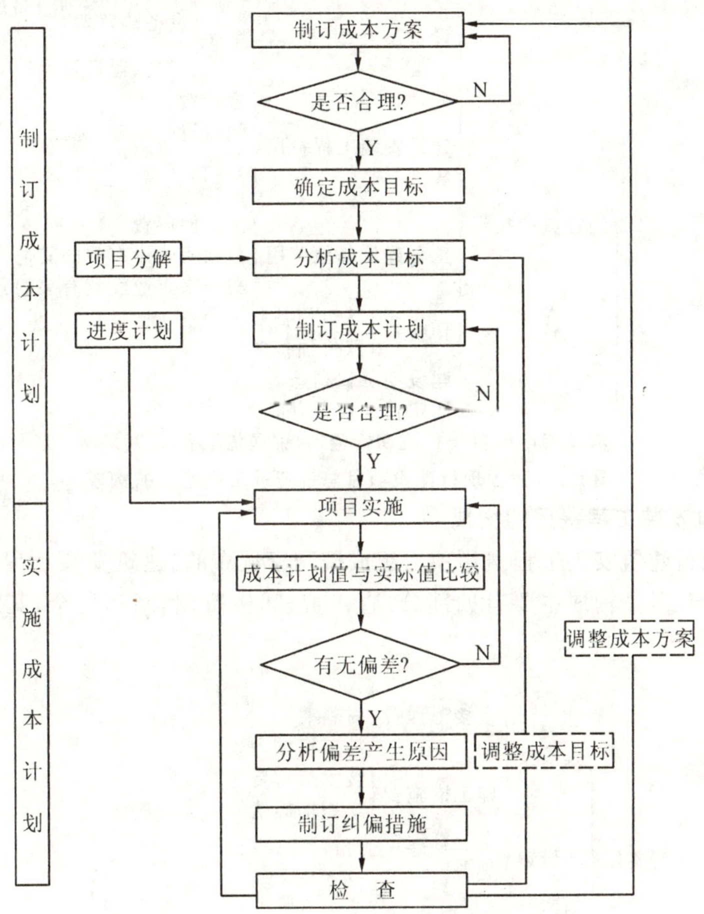

图 5-1　建设工程项目成本管理程序

建设工程项目成本管理可分为两方面：业主方建设项目投资控制和承包人施工项目成本控制。

5.2 业主方建设项目投资控制

5.2.1 建设项目投资构成

1. 我国现行建设项目总投资的构成

按照原国家计委颁布的《投资项目可行性研究指南》的规定，现行建设工程项目总投资由固定资产投资和流动资产投资两部分构成，包括：设备及工具、器具购置费、建筑安装工程费用、工程建设其他费用、预备费、建设期贷款利息、固定资产投资方向调节税。

具体的构成内容如图 5-2 所示。

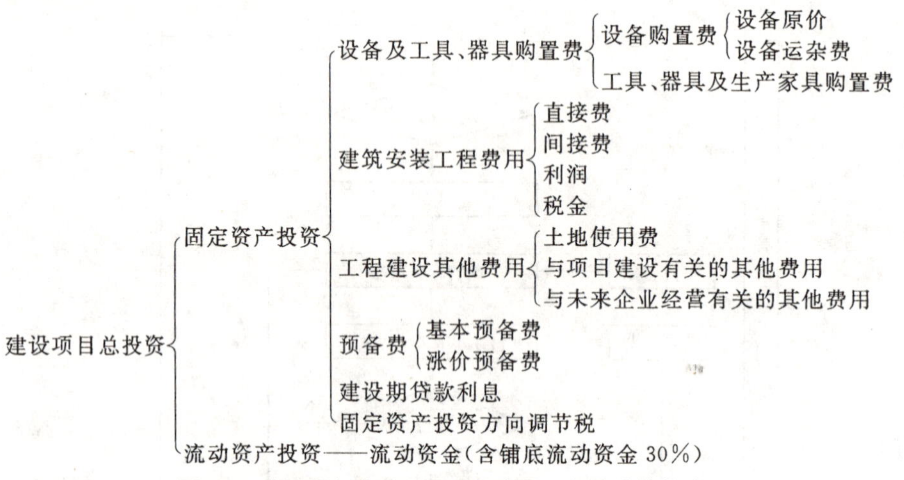

图 5-2 我国现行建设项目总投资及工程造价的构成

2. 建筑安装工程费用的构成

我国现行建筑安装工程费用项目组成按国家颁布的《建筑安装工程费用项目组成》中的规定，具体构成主要有四部分：直接费、间接费、利润和税金，其组成结构如图 5-3 所示。

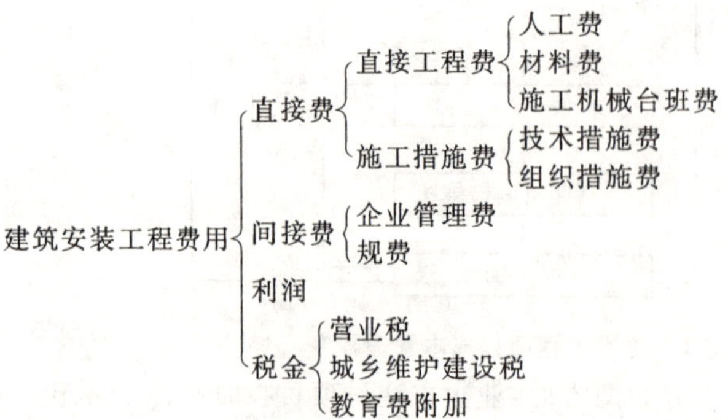

图 5-3 我国现行建筑安装工程费用构成

5.2.2 建设项目设计阶段的投资控制

虽然投资控制应该是全过程的，但是在设计阶段进行投资控制显得尤为重要。实践表明，设计阶段对工程总投资具有重要的影响，设计费虽然只占建设项目全寿命费用很小比例，但是却基本决定了建设项目以后阶段的全部费用。

在设计阶段进行投资控制就是用批准的投资估算来控制初步设计，在初步设计阶段编制设计概算（有技术设计阶段的还要编制修正概算），用设计概算（或修正概算）控制施工图设计，在施工图设计阶段还要编制施工图预算。这样就形成了用估算控制设计概算、用设计概算控制施工图预算的完整的动态控制过程。除此之外，设计阶段的投资控制还要采用各种有效的方法和措施来提高设计的经济合理性，降低工程项目的全寿命周期费用，这些方法和措施包括推行标准设计、推行限额设计、进行价值工程分析等。

1. 设计概算

设计概算是在初步设计或扩大初步设计阶段，由设计单位按照设计要求概略地计算拟建工程从立项开始到交付使用为止全过程所发生的建设费用的文件，是设计文件的重要组成部分。

概算分为建设项目总概算、单项工程综合概算、单位工程概算三级。

建设项目总概算是确定整个建设工程从立项到竣工验收全过程所需费用的文件，它是由各单项工程综合概算，以及工程建设其他费用和预备费用概算等汇总编制而成。

单项工程综合概算是确定一个单项工程所需建设费用的文件，是根据单项工程内各专业单位工程概算汇总编制而成的。

单位工程概算分为建筑单位工程概算和设备及安装单位工程概算两大类，它是确定单项工程中各单位工程建设费用的文件，也是编制单项工程综合概算的依据。其中建筑工程概算可分为一般土建工程概算、给排水工程概算、采暖工程概算、通风工程概算、电气照明工程概算、工业管道工程概算、特殊构筑物工程概算。设备及安装工程概算分为机械设备及安装工程概算、电气设备及安装工程概算。

设计概算在工程投资中具有重要作用。设计概算是国家确定和控制基本建设投资、编制基本建设计划的依据，工程建设项目总概算经有关部门批准后即为工程建设项目总投资的最高限额，一般不得突破；设计概算是对设计方案经济评价与选择的依据，设计人员根据设计概算进行设计方案技术经济分析、多方案评价并优选方案，以提高工程项目涉及的经济效果；设计概算为下阶段施工图设计确定了投资控制的目标；在进行概算包干时单项工程综合概算及建设工程总概算是投资包干指标确定的基础，经主管部门批准的设计概算或修正概算是主管单位和包干单位签订包干合同、控制包干数额的依据；设计概算也是项目建设业主单位进行项目核算、建设工程“三算”对比、考核项目工程成本和投资经济效果的重要指标。

编制设计概算的主要依据有：经批准的有关文件、上级有关文件、指标；工程地质勘测资料；经批准的设计文件；水、电和原材料供应情况；交通运输情况及运输价格；地区工资标准、已批准的材料预算价格及机械台班价格；国家或省市颁发的概算定额或概算指标、建安工程间接费定额、其他有关取费标准；国家或省市规定的其他工程费用指标、机电设备价目表；类似工程概算及技术经济指标。

编制设计概算应掌握如下原则：深入现场进行调查研究；结合实际情况合理确定工程费用；抓住重点环节、严格控制工程概算造价；全面完整地反映设计内容。

设计概算的基本编制单位是单位工程，单位工程概算编制完成后汇总成单项工程综合概算，进一步汇总综合概算得到建设项目总概算。

编制建筑单位工程概算一般有扩大单价法、概算指标法两种方法，应该根据具体编制条件、依据和要求适当选取。

1）扩大单价法

首先根据概算定额编制成扩大单位估价表（概算定额基价）。扩大单位估价表是确定单位工程中各扩大分部分项工程或完整的结构构件所需全部材料费、人工费、施工机械使用费之和的文件。将扩大分部分项工程的工程量乘以扩大单位估价进行计算。

其中工程量的计算必须按定额中规定的各个分部分项工程内容遵循定额中规定的计量单位、工程量计算规则及方法来进行。具体的编制步骤是：根据初步设计图纸和说明书按概算定额中划分的项目计算工程量，根据计算的工程量套用相应的扩大单位估价，计算出材料费、人工费、施工机械使用费三者之和，根据有关取费标准计算其他直接费、现场经费、间接费、利润和税金，将上述各项费用累加，其和就是建筑工程概算造价。用扩大单价法编制建筑工程概算比较精确，但计算工作量比较大。当初步设计达到一定深度、建筑结构比较明确时可采用这种方法编制建筑工程概算。

2）概算指标法

由于设计深度不够等原因对一般附属、辅助和服务工程等项目，以及住宅和文化福利工程项目或投资比较小、比较简单的工程项目可采用概算指标法编制概算。当设计对象的结构特征符合概算指标的结构特征时可直接用概算指标编制概算。其具体编制过程是：根据概算指标计算人工费、材料费、施工机械使用费等直接费，再计算其他直接费、现场经费、间接费、利润、税金及概算单价（各项费用计算方法与用概算定额编制概算相同），概算单价为各项费用之和。当设计对象结构特征与概算指标的结构特征局部有差别时，可用修正后的概算指标，再根据已计算的建筑面积或建筑体积乘以修正后概算指标及单位价值算出工程概算价格。

设备及安装工程分为机械设备及安装工程和电器设备及安装工程两部分。当初步设计有详细的设备清单时，可以直接按照预算定额单价来编制设备及安装工程的概算，也就是用计算的设备安装工程量乘以安装工程预算单价汇总求得概算价格。用概算单价法直接编算精确性高。当初步设计的设备清单不完备，只有主体设备或仅有成套设备的重量时，可以采用主体设备、成套设备或工艺线的综合扩大安装单价编制概算。当初步设计的设备清单不完备，或安装预算单价及扩大综合单价不全，无法采用预算单价法和扩大单价法时，可采用概算指标编制概算。

综合概算是以单项工程为编制对象，确定建成后可独立发挥作用的建筑物或构筑物所需全部建设费用的文件，由该单项工程内各单位工程概算书汇总而成。综合概算书是工程项目总概算书的组成部分，是编制总概算书的基础文件。一般由编制说明和综合概算表两部分组成。

总概算是以整个工程项目为对象，确定项目从立项开始到竣工交付使用整个过程的全部建设费用的文件。它由各单项工程综合概算及其他工程和费用概算综合汇编而成。总概算书一般由编制说明、总概算表及所含综合概算表、其他工程和费用概算表组成。

2. 施工图预算

施工图预算是根据批准的施工图设计图纸、预算定额及单位估价表、各种费用定额，以及施工组织设计文件等计算和编制的单位工程预算造价的文件。单位工程施工图预算是编制单位工程综合预算的基础。施工图预算的编制依据有：施工图设计文件、施工组织设计、预算定额及费用定额、设计概算文件、地区单价、材料预算价格等。

施工图预算分为建筑工程预算和设备安装工程预算两种。根据单位工程和设备的性质、用途的不同，建筑工程预算可以分为一般土建工程预算、卫生工程预算、工业管道工程预算、特殊构筑物工程预算和电器照明工程预算，设备安装工程预算又可以分为机械设备安装工程预算、电器设备安装工程预算。

施工图预算编制的方法有单价法和实物法两种。

(1) 单价法就是用地区统一单位计价表中的各项工程工料单价乘以相应的各分项工程的工程量得到包括人工费、材料费和机械使用费在内的单位工程直接费。据此计算出其他直接费、现场经费、间接费以及计划利润和税金，经汇总即可得到单位工程的施工图预算。

(2) 实物法编制施工图预算就是先用计算出的各分项工程的实物工程量分别套取预算定额，按类相加求出单位工程所需的各种人工、材料、施工机械台班的消耗量，再分别乘以当时当地各种人工、材料、施工机械台班的实际单价，求得人工费、材料费和施工机械使用费并汇总求和。对于其他直接费、现场经费、间接费、计划利润和税金等费用的计算则根据当时当地建筑市场供求情况予以确定。

3. 标准设计

工程标准设计指在工程中尽量采用通用的标准图纸以促进工业化水平，加快工程进度，节约材料，降低建设投资。采用标准设计一般可加快设计进度1～2倍，节约建设投资10%～15%以上。重复建造的建筑类型及生产性质、能力相类似的工厂、单独的房屋建筑和构筑物都应采用标准设计。对不同用途和要求的建筑物应按统一的建筑模数、建筑标准、设计规范、技术规定等进行设计。若房屋或构筑物整体不宜定型化时应将其中重复出现的建筑单元、房间和主要的结构节点构造在构、配件标准化的基础上定型化。建筑物和构筑物的柱网、层高及其他构件参数尺寸应力求统一，在满足使用要求和建造条件的情况下尽可能提高通用性、互换性。实践表明采用标准设计可以加快设计的速度、缩短设计周期、节约设计费用；可以使施工工艺定型化，提高劳动生产率和节约材料，降低建筑投资；可加快施工准备和制作预制构件等工作，加快施工速度、降低建筑安装工程费用。

4. 限额设计

限额设计就是按批准的投资估算控制初步设计，按批准的初步设计概算控制施工图设计，将上一阶段审定的投资额作为下一阶段投资控制的目标，把本阶段的投资控制目标分解到各专业，然后再分解到各单位工程和分部工程。各专业在保证满足使用功能的前提下按分配的投资限额控制设计，严格控制技术设计和施工图设计的不合理变更，以保证总投资限额不被突破。进行限额设计必须保证投资估算的准确性，尤其是要合理确定各专业、各设计、施工图设计等各个阶段。在每个专业、每项设计中都应将限额设计作为重点工作内容。各专业限额设计的实现是限额目标得以实现的重要保证。

5. 价值工程

价值工程又称价值分析，是对所研究对象的功能与成本进行对比分析，旨在提高所研究对象价值的管理思想和技术。价值工程里的价值是指功能和成本的比值，即$V=F/C$，其中V为价值，F为功能，C为成本。价值工程的核心工作是功能系统分析、功能评价和方案创新。具体地讲，价值工程就是分析研究对象的功能组成情况和成本构成情况，在保证用户所需功能的前提下尽量降低成本以提高产品的价值。价值工程是提高设计经济合理性的重要手段，通过进行价值工程研究可以有效地减少工程项目的全寿命周期费用。事实上，进行价值工程研究的能力是衡量一个设计单位综合能力的重要因素之一，也应该是设计单位在设计阶段的重要工作内容之一。

5.2.3 建设项目招标阶段的投资控制

招标阶段是业主和承包商进行交易的阶段，合同价格将在这个阶段确定。业主方在招标阶段的投资控制的主要工作内容是制定客观标准的标底，组织招标、评标，保证中标价格的合理性。

1. 标底价格

标底即标底价格，指招标人根据招标项目的具体情况编制的完成招标项目所需的全部费用，是依据国家规定的计价依据和计价办法计算出来的工程造价，是招标人对建设工程的用以反映拟建工程的预期价格，而不是实际的交易价格。标底由成本、利润、税金组成，应该控制在批准的总概算和投资包干之内。招标人以标底价格作为衡量投标人投标价格的一个尺度，也是招标人控制投资的重要手段。

《中华人民共和国招标投标法》没有明确规定招标工程必须设置标底价格，招标人可以根据工程的实际情况决定是否编制标底价格。显然，即使使用无标底招标方式进行工程招标，招标人在招标时也需要对工程的建造费用做出估价，以判断各个投标报价的合理性。

标底既然是评标的重要参照物，标底的准确性当然就十分重要。没有合理的标底可能会导致工程招标的失败，直接影响到对承包商的择优选用。编制切实可行的标底价格，真正发挥标底价格的作用，严格衡量和审定投标人的投标报价，是工程招标工作达到预期目标的关键。标的编制人员应严格按照国家的有关政策、规定，科学、公正地编制标底。在标底编制过程中应遵循以下原则。

(1) 根据国家统一工程项目划分、计量单位、工程量计算规则，以及设计图纸、招标文件，并参照国家、行业或地方批准发布的定额和国家、行业、地方规定的技术标准规范及要素市场价格确定工程量和编制标底。

(2) 标底作为招标人的预期价格应该尽量客观、准确，应力求与市场的实际变化相吻合，要有利于价格竞争和保证工程质量。

(3) 标底应有直接费、间接费、利润、税金等组成，一般应控制在批准的建设项目估算或概算(修正概算)以内。

(4) 标底应考虑人工、材料、设备、机械台班等价格变化因素，还应考虑不可预见因素和承包商的风险补偿等。

(5) 一个工程只能编制一个标底。

(6) 标底在开标前应严格保密，所有接触过工程标底价格的人员都负有保密责任，不得泄露标底。

工程标底的具体编制需要根据招标工程项目的具体情况，如设计文件和图纸的深度、工程的规模、复杂程度、招标人的特殊要求、招标文件对招标报价的规定等选择合适的编制方法。如果在工程招标时施工图设计已经完成，标底价格应按施工图纸进行编制；如果招标时只是完成了初步设计，标底价格只能按照初步设计图纸进行编制；如果招标时只有设计方案，标底价格可用每平方米造价指标或单位指标等进行编制。

标底价格的编制除按设计图纸进行费用的计算外，还需考虑图纸以外的其他因素，如因合同条件、现场条件、主要施工方案、施工措施等所产生费用的取定，即依据招标文件或合同条件规定的不同要求，选择不同的计价方式；依据不同的工程发承包模式，考虑相应的风险费用；依据招标人对招标工程确立的质量要求和标准，合理确定相应的质量费用，对高于国家验收的质量因素有所反映；依据招标人对招标工程确定的施工工期要求、施工现场的具体情况，考虑必需的施工措施费用和技术措施费用等。

标底价格编制完成后还应该对其进行审查，保证标底的准确、客观和科学。审查标底的目的是检查标底价格的编制是否真实、准确，标底价格如有漏洞应予以调整和修正。如总价超过概算应按有关规定进行处理，不得以压低标底价格作为降低投资的手段。

2. 投标报价

投标报价即投标人为了得到工程施工承包的资格，按照招标人在招标文件中的要求进行估价，然后根据投标策略确定的投标价格，以争取中标并通过工程实施取得经济效益。因此投标报价是投标人即卖方的要价。如果设有标底，投标报价时要研究招标人评标时如何使用标底。如果是越靠近标底得分越高，则投标报价就不应该追求最低标底；如果标底只作为投标人的预期，仍要求低价中标，这时投标人就要努力使标价最具竞争力，既保证报价最低也保证报价不低于其成本，以获得既定的利润。这种情况下投标人的报价必须有雄厚的技术、管理实力做后盾，编制既有竞争力，又能盈利的投标报价。编制投标报价的依据应是企业定额，该定额由企业根据自身技术水平和管理能力进行编制。企业定额应具有计量方法和基础价格，报价时还要以询价的办法了解相关价格信息，对企业定额中的基础价格进行调整后使用。

3. 评标

评标就是指招标人根据招标文件中规定的评价标准和办法对投标人的投标文件进行评价审定以确定中标单位的活动。《中华人民共和国招标投标法》第四十条规定，评标委员会应当按照投标文件确定的评标标准和方法，对投标文件进行评审和比较。设有标底的，应当参照标底。所以评标的依据一是招标文件，二是标底（如果设有标底）。《中华人民共和国招标投标法》第四十一条规定，中标人的投标应符合两个条件之一：一是最大限度地满足招标文件中规定的各项综合评价标准，该评标报价中当然包含投标报价；二是能够满足招标文件的实质性要求，并且经评审的投标价格最低，但是投标价低于成本价的除外。这两个条件其实就是评标的两种不同的标准。

第一种标准其实就是综合评价法，往往制订一系列评价指标和相应的权重，在评标时对各个投标人的投标文件进行评价打分，总得分最高的投标人中标。在使用这种标准进行评标的时候必须给报价因素以足够的权重，报价的权重太低不利于对造价进行有效控制。

第二种评标标准的本质就是低价中标，在其他评标因素都符合招标文件要求的前提下经评审的最低报价中标。按照《中华人民共和国招标投标法》规定，中标的报价不得低于成本。这里所说的成本是指承包企业在工程建筑中将合理发生的所有施工成本，应该包括直接工程费、间接费及税金。这个成本应该是指投标单位的个别成本，而不是社会平均成本，因为技术水平和管理水平的不同，企业的人工、材料、机械台班、工期等生产要素的消耗水平是不同的，相应地它们的个别成本也就不同。如果招标人用一个代表社会平均水平的成本(比如预算成本)来代表所有投标人的个别成本,那么就可能导致水平高的投标人反而被淘汰。所以在评标时应该由评标委员会的专家根据具体报价情况来判断各个投标人的个别成本。对于明显过低的投标报价,评标委员会认真研究后认定是低于其个别成本的,应该视其为废标。

招标投标实质上既是工程价格形成的方式也是承包合同形成的方式。招标人所发放的中标文件可认为是要约邀请,投标人的投标文件是正式的要约,中标通知书是正式的承诺。所以,根据我国的《合同法》,中标通知书一旦发放即意味着双方的承包合同正式成立。

5.2.4　建设项目施工阶段的投资控制

建设项目施工阶段投资控制的基本原理是把计划投资额作为投资控制的目标,在工程施工的过程中定期地把投资实际值与目标值进行比价,通过比较发现并找出实际投资与投资控制目标值之间的偏差,分析产生偏差的原因,并采取有效措施加以控制,要保证投资控制目标的实现。

建设工程施工阶段与投资控制有关的工作主要有:资金使用计划的编制、工程计量及结算、工程变更、施工索赔、投资偏差分析等。

1. 资金使用计划的编制

投资控制的前提是先建立起投资控制的目标,因此必须编制资金使用计划,合理地确定投资控制目标值,包括投资的总目标值、分目标值、各详细目标值。如果没有明确的投资控制目标就无法进行项目投资实际支出值与目标值的比较,不能进行比较也就不能找出偏差,不知道偏差程度,就会使控制措施缺乏针对性。编制资金使用计划过程中最重要的步骤就是项目投资目标的分解。根据投资控制目标和要求的不同,投资目标的分解可以分为按投资构成分解、按子项目分解、按时间进度分解三种类型。这三种编制资金使用计划的方法并不是相互独立的,在实践中往往是将这三种方法结合使用。

(1) 按投资构成分解的资金使用计划。工程项目的投资主要分为建筑安装工程投资、设备工具、器具购置投资及工程建设其他投资。由于建筑工程和安装工程在性质上存在着较大差异,投资的计算方法和标准也不尽相同,所以在实际操作中往往将建筑工程投资和安装工程投资分解开来。

(2) 按子项目分解的资金使用计划。大中型的工程项目通常是由若干单项工程构成的,而每个单项工程包括了多个单位工程,每个单位工程又是由若干个分部工程构成的,因此,首先要把项目总投资分解到单项工程和单位工程中。一般来说,由于预算和概算大都是按照单项工程和单位工程来编制的,所以将项目总投资分解到各个单项工程和单位工程是比较容易的。

(3) 按时间进度分解的资金使用计划。工程项目的投资总是分阶段、分期支出的，资金应用是否合理与资金的时间安排有密切关系。编制按时间进度安排的资金使用计划，通常可利用控制项目进度的网络图进一步扩充而得。在建立网络图时，一方面确定完成各项工作所需花费的时间，另一方面同时确定完成这一工作的合适的投资支出预算。在编制网络计划时应充分考虑进度控制对项目划分的要求，还应考虑确定投资支出预算对项目划分的要求，做到二者兼顾。

2. 工程计量及结算

工程计量是指根据设计文件及承包合同中关于工程量计算的规定，监理单位对承包商申报的已完成工程量进行核验。经过监理单位计量的工程量是向承包商支付工程款项的凭证。工程计量的作用不仅是控制项目的投资支出，也是约束承包商履行合同义务、强化承包商合同意识的手段。

工程价款的结算是指业主按照合同约定，定期对施工承包商完成的，经过监理单位计量的，符合合同质量要求的工程进行支付。

工程价款的结算方式有以下几种。

(1) 按月结算。即先支付工程预付款，在施工过程中按月结算工程进度款，竣工后进行竣工结算。按月结算方式是最常用的结算方式。

(2) 竣工后一次结算。建设项目或单项工程建设期在 12 个月以内，或者工程承包合同价值在 100 万元以下的，可以实行工程价款每月月中预支，竣工后一次结算的方式。

(3) 分段结算。当年开工，当年不能竣工的单项工程或单位工程按照工程形象进度，划分不同阶段进行结算。分段结算可以按月预支工程款。竣工后一次结算和分段结算的工程，当年结算的工程款应与分年度的工程量一致，年终不另清算。

(4) 结算双方约定的其他结算方式。在工程价款结算时还必须注意动态结算的问题。动态结算就是指在结算的时候要考虑各种动态因素，使结算额能够反映实际的费用。

常用的动态结算办法有：按实际价格结算法；按主材计算价差的方法；主要材料按材料计算价差、其他材料按系数计算价差的方法；竣工调价系数法；调值公式法等。

工程预付款是建设工程施工合同订立后由发包人按照合同约定，在正式开工前预先支付给承包人的工程款。它是施工准备和所需材料、结构件等流动资金的主要来源，国内习惯上又称为预付备料款。预付工程款的具体做法由发承包双方在合同中约定。业主预先支付给承包商的工程预付款应该随着工程的进展、工程所需主要材料、构件的用量逐渐减少以抵扣的方式予以陆续扣回。工程预付款扣回的方法在合同里规定，可以采用等比率或等额扣回的方式，也可从未施工工程尚需的主要材料及构件的价值相当于工程预付款数额时扣起，从每次中间结算工程价款中按材料及构件比重扣除，至竣工之前全部扣清。

工程进度款的支付一般按月实际完成工作量进行结算，工程竣工后办理竣工结算。在工程竣工前，承包人收取的工程预付款和进度款的总额一般不超过合同总额(包括工程合同签订后经发包人签证认可的增减工程款)的95%，剩余的5%作为尾款在工程竣工结算时除保修金外一并清算。

工程竣工验收报告经业主认可后，承包商向业主递交竣工结算报告及完整的结算资料，双方进行工程竣工结算。监理单位对承包商报送的竣工结算报表进行审核，在与业主、承包商协商一致后，签发竣工结算文件和最终的工程款支付证书。工程保修金一般为施工合同价款的3%，在合同专用条款中具体规定，在质量保修期满后14天内退还给承包商。

3. 工程变更

工程变更是指在工程项目的实施过程中导致合同内容变化的变更因素，包括设计变更、施工现场条件变化，以及其他变更情况。由于工程项目的复杂性，工程变更是工程建设中常见的现象。由于工程变更所引起的工程量的变化、承包商的索赔等，都有可能使项目投资超出原来的目标投资额，所以必须对工程变更进行严格控制，注意其对未完成工程投资支出的影响及对工期的影响。

工程变更的程序是：提出工程变更、审查工程变更、编制工程变更文件、下达变更指令。

工程变更文件包括：工程变更令、工程量清单、新的设计图纸，以及有关技术标准、相关的其他文件或资料。

在监理单位签发工程变更令之前，承包商不得实施工程变更。未经监理单位审核同意而实施的工程变更不给予计量工程量。

由于工程变更引起的价格变更应该由施工承包商提出变更的价格。

工程价款的调整按照以下原则进行：如果合同中已有适用于变更工程的价格，按合同已有的价格变更合同价款；如果合同中只有类似于变更工程的价格，可以参照类似价格变更合同价款；如果合同中没有适用或类似于变更工程的价格，由承包人提出适当的变更价格，由监理单位确认后执行；如果业主方和施工承包商未能就工程变更的费用等方面达成协议，监理单位应提出一个暂定的价格，作为临时支付工程款的依据，该工程款最终结算时应以业主与承包商达成的协议为依据。

4. 施工索赔

工程施工索赔是指工程施工承包合同履行中，一方当事人因对方不履行或不完全履行合同规定的义务，或者由于对方的行为使权利人受到损失时，要求对方补偿损失的权利。索赔是工程承包中常发生的现象。施工现场条件、气候条件的变化，施工进度计划的修改及合同条款、技术规范、施工图纸的变更等因素都会在工程施工中不可避免地出现索赔。对索赔的管理是施工阶段投资控制的重要内容。

施工索赔分为承包商向业主提出的索赔和业主向承包商提出的索赔两种情况，一般来讲往往是前者，即承包商向业主提出的索赔。

承包商向业主提出索赔的主要情况有以下几种。

(1) 不利的自然条件和人为障碍引起的索赔。不利的自然条件是指施工中遭遇到的实际自然条件比招标文件中所描述的更为困难和恶劣，是一个有经验的承包商无法预测的，导致了承包商必须花费更多的时间和费用。

(2) 工程变更引起的索赔。如果工程变更是由业主方提出的，或者是应该由业主方负责的，那么承包商有权就此变更向业主提出索赔。

(3) 工程延期的费用索赔。工期延期的索赔是指承包商对于由非自身原因所导致工程的延期而向业主提出的索赔。

(4) 加速施工的索赔。由于业主的原因，或者业主应该负责的原因导致承包商必须采取加班赶工而导致施工成本增加，承包商可以提出索赔要求。

(5) 业主不正当地终止工程而引起的索赔。

(6) 拖延支付工程款的索赔。如果业主在规定的应付款时间内未能向承包商支付应支付的款项，承包商可以提前通知业主，暂停工作或减缓工作速度，并有权获得任何误期的补偿和其他额外费用的补偿(如利息)。

(7) 业主的风险引起的索赔。业主的风险是指战争、叛乱、暴乱等等。

(8) 不可抗力。如果承包商因不可抗力，妨碍其履行合同规定的任何义务，使其遭受延误和(或)费用增加，承包商有权根据合同规定向业主提出索赔。

此外，如果合同有规定的话，承包商还可以就物价上涨和有关法律法规变化向业主提出索赔要求。

5. 投资偏差分析

为了进行有效的投资控制必须定期地进行投资计划值(目标)与实际值的比较，当实际值偏离计划值时，应该分析产生偏差的原因，采取适当的纠偏措施，使投资超支尽可能小。在投资控制中，把投资的实际值与计划值的差异叫做投资偏差，即：投资偏差＝已完工程实际投资－已完工程计划投资，结果为正表示投资超支，结果为负表示投资节约。

对偏差进行分析有几种不同的方法，常采用的有横道图法、表格法和曲线法。

横道图法是用横道图来进行投资偏差分析，也就是用横道标识投资额度。横道的长度与投资额度成正比例。横道图法具有形象直观的优点，他能够准确地表达出投资的绝对偏差，但是这种方法反映的信息量较少。

表格法是进行偏差分析最常用的一种方法，它将项目编号、名称、投资参数，以及投资偏差数总和归纳到一张表格中，并且直接在表格中进行比较。用表格法进行偏差分析具有灵活、适用性强、信息量大等优点。

曲线法是用投资累计曲线(S形曲线)来进行投资偏差分析的方法。曲线法具有形象直观的优点，但是很难用于定量分析。

偏差分析的一个比较重要的目的就是要找出引起偏差的原因，从而采取有针对性的措施，减少或避免相同原因的再次发生。在进行偏差原因分析时，首先应当将已经导致和可能导致偏差的各种原因逐一列举出来。导致不同工程项目产生投资偏差的原因一般都有一定共性，因而可以通过对已建项目的投资偏差原因进行归纳、总结，为该项目采取预防措施提供依据。

6. 竣工结算

竣工结算是工程建设项目经济效益的全面反映，是项目法人核定各类新增资产价值、办理其交付使用的依据。通过竣工结算，一方面能够正确反映工程建设项目的实际造价和投资结果，另一方面可以通过竣工决策与概算、预算的对比分析，考核投资控制的工作成效，总结经验教训，积累技术经济方面的基础资料，提高未来建设工程的投资效益。

竣工结算是工程建设项目从筹建到竣工投产全过程中发生的所有实际支出，包括设备工具、器具购置费、建筑安装工程费和其他费用等。

竣工结算由竣工财务决算报表、竣工决算说明书、竣工工程平面示意图、工程造价比较分析等四部分组成。其中竣工财务决算报表和竣工财务决算说明书属于竣工财务决算的内容。竣工财务决算是竣工决算的组成部分，是正确核定新增资产价值、反映竣工项目建设成果的文件，是办理固定资产交付使用手续的依据。

5.3　承包人施工项目成本控制

5.3.1　概述

1. 项目成本的概念

施工项目成本是指工程项日的施工成本，是在工程施工过程中所发生的全部生产费用的总和，即是建筑施工企业以工程项目作为核算的对象，在施工过程中所耗费的生产资料转移价值和劳动者的必要劳动所创造的价值的货币形式。其包括所消耗的主、辅材料，构配件，周转材料的摊销费或租赁费，施工机械的材料费或租赁费，支付给生产工人的工资、奖金，以及在施工现场进行施工组织与管理所发生的全部费用支出。工程项目施工成本是施工企业的主要产品成本，一般以建设项目的单位工程作为成本核算的对象，通过各单位工程成本核算的综合来反映工程项目的施工成本。

1）施工项目成本的构成

施工企业在工程项目施工过程中所发生的各项费用支出，按照国家规定计入成本费用。按成本的经济性质和国家的规定，施工企业项目成本由直接成本和间接成本组成。

(1) 直接成本。直接成本是指施工过程中耗费的构成工程实体或有助于工程实体形成的各项费用支出，具体包括直接工程费和措施费。

直接费包括人工费、材料费、施工机械使用费。

措施费包括环境保护费、文明施工费、安全施工费、临时设施费、夜间施工费、二次搬运费、大型机械的进出场及安拆费、混凝土模板及支架费、脚手架费、已完工程及设备的保护费、施工排水降水费等。

(2) 间接成本。间接成本包括规费和企业管理费。

规费包括工程排污费、工程定额测定费、社会保障费、住房公积金和危险作业意外伤害保险。

企业管理费包括管理人员工资、办公费、差旅交通费、固定资产使用费、工具用具使用费、劳动保险费、工会经费、职工教育费、财产保险费、财务费、税金及其他。

2) 施工项目成本的形式

施工项目成本按照不同情况,可以分为不同的形式。根据成本控制要求的不同,可划分为预算成本、计划成本和实际成本;按照生产费用计入成本方法的不同,可划分为直接成本和间接成本;按照生产费用与工程量关系的不同,可划分为固定成本和变动成本。

2. 项目成本控制的系统过程

项目成本控制包括预测、计划、实施、核算、分析、考核、整理成本资料与编制成本报告。

具体而言,项目成本控制应按以下程序进行。

(1) 施工项目成本预测。

施工项目成本预测是通过成本信息和施工项目的具体情况,并运用专门方法,对未来的成本水平及可能发展趋势做出科学的估计,它是施工企业在工程项目施工前对成本所进行的核算。

(2) 施工项目成本计划。

施工项目成本计划是项目经理部对项目成本进行计划管理的工具。它是以货币形式编制施工项目在计划期内的生产费用、成本水平、成本降低率,以及降低成本所采取的主要措施和规划的书面方案,是建立施工项目成本管理责任制、开展成本控制和核算的基础。

(3) 实际施工成本的形成控制。

施工成本的形成控制主要指项目经理部对施工项目成本的实施控制,包括制度控制、定额或指标控制、合同控制等。

(4) 施工项目成本核算。

施工项目成本核算是指项目施工过程中所发生的各种费用和形成施工项目成本与计划目标成本,在保持统一口径的前提下,进行对比,找出差异。

(5) 施工项目成本分析。

施工项目成本分析是在施工成本跟踪核算的基础上,动态分析各成本项目的节超原因。它贯穿于施工项目成本管理的全过程,也就是说施工项目成本分析主要利用施工项目的成本核算资料(成本信息),与目标成本(计划成本)、预算成本,以及类似的施工项目的实际成本等进行比较,了解成本的变动情况,同时也要分析主要技术经济指标对成本的影响，系统地研究成本变动的因素，检查成本计划的合理性，并通过成本分析，深入揭示成本变动的规律，寻找降低施工项目成本的途径。

(6) 施工项目成本考核。

成本考核，就是施工项目完成后，对施工项目成本形成中的各责任者，按施工项目成本目标责任制的有关规定，将成本的实际指标与计划、定额、预算进行对比和考核，评定施工项目成本计划的完成情况和各责任者的业绩，并据此给以相应的奖励和处罚。

3. 施工项目成本控制的任务

施工项目的成本控制，应伴随项目建设的进程渐次展开，要注意各个时期的特点和要求。各个阶段的工作内容不同，成本控制的主要任务也不同。

1) 施工前期的成本控制

(1) 工程投标阶段。在投标阶段成本控制的主要任务是编制适合本企业施工管理水平、施工能力的报价。

① 根据工程概况和招标文件，联系建筑市场和竞争对手的情况，进行成本预测，提出投标决策意见。

② 中标以后，应根据项目的建设规模，组建与之相适应的项目经理部，同时以标书为依据确定项目的成本目标，并下达给项目经理部。

(2) 施工准备阶段。

① 根据设计图纸和有关技术资料，对施工方法、施工顺序、作业组织形式、机械设备选型、技术组织措施等进行认真的研究分析，制订科学先进、经济合理的施工方案。

② 根据企业下达的成本目标，以分部分项工程实物工程量为基础，联系劳动定额、材料消耗定额和技术组织措施的节约计划，在优化的施工方案的指导下，编制明细而具体的成本计划，并按照部门、施工队和班组的责任成本落实下去，为今后的成本控制做好准备。

③ 根据项目建设时间的长短和参加建设人数的多少，编制间接费用预算，并对上述预算进行明细分解，以项目经理部有关部门(或业务人数)责任成本的形式落实下去，为今后的成本控制和绩效考评提供依据。

2) 施工期间的成本控制

施工阶段的成本控制的主要任务是确定项目经理部的成本控制目标；项目经理部建立成本管理体系；项目经理部各项费用指标进行分解，以确定各个部门的成本控制指标；加强成本的过程控制。

(1) 加强施工任务单和限额领料单的管理，特别是要做好每一个分部分项工程完成后的验收(包括实际工作量的验收和工作内容、工程质量、文明施工的验收)，以及实耗人工、实耗材料的数量核对，以保证施工任务单和限额领料单的结算资料绝对正确，为成本控制提供真实可靠的数据。

(2) 将施工任务单和限额领料单的结算资料与施工预算进行核对，计算分部分项工程的成本差异，分析差异产生的原因，并采取有效的纠偏措施。

(3) 做好月度成本原始资料的收集和整理，正确计算月度成本，分析月度预算成本与实际成本的差异。

(4) 在月度成本核算的基础上，实行责任成本核算。也就是利用原有会计核算的资料，重新按责任部门或责任者自行分析成本差异和产生差异的原因，自行采取措施纠正差异，为全面实现责任成本创造条件。

(5) 经常检查对外经济合同的履约情况，为顺利施工提供物质保证。

(6) 定期检查各责任部门和责任者的成本控制情况，检查成本控制责、权、利的落实情况(一般为每月一次)。发现成本差异偏高或偏低的情况，应会同责任部门或责任者分析产生差异的原因，并督促他们采取相应的对策来纠正差异。如有因责、权、利不到位而影响成本控制的情况，应针对责、权、利不到位的原因，采取措施纠正差异，使成本控制工作得以顺利进行。

3) 竣工验收阶段的成本控制

(1) 精心安排，干净利落地完成工程竣工扫尾工作。从现实情况看，很多工程一到竣工扫尾阶段，就把主要施工力量抽调到其他在建工程上，以至扫尾工作拖拖拉拉，战线拉得很长，机械、设备无法转移，成本费用照常发生，使在建阶段取得的经济效益逐步流失。因此，一定要精心安排，把竣工扫尾时间缩短到最低限度。

(2) 重视竣工验收工作，顺利交付使用。在验收以前，要准备好验收所需的各种书面资料(包括竣工图)送甲方备查；对验收中甲方提出的意见，应根据设计要求和合同内容认真处理，如果涉及费用，应请甲方签字，列入工程结算。

(3) 及时办理工程结算。一般来说，工程结算造价＝原施工图预算±增减账。但在施工过程中有些按实结算的经济业务，是由财务部门直接支付的，项目预算员不掌握资料，往往在工程结算时遗漏。因此，在办理工程结算以前，要求项目预算员和成本员进行一次认真全面的核对。

(4) 在工程保修期间，应由项目经理指定保修工作的责任者，并责成保修责任者根据实际情况提出保修计划(包括费用计划)，以此作为控制保修费用的依据。

4. 项目成本控制的内容

工程项目成本控制的主要内容有以下几个方面。

1) 材料费的控制

按照“量价分离”的原则，材料费的控制分为材料用量的控制和材料价格的控制。

(1) 材料用量的控制。在保证符合设计规格和质量标准的前提下，合理使用材料和节约使用材料，通过定额管理、计量管理等手段，以及施工质量控制，避免返工等，有效控制材料物资的消耗。

(2) 材料价格的控制。材料价格主要由材料采购部门在采购中加以控制。由于材料价格是由买价、运杂费、运输中的合理损耗等所组成，因此控制材料价格，主要是通过市场信息、询价、应用竞争机制和经济合同手段等控制材料、设备、工程用品的采购价格，包括买价、运费和损耗等。

2）人工费的控制

人工费的控制采取与材料费控制相同的原则，实行"量价分离"。人工用工数通过项目经理与施工劳务承包人的承包合同，按照内部施工图预算、钢筋翻样单或模板量计算出定额人工工日，并将安全生产、文明施工及零星用工按定额工日的一定比例（一般为 15%～25%）一起发包。

3）机械费的控制

机械费用主要由台班数量和台班单价两方面决定，为有效控制台班费支出，主要从以下几个方面控制。

（1）合理安排施工生产，加强设备租赁计划管理，减少因安排不当引起的设备闲置。

（2）加强机械设备的调度工作，尽量避免窝工，提高现场设备利用率。

（3）加强现场设备的维修保养，避免因不正当使用造成机械设备的停置。

（4）做好上级人员与辅助生产人员的协调与配合，提高机械台班产量。

4）管理费的控制

现场施工管理费在项目成本中占有一定比例，控制与核算上都较难把握，项目在使用和开支时弹性较大，主要采取以下控制措施。

（1）根据现场施工管理费占施工项目计划总成本的比重，确定施工项目经理部施工管理费总额。

（2）在施工项目经理的领导下，编制项目经理部施工管理费总额预算和各管理部门、条线的施工管理预算，作为现场施工管理费的控制根据。

（3）制订施工项目管理开支标准和范围，落实各部门条线和岗位的控制责任。

（4）制订并严格执行施工管理项目经理部的施工管理费使用的审批、报销程序。

5.3.2 施工项目成本计划

1. 施工投标阶段的成本估算

投标报价是指施工企业采取投标方式承揽施工项目时，以业主招标文件中的合同文件、技术规范、设计图纸与工程量表和工程性质与范围、价格条件说明与投标须知等为基础，结合调研和现场考察所得的情况，根据企业自己的定额、市场价格信息和有关规定，计算和确定承包该项目工程的投标报价。

施工企业投标报价的基础是成本估算。企业首先应依据反映本企业技术水平和管理水平的企业定额，计算确定完成拟投标工程所需支出的全部生产费用，即估算该施工项目施工生产的直接成本和间接成本，包括人工费、材料费、机械使用费、措施费、规费和企业管理费。施工项目成本估算的步骤如下。

(1) 熟悉和研究招标文件。成本估算者要广泛搜集、熟悉各种资料、工程技术文件、施工图纸、市场价格信息等。在准确掌握的同时,要审核其是否齐全和有无错误等。

(2) 进行施工技术和施工组织方案是决定施工成本的基础。成本估算,首先要根据拟投标项目,对项目的施工组织进行策划,拟定管理组织结构形式、管理工作流程。对项目的施工流程、施工顺序、施工方法进行策划,确定施工方案。

(3) 确定施工项目分解结构。对整个施工项目按子项或分部分项进行施工任务分解,分解时应结合施工方法的要求,全面系统,不出现重复项目或遗漏项目。

(4) 计算工程量,编制投标书报价表。根据项目施工图纸、有关技术资料进行工程量的计算。为了准确地估算项目施工成本,应充分考虑项目施工组织计划、施工规划或施工方案等的技术组织措施。

2. 项目经理部的责任目标成本

每个工程项目,在实施项目管理之前,首先由企业与项目经理协商,将合同预算的全部造价收入,分为现场施工费用和企业管理费用两部分。其中,现场施工费用核定的总额,作为项目成本核算的界定范围和确定项目经理部责任成本目标的依据。

责任目标成本是企业对项目经理部提出的指令成本目标,是以设计预算为依据,也是对项目经理部进行详细施工组织设计、优化施工方案、制定降低成本对策和管理措施提出的要求。

责任目标成本确定的过程和方法如下。

(1) 在投标报价时所编制的工程估价单中,各项单价由企业内部价格构成,形成直接费中的材料费、人工费的目标成本。

(2) 以施工组织设计为依据,确定机械台班和周转设备材料的使用量。

(3) 措施费中的各子项目均按具体情况或内部价格来确定。

(4) 现场施工管理费,也按各子项目的具体情况加以确定。

(5) 投标中压价让利的部分,原则上由企业统一承担,不列入施工项目责任目标成本。

以上确定的过程,应在仔细研究投标报价时的各项目清单、估价的基础上,由企业职能部门主持,有关部门共同参与分析研究确定。

3. 项目经理部的计划目标成本

项目经理部在接受企业法定代表人委托之后,应通过主持编制项目管理实施规则寻求降低成本的途径,组织编制施工预算,确定项目的计划目标成本。

施工预算是项目经理部根据企业下达的责任成本目标,在详细编制施工组织设计过程中,不断优化施工技术方案和合理配置生产要素的基础上,通过工料消耗分析和制定节约成本措施之后确定的计划成本,也称现场目标成本。一般情况下,施工预算总额应控制在责任成本目标范围内，并留有一定余地。在特殊情况下，项目经理部经过反复挖潜措施，还不能把施工预算总额控制在责任成本目标范围内，应与企业进一步协商修正责任成本目标或共同探索进一步降低成本的措施，以使施工预算建立在切实可行的基础上。

4. 计划目标成本的分解与责任体系的建立

施工项目的成本控制，不仅仅是专业成本员的责任，所有的项目管理人员，特别是项目经理，都要按照自己的专业分工各负其责。为了保证项目成本控制工作的顺利进行，需要把所有参加项目建设的人员组织起来，将计划目标成本进行了解与交底，使项目经理部的所有成员和各个单位及部门明确自己的成本责任，并按照自己的分工开展工作。这里所说的成本管理责任制，是指各项目管理人员在处理日常业务中对成本管理应尽的责任。要求联系实际，整理成文，并作为一种制度加以贯彻。具体说明如下。

1）合同预算员的成本管理责任

（1）根据合同条件、预算定额和有关规定，充分利用有利因素，编好施工图预算，为企业正确确定责任目标提供依据。

（2）深入研究合同规定的“开口”项目，在有关项目管理人员（如项目工程师、材料员等）的配合下，努力增加工程收入。

（3）收集工程变更资料（包括工程变更通知单、技术核定单和按实结算的资料等），及时办理增加账，保证工程收入，及时收回垫付的资金。

（4）参与对外经济合同的谈判和决策，以施工图预算和增加账为依据，严格控制分包、采购等施工所必需的经济合同的数量、单价和金额，切实做到“以收定支”。

2）工程技术人员的成本管理责任

（1）根据施工现场的实际情况，合理规划施工现场平面布置（包括机械布置，材料、构件的堆放场地，车辆进出现场的运输道路，临时设施的搭建数量和标准等），为文明施工、减少浪费创造条件。

（2）严格执行工程技术规范和以预防为主的方针，确保工程质量，减少零星修补，消灭质量事故，不断降低质量成本。

（3）根据工程特点和设计要求，运用自身的技术优势，采取实用、有效的技术组织措施和合理化建议，走技术与经济相结合的道路，为提高项目经济效益开拓新的途径。

（4）严格执行安全操作规程，减少一般安全事故，消灭重大人身伤亡事故和设备事故，确保安全生产，将事故损失减少到最低限度。

3）材料人员的成本管理责任

（1）材料采购和构件加工，要选择质高、价低、运距短的供应（加工）单位。对到场的材料、构件要正确计量，认真验收，如遇质量差、量不足的情况，要进行索赔。切实做到：一要降低材料、构件的采购（加工）成本；二要减少采购（加工）过程中的管理损耗，为降低材料成本走好第一步。

(2) 根据项目施工的计划进度，及时组织材料、构件的供应，保证项目施工的顺利进行，防止因停工待料造成损失。在构件加工的过程中，要按照施工顺序组织配套供应，以免因规格不齐造成施工间隙，浪费时间，浪费人力。

(3) 在施工过程中，严格执行限额领料制度，控制材料消耗；同时，还要做好余料的回收和利用，为考核材料的实际消耗水平提供正确的数据。

(4) 钢管脚手架和钢模板等周转材料，进出现场都要认真清点，正确核实以减少缺损数量。使用以后，要及时回收、整理、堆放，并及时退场，既可节省租费，又有利于场地整洁，还可加速周转，提高利用效率。

(5) 根据施工生产的需要，合理安排材料储备，减少资金占用，提高资金利用效率。

4) 机械管理人员的成本管理责任

(1) 根据工程特点和施工方案，合理选择机械的型号规格和数量。

(2) 根据施工需要，合理安排机械施工，充分发挥机械的效能，减少机械使用成本。

(3) 严格执行机械维修保养制度，加强平时的机械维修保养，保证机械完好，在施工中正常运转。

5) 行政管理人员的成本管理责任

(1) 根据施工生产的需要和项目经理的意图，合理安排项目管理人员和后勤服务人员，节约工资性支出。

(2) 具体执行费用开支标准和有关财务制度非生产性开支。

(3) 管好用好行政办公用财产物资，防止损坏和流失。

(4) 安排好生活后勤服务，在勤俭节约的前提下，满足职工群众的生活需要，安心为前方生产出力。

6) 财务成本人员的成本管理责任

(1) 按照成本开支范围、费用开支标准和有关财务制度，严格审核各项成本费用，控制成本支出。

(2) 建立月度财务收支计划制度，根据施工生产的需要，平衡调度资金，通过控制资金使用，达到控制成本的目的。

(3) 建立辅助记录，及时向项目经理和有关项目管理人员反馈信息，以便对资源消耗进行有效的控制。

(4) 开展成本分析，特别是分部分项工程成本分析、月度成本综合分析和针对特定问题的专题分析，要做到及时向项目经理和有关项目管理人员反映情况，提出建议，以便采取针对性的措施来纠正项目成本的偏差。

(5) 在项目经理的领导下，协助项目经理检查、考核各部门、各单位、各班组责任成本的执行情况，落实责、权、利相结合的有关规定。

5.3.3　施工项目成本的控制运行

在项目的施工过程中，项目经理部应坚持按照增收节支、全面控制、责权利相结合的原则，用目标管理方法对实际施工成本发生过程进行有效控制。项目经理部应根据计划目标成本的控制要求，做好施工采购策划，通过生产要素的优化配置、合理使用、动态管理，有效控制实际成本。应加强施工定额管理和施工任务单管理，控制活劳动和物化劳动的消耗。应加强施工调度，避免因施工计划不周和盲目调度造成的窝工损失、机械利用率降低、物料积压等因素，使施工成本增加。应加强施工合同管理和施工索赔管理，正确运用施工合同条件和有关法规，及时进行索赔。

1. 材料物资采购控制

施工项目的材料物资，包括构成工程实体的主要材料和构件，以及有助于工程实体形成的周转使用材料和低值易耗品。从价值角度看，材料物资的价值，约占工程总造价的70%以上，其重要程度不言而喻。由于材料物资的供应渠道和管理方式各有不同，所以控制的内容和所采取的方法也将有所不同。

1）材料采购供应

(1) 采购供应渠道控制。在市场经济体制下，建筑企业需要的材料，除部分材料由甲方供应外，其余全部由企业从市场采购。企业在获得材料采购自主权以后，对材料的采购供应渠道就有了多种选择的权利。在选择材料供应对象的时候，应该坚持“质优、价低、路近、信誉好”的原则，对材料采购工作中的各个环节，结合材料进场入库时的计量验收，经常进行检查和控制。

(2) 甲方供料控制。甲方供料的供应范围和供应方式，一般都通过工程承包合同加以明确。有的直接供应实物，有的提供票证委托施工单位代办。通常是由建设单位根据施工图预算的定额数量，按照工程施工进度，陆续交付施工单位。但是，在工程施工中，由于设计变更等原因，必然会发生实物工程量和工程造价的增减。因此，工程项目的材料数量，必须以最终的工程结算为依据进行调整。对于甲方没有交足的材料(不论是实物还是票证)，按市场价列入工程结算，向甲方收取。

(3) 采购供应与施工速度衔接情况的控制。企业按照施工进度计划编制“要料计划”，以满足工程施工的需要。但是，对照要料计划的实际供应情况，有时也会出现供应时间推迟和供应数量不足的情况。特别是当某种材料市场供应紧俏的时候，更是在所难免。因此，应该利用要料计划，将各种材料的供应时间和供应数量记录在“要料计划”表上，通过实际进料与要料计划的对比，来检查材料供应与施工进度互相衔接的程度，以及因材料供应脱节对施工进度的影响。

2）采购控制方法

(1) 由企业材料部门供应的材料，由材料部门集中采购，按申请计划供应到现场，并由企业内部统一价格结算。

(2) 经过核定授权项目经理部自行采购的材料，按项目核算管理的要求办理，如图 5-4 所示。

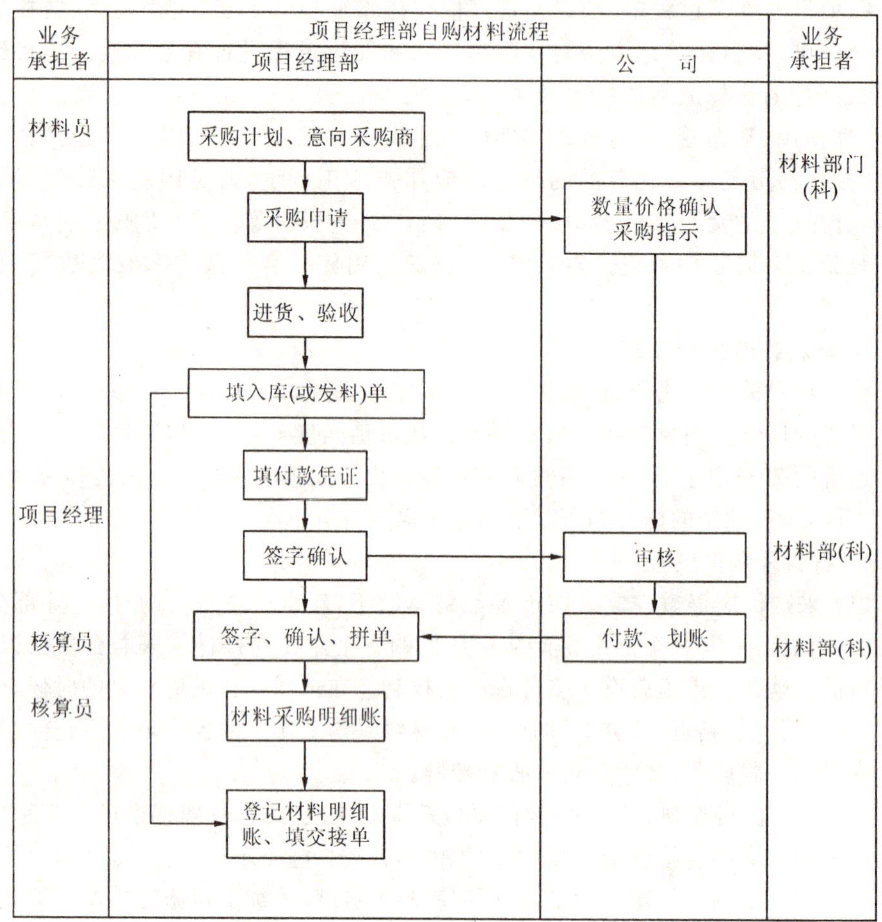

图 5-4　项目经理部自购材料流程

具体做法为：材料员制订采购计划，联系有意向的采购商，写出采购申请，进行采购，进货和填写入库（或发料）单，填写付款凭证，项目经理签字确认，核算员审核确认拼单，计入材料采购明细账单。

(3) 装饰等特殊材料的采购，项目经理有审核价格、签订采购合同权。企业材料部门有责任协助项目经理部联系供货单位，组织洽谈，审核合同，安排进场。

(4) 砂、石、砖等大宗材料的采购，原则上由材料部门牵头，联系供应单位，组织洽谈，必要时，项目经理有权参与采购价格的洽谈并直接签订合同。

3) 材料价格的控制

材料价格主要由材料采购部门在采购中加以控制。由于材料价格是由买价、运杂费、运输中的合理损耗等组成，因此控制价格主要是通过市场信息询价，应用竞争机制和经济合同手段等控制材料、设备、工程用品的采购价格，包括买价、运费和损耗等。

(1) 买价控制。买价的变动主要是由市场因素引起的，但在内部控制方面，应事先对供应商进行考察，建立合格供应商名册。采购材料时，必须在合格供应商名册中选定供应商，实行货比三家，在保质保量的前提下，争取最低买价。同时实现项目监督，项目对材料部门采购的物资有权过问与询价，对买价过高的物资，可以根据双方签订的横向合同处理。此外，材料部门对各个项目所需的物资可以分类批量采购，以降低买价。

(2) 运费控制。合理组织材料运输，就近购买材料，选用最经济的运输方法，借以降低成本。为此，材料采购部门要求供应商按规定的包装条件和指定的地点交货，供应单位如降低包装质量，则按质论价付款。因变更指定地点所增加的费用均由供应商自付。

(3) 损耗控制。项目现场材料验收人员应及时严格办理验收手续，准确计量，以防止将损耗或短缺计入材料成本。

4) 材料用量的控制

在保证符合设计规格和质量标准的前提下，合理使用材料和节约使用材料，通过定额管理、计量管理等手段，以及施工质量控制、避免返工等，有效控制材料物资的消耗。

(1) 定额控制。对于有消耗定额的材料，项目以消耗定额为依据，实行限额发料制度。规定限额分期分批领用，需要超过限额领用的材料，必须先查明原因，经过一定审批手续方可领料。

(2) 指标控制。对于没有消耗定额的材料，则实行计划管理和指标控制的办法。根据长期实际耗用，结合当月具体情况和节约要求，制定领用材料指标，据以控制发料。超过指标的材料，必须经过一定的审批手续方可领用。

(3) 计量控制。为准确核算项目实际材料成本，保证材料消耗准确，在各种材料进场时，项目材料员必须准确计量，查明是否发生损耗或短缺，如有发生要查明原因，明确责任。

(4) 以钱代物，包干控制。在材料控制过程中，对部分小型及零星材料(如圆钉、钢丝等)采用以钱代物、包干控制的办法。其具体做法是：根据工程量结算出的所需材料，将其折算成现金，每月结算时发给施工班组，一次包死，班组需要用料时，再由项目材料员购买，超支部分由班组自付，节约部分归班组所得。

2. 现场设施配置规模控制

施工现场临时设施费用是工程直接成本的一个组成部分。在施工项目管理中，降低施工成本方面有硬手段和软手段两个途径。硬手段是指优化施工技术方案，应用价值工程方法，结合施工对设计提出改进意见，以及合理配置施工现场临时设施，控制施工规模，降低固定成本的开支。软手段主要指通过加强管理、克服浪费、提高效率等来降低单位建筑产品物化劳动和活劳动的消耗。

图5-5是单位时间(月)完成的施工产值、施工成本和施工利润的关系。其中,施工总成本由固定成本和变动成本两部分组成。从图中可以看出,如果单位时间完成的施工产值一样,则固定成本提高,将使施工利润下降,而固定成本的大小与施工现场各类临时设施配置的规模、施工机械设备台班费用、管理人员的工资等有关。为了控制现场临时设施规模,应该通过周密的施工组织设计,在满足计划施工速度要求的前提下,尽可能组织均衡施工,以缩小施工规模,控制各类施工设施的配置数量。

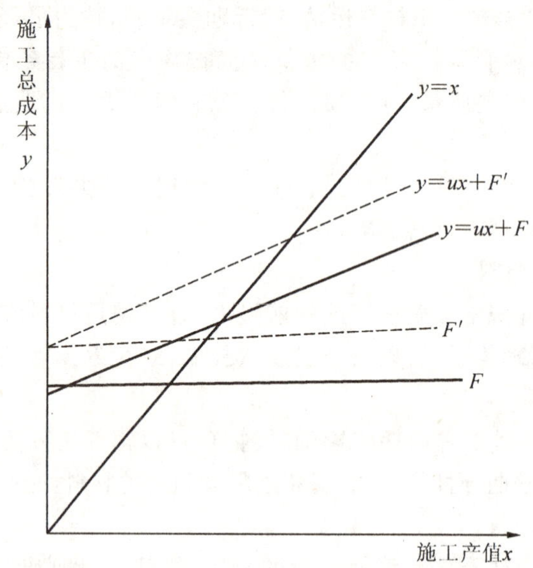

图5-5 施工产值、施工成本和施工利润的关系

3. 施工机械设备使用控制

合理选择和使用施工机械设备对工程项目的施工及其成本控制具有十分重要的意义,尤其是高层建筑施工。据某些工程实例统计,高层建筑地面以上部分的总费用中,垂直运输机械费用占6%~10%。

由于不同的起重运输机械各有不同的用途和特点,因此在选择起重运输机械时,首先应根据工程特点和施工条件确定采取何种不同起重运输机械的组合方式。在确定采用何种组合方式时,首先应满足施工需要,同时还要考虑是否有较好的综合经济效益。

4. 分包价格控制

项目施工中,一般会有少部分工程内容需要委托其他施工单位,即分包单位完成。分包工程价格的高低,必然对项目经理部的施工项目成本产生一定的影响。因此,施工项目成本控制的重要工作之一是对分包价格的控制。

1）分包工作内容确定

在建筑市场上，劳务和一些专业性工程，诸如钢结构的制作和吊装，铝合金门窗和玻璃幕墙的供应和安装、通风和空调工程、室内装饰工程等，有时采取分包的形式。项目经理部应在确定施工方案的初期就须定出需要分包的工程范围。决定这一范围的控制因素主要是考虑工程的专业性和项目规模。大多数承包商都在实际工作中把自己不熟悉、专业化程度高或利润低、风险大的一部分工程内容划出。

2）分包询价

在确定分包工作内容之后，项目经理部应准备信函，将准备分包的专业工程图纸和技术说明送交预先选定的若干个分包商，请他们在约定的时间内报价，以便进行比较选择。有时，还应正确处理好与业主推荐的分包商之间的关系，为报价做准备。

分包询价单实际上与工程招标书基本一致，一般应包括下列内容：

① 分包工程施工图及技术说明；

② 详细说明分包工程在总包工程中的进度安排；

③ 提出需要分包商提供服务的时间，以及分包允诺的这一段时间的变化范围，以便日后总进度计划不可避免发生变化时，可使这种变动尽可能自然些；

④ 说明分包商对分包工程顺利进行应负的责任和应提供的技术措施；

⑤ 总包商提供的服务设施及分包商到分包现场认可的日期；

⑥ 分包商提供的材料合格证明、施工方法及验收标准、验收方式；

⑦ 分包商必须遵守的现场安全和有关条例；

⑧ 工程报价及报价日期。

上述资料主要来源于合同文件和项目经理部的施工计划，通常询价人员可把合同文件中有关部分的复印件与图纸一同发给分包商。此外，还应从总包项目施工计划中摘录出有关细节发给分包商，以便使他们能清楚地了解在总包工程中的工作期间需要达到的水平，以及与其他分包商之间的关系。

3）核实分包工程单价

在比较分包工程的报价时，项目经理部必须核实每份报价所包含的内容，审定分包工程单价的完整性，如分析和确定材料的交付方式，以及报价中是否包括了运输费等。

4）分包报价的合理性

分包工程价格的高低，对项目经理部的施工成本影响巨大。因此，在选择分包商时要仔细分析标函的内容是否合理。同时，由于总承包商对分包商选择不当而引起工程施工失误的责任仍然要由总包商承担。因此，总包商要对所选择的分包商的标函进行全面分析，不能仅把价格的高低作为唯一的标准。作为总包商，除了要保护自己的利益之外，还要考虑保护分包商的利益。与分包商友好交往，实际上也是保护了总包商的利益。总包商让分包商有利可图，分包商也将会帮助总包商共同搞好工程项目，完成总包合同。

5. 变更与索赔管理

1）工程变更

工程变更是指在项目施工过程中由于种种原因发生了事先没有预料到的情况，使得工程施工的实际条件与规划条件出现较大差异，需要采取一定措施作相应处理。工程变更常常涉及额外费用损失的承担责任问题，因此进行项目成本控制必须能够识别各种各样的工程变更情况，并且了解发生变更后的相应处理对策，最大限度地减少由于变更带来的损失。

(1) 工程变更主要有以下几种情况：施工条件变更；工程内容变更或停工；延长工期或者缩短工期；物价变动；天灾或其他不可抗拒因素。

(2) 工程变更处理。当工程变更超过合同规定的限度时，常常会对项目的施工成本产生很大的影响，如不进行相应处理，就会影响企业在该项目上的经济收益。工程变更处理就是要明确各方的责任和经济负担。

在处理工程变更问题时，要根据变更的内容和原因，明确承担责任者。如果承包合同有明确规定，则按承包合同执行。如果合同未作规定，则应查明原因，根据相应仲裁或法律程序判明责任和损失的承担者。通常由于建设单位原因造成的工程变更，损失由建设单位负担。由于客观条件影响造成的工程变更，在合同规定的范围内，按合同规定处理，否则由双方协商解决。如属于不可预见费用的支付范畴，则由承包单位解决。

另外，还要准确统计已造成的损失和预测变更后可能带来的损失。经双方协商同意的工程变更，必须做好记录，并形成书面材料，由双方代表签字后生效。这些材料将成为工程款结算的合同依据。

2）施工索赔与施工企业管理

施工索赔是指在合同的实施过程中，合同一方因对方不履行或未能正确履行合同所规定的义务而受到损失，向对方提出索赔要求。对施工企业来说，一般只要不是企业自身责任，而由于外界干扰造成工期延长和成本增加，都有可能提出索赔。这包括以下两种情况。

(1) 业主违约，未履行合同责任。如未按合同规定及时交付设计图纸造成工程拖延，未及时支付工程款，施工企业可就此提出索赔要求。

(2) 业主未违反合同，而由于其他原因，如业主行使合同赋予的权利指令变更工程，工程环境出现事先未能预料到的情况或变化，如恶劣的气候条件，与勘探报告不同的地质情况，国家法令的修改，物价上涨，汇率变化。由此造成的损失，施工企业可提出补偿要求。

施工项目人员，应十分熟悉该项目工程的工程范围，以及施工成本的各个组成部分，对施工项目的各项开支要心中有数，对超出合同项目工作范围的工作，要及时发现，并及时提出索赔要求。在计算所赔款额时，亦应准确地提出所发生的新增成本，或者额外成本。只要这些超出投标报价范围的工程成本是可以索赔的。

5.3.4　施工项目成本核算

1. 施工项目成本核算的概述

施工项目成本核算在施工项目管理中的重要性体现在两个方面：一方面它是施工项目进行成本预测、制定成本计划和实行成本控制所需信息的重要来源；另一方面它又是施工项目进行成本分析和考核的基本依据。

成本预测是成本计划的基础。成本计划是成本预测的结果，也是所确定的成本目标的具体化。成本控制是对成本计划实施的责任者自我约束和管理者进行监督的过程，以保证成本目标的实现。而成本核算则是对成本目标是否实现的最后检验。决策目标未能达到，可以有两个原因，一是决策本身的错误，二是计划执行过程中的缺点。只有通过成本分析，查明原因，才能对决策正确性做出判断。成本考核是实现决策目标的重要手段。由此可见，施工项目成本核算是施工项目成本管理中最基本的职能，离开了成本核算，就谈不上成本管理，也就谈不上其他职能的发挥。这就是施工项目成本核算与施工项目成本管理的内在联系。

1）施工项目成本核算的对象

成本核算对象，是指在计算工程成本中，确定归集和分配生产费用的具体对象，即生产费用承担的客体。成本计算对象的确定，是设立工程成本明细分类账户，归集和分配生产费用，以及正确计算工程成本的前提。

一般来说，成本核算对象的划分有以下几种方法。

(1) 一个单位工程有几个施工单位共同施工时，各施工单位都应以同一单位工程为成本核算对象，各自核算自行完成的部分。

(2) 规模大、工期长的单位工程，可以将工程划分为若干部位，以分部位的工程作为成本核算对象。

(3) 同一建设项目，由同一施工单位施工，并在同一施工地点，属同一结构类型，开竣工时间相近的若干单位工程，可以合并作为一个成本核算对象。

(4) 改建、扩建的零星工程，可以将开竣工时间相接近，属于同一建设项目的各个单位工程合并为一个成本核算对象。

(5) 土石方工程、打桩工程，可以根据实际情况和管理需要，以一个单项工程为成本核算对象，或将同一施工地点的若干个工程量较少的单项工程合并作为一个成本核算对象。

2）施工项目成本核算的任务

鉴于施工项目成本核算在施工项目成本管理所处的重要地位，施工项目成本核算应完成以下基本任务。

(1) 执行国家有关成本开支范围，费用开支标准，工程预算定额和企业施工预算，成本计划的有关规定，控制费用，促使项目合理、节约地使用人力、物力和财力。

这是施工项目成本核算的先决条件和首要任务。

(2) 正确及时地核算施工过程中发生的各项费用,计算施工项目的实际成本。这是项目成本核算的主体和中心任务。

(3) 反映和监督施工项目成本计划的完成情况,为项目成本预测,为参与项目施工生产、技术和经营决策提供可靠的成本报告和有关资料,促使项目改善经营管理,降低成本,提高经济效益。这是施工成本核算的根本目的。

2. 施工项目成本核算的基本框架

1) 人工费核算

(1) 内包人工费。是指两层分开后企业所属的劳务分公司(内部劳务市场自有劳务)与项目经理签订的劳务合同结算的全部工程价款。适用于类似外包工式的合同定额结算支付方法,按月结算计入项目单位工程成本。

(2) 外包人工费。按项目经理部与劳务基地(内部劳务市场外来劳务)或直接与单位施工队伍签订的包清工合同,以当月验收完成的工程实物量,计算出定额工日数乘以合同人工单价确定人工费。并按月凭项目经济员提供的"包清工工程款月度成本汇总表"(分外包单位和单位工程)预提计入项目单位工程成本。

2) 材料费核算

工程耗用的材料,根据限额领料单、退料单、报损报耗单、大堆材料耗用计算单等,由项目料具员按单位工程编制"材料耗用汇总表",据以计入项目成本。

3) 周转材料费核算

(1) 周转材料实行内部租赁制,以租费的形式反映其消耗情况,按"谁租用谁负担"的原则,核算其项目成本。

(2) 按周转材料租赁办法和合同,由出租方和项目经理部按月结算租赁费。租赁费按租赁的数量、时间和内部租赁单位计算计入项目成本。

(3) 周转材料在调入移出时,项目经理部都必须加强计量验收制度,如有短缺、损坏,一律按原价赔偿,计入项目成本(缺损数=进场数-退场数)。

(4) 租用周转材料的进退场运费,按其实际发生数,由调入项目负责。

(5) 对U形卡、脚手扣件等零件除执行项目租赁制外,考虑其比较容易散失的特点,按规定实行定额预提摊耗,摊耗数计入项目成本,相应减少次月租赁基数及租赁费。单位工程竣工,必须进行盘点,盘点后的实物数与前期逐月按控制定额摊耗后的数量差,按实调整清算计入成本。

(6) 实行租赁制的周转材料,一般不再分配负担周转材料差价。退场后发生的修复整理费用,应由出租单位做出租成本核算,不再向项目另行收费。

4) 结构件费核算

(1) 项目结构件的使用必须要有领发手续,并根据这些手续,按照单位工程使用对象编制"结构件耗用月报表"。

(2) 项目结构件的单价,以项目经理部与外加工单位签订的合同为准,计算耗用金额计入成本。

(3) 根据实际施工形象进度、已完施工产值的统计、各类实际成本报耗三者在月度时点上的三同步原则(配比原则的引申与应用),结构件耗用的品种和数量应与施工产值相对应。结构件数量金额账的结存数,应与项目成本员的账面余额相符。

(4) 结构件的高进高出价差核算同材料费的高进高出价差核算一致。结构件内三材料量、单价、金额均按报价书核定,或按竣工结算单的数量按实结算。报价内的节约或超支由项目自负盈亏。

(5) 如发生结构件的一般价差,可计入当月成本。

(6) 部分分项分包,如铝合金门窗、卷帘门等,按照企业通常采用的类似结构件管理和核算方法,项目经济员必须做好月度已完工程部分验收记录,正确计报部分分项分包产值,并书面通知项目成本员及时、正确、足额计入成本。预算成本的拆算、归类可与实际成本的出账保持同口径。分包合同价可包括制作费和安装费等有关费用,工程竣工按部分分包合同结算书,据以按实际调整成本。

(7) 在结构件外加工和部分分包施工过程中,项目经理部通过自身的努力获取的经营利益或转嫁压价风险所产生的利益,均受益于施工项目。

5) 机械使用费核算

(1) 机械设备实行内部租赁制,以租赁费形式反映其消耗情况,按"谁租用谁负担"的原则,核算其项目成本。

(2) 按机械设备租赁办法和租赁合同,由企业内部机械设备租赁市场部与项目经理部按月计算租赁费。租赁费根据机械使用台班、停置台班和内部租赁单价计算,计入项目成本。

(3) 机械进出场费,按规定由承租项目负担。

(4) 项目经理部租赁的各类大中小型机械,其租赁费全额计入项目机械费成本。

(5) 根据内部机械设备租赁市场运行规则要求,结算原始凭证由项目指定专人签证开班和停班数,据以结算费用。现场机、电、修等操作工奖金由项目考核支付,计入项目机械费成本并分配到有关单位工程。

(6) 向外单位租赁机械,按当月租赁费用金额计入项目机械成本。

上述机械租赁费结算,尤其是大型机械费及进出场费应与产值对应,防止只有收入无成本的不正常现象,形成收入与支出不配比情况。

6) 其他直接费核算

项目施工生产过程中实际发生的其他直接费,有时并不"直接",凡能分清受益对象的,应直接计入收益成本核算对象的工程施工——"其他直接费",如与若干个成本核算对象有关的,可先归集到项目经理部的"其他直接费"科目(自行增设),再按规定的方法分配计入有关成本核算对象的工程施工——"其他直接费"成本项目内。

(1) 施工过程中的材料二次搬运费,按项目经理部向劳务分公司汽车队托运汽车包天或包月租赁计算,或以运输公司的汽车运费计算。

(2) 临时设施摊销费按项目经理部搭建的临时设施总价(包括活动房)除项目合同工期,求出每月应摊销额,临时设施使用一个月摊销一个月,摊完为止。项目竣工搭拆差额(盈亏)按实调整实际成本。

(3) 生产工具用具使用费。大型机动工具、用具等可以套用类似内部机械租赁办法以租赁费形式计入成本,也可以按购置费用一次摊销法计入项目成本,并做好在用工具实物借用记录,以便反复利用。工具使用的修理费按实际发生数计入成本。

(4) 除上述以外的其他直接费用内容,均应按实际发生的有效结算凭证计入项目成本。

7) 施工间接费核算

为明确项目经理部的经济责任,分清成本费用的可控区域,正确合理地反映项目管理的经济效益,应对施工间接费实行项目与项目之间分灶吃饭,即"谁受益,谁负担,多受益,多负担,少受益,少负担,不受益,不负担"。项目经理部自己不但应该掌握、控制直接成本,而且应该掌握控制间接成本,即对全部项目成本负责。企业的管理费用、财务费用作为期间费用,不再构成项目成本,企业与项目在费用上分开核算。项目发生的施工间接费必须是自己可控的,有办法知道将发生什么耗费,有办法计量它的耗费,有办法控制并调节它的耗费,使施工项目成本(包括施工间接费)处于受控状态。凡属项目发生的可控费用均下沉到项目去核算,企业不再硬性将公司本部发生费用向下分摊。

(1) 要求以项目经理为单位编制工资单和奖金单,列支工作人员薪金。项目经理部工资总额每月必须正确核算,以此计提职工福利费、工会经费、教育经费、劳保统筹费等。

(2) 劳务分公司所提供的炊事人员代办食堂承包服务,警卫人员提供区域岗点承包服务,以及其他代办服务费用计入施工间接费。

(3) 内部银行的存贷利息,计入"内部利息"(新增明细子目)。

(4) 施工间接费,先在项目"施工间接费"总账归集,再按一定的分配标准计入受益成本核算对象(单位工程)"工程施工——间接成本"。

8) 分包工程成本核算

项目经理部将所管辖的工程以分包形式发给外单位承包,其核算要求包括以下内容。

(1) 包清工工程,纳入人工费——外包人工费内核算。

(2) 部分分项分包工程,纳入结构件费内核算。

(3) 双包工程,是指将整幢建筑物以包工包料的形式分包给外单位施工的工程。对双包工程,可根据承包合同取费情况和发包合同支付情况及上下合同差,测定目标盈利率。月度结算时，以双包工程已完工价款作收入，应付双包单位工程款作支出，适当负担施工间接费预结降低额，为稳妥起见，拟控制在目标盈利率的50%以内，也可月结成本时作收支持平，竣工结算时，再按实调整实际成本，反映利润。

(4) 机械作业分包工程。是指利用分包单位专业化施工优势，将打桩、吊装、大型土方、深基础等施工项目分包给专业单位施工的形式。对机械作业分包产值统计的范围是，只统计分包费用，而不包括物耗价值，即打桩只计打桩费而不计桩材费，吊装只计吊装费而不包括构件费。机械作业分包实际成本与此对应，包括分包结账单内除工期奖之外的全部工程费用。

同分包工程一样，总分包企业合同差，包括总包单位管理费、分包单位让利收益等在月结成本时，可先预结一部分，或月结时作收支持平处理，到竣工结算时，再作为项目收益反映。

(5) 上述双包工程和机械作业分包工程由于收入和支出较易辨认（计算），所以项目经理部也可以对这两类分包工程，采用竣工点交办法，即月度不结盈亏。

(6) 项目经理部应增设“分建成本”成本项目，核算反映双包工程、机械作业分包工程成本状况。

(7) 各类分包形式（特别是双包），对分包单位领用、租用、借用本企业物资、工具、设备、人工等费用，必须根据项目经理部管理人员开具的，且经分包单位指定专人认可的专用结算单据，如“分包单位领用物资结算单”及“分包单位租用工器具设备结算单”等结算依据入账，抵作已付分包工程款。

3. 项目成本核算的基础工作

1) 健全企业和项目两个层次的核算组织体制

项目管理和企业生产经营相互联系，但又有不同的责任目标，因此必须从核算组织体制上打好基础。为了科学有序地开展施工项目成本核算，分清责任，合理考核，应做好以下一些工作：

① 建立健全原始记录制度；

② 建立健全各种财产物资的收发、退领、转移、保费、清查、盘点、索赔制度；

③ 制定先进合理的企业成本定额；

④ 建立企业内部结算体系；

⑤ 对成本核算人员进行培训。

2) 规范以项目核算为基点的企业成本会计账表

(1) 工程施工账。核算项目进行建筑安装工程所发生的各项费用支出，包括反映本项目经理部部分成本的成本状况。对单位工程成本明细账起统驭和控制作用。

此账主要核算要求同上，适用于多单位工程施工的项目经理部，要求各单位工程成本明细账之和等于项目成本明细账（总成本和分成本项目数——对应相符），力戒单位工程之间、成本项目之间串户。

(2) 施工间接费账表。核算项目经理部为组织和管理施工生产活动所发生的支出,以项目经理部为单位设账。

(3) 其他直接费账表。有些其他直接费不能直接计入受益单位工程,可先归集入以项目为单位的“直接其他费”总账,按费用组成内容设专栏记载。月终,再分配计入单位工程成本。

(4) 项目工程成本表。考虑与损益表衔接相符,成本表内应加上工程结算其他收入。按工程费用项目组成口径,包括利润、税金及附加等。

(5) 在建工程成本明细表。要求分单位工程填列,账表相符。

(6) 竣工工程成本明细表。要求分单位工程填列,竣工工程全部预算成本完整折算,竣工点交应当调整与已结数之差,实际成本账表相符。

(7) 施工间接费表。

3) 建立项目成本核算的辅助记录台账

施工项目成本是生产耗费的货币表现,而不是生产耗费的原始事物形态,这往往使项目经理和项目管理人员难以掌握,并会有一种“模糊”的感觉。通过管理会计式台账,还其本来面目,就会有清晰的透明度。为了避免项目管理人员的重复劳动,原则上应做如下分工:由项目有关业务人员记录各项经济业务的过程,项目成本员记录各项经济业务的结果,并要求按时按质完成。例如:项目料具员应记录各种材料的收、发、耗、存数量和金额,项目成本员记录主要材料耗用和金额的总数。

各种台账的原始原料来源及设置要求如表 5-1 所示。

表 5-1 项目经理部成本核算台账

序号	台账名称	责任人	原始资料来源	设置要求
1	人工费用台账	预算员	劳务合同结算单	部分分项工程的工日数,实物量金额
2	机械使用费台账	核算员	机械租赁结算单	各种机械使用台班金额
3	主要材料收发存台账	材料员	入库单、限额领料单	反映月度部分分项收、发、存数量金额
4	周转材料使用台账	材料员	周转材料租赁结算单	反映月度租用数量、动态
5	设备材料台账	材料员	设备租赁结算单	反映月度租用数量、动态
6	钢筋、钢结构构件门窗预埋件台账	翻样、技术员	入库单进场单、领用单	反映进场、耗用、预料、数量和金额动态
7	商品混凝土专用台账	材料员	商品混凝土结算单	反映月度收发存的数量和金额
8	其他直接费台账	核算员	与各子目相应的单据	反映月度耗费的金额
9	施工管理费台账	核算员	与各子目相应的单据	反映月度耗费的金额

续表

序号	台账名称	责任人	原始资料来源	设置要求
10	预算增减账台账	预算员	技术核定单，返工记录，施工图预算定额，实际报耗资料，调整账单，签证单	施工图预算增减账内容、金额、预算增减与技术核定单内容一致，同步进行
11	索赔记录台账	成本员	向有关部门收取的索赔单据	反应及时、便于收取
12	资金台账	成本员、预算员	工作量，预算增减账，工程账单，收款凭证，支付凭证	反映工程价款支余及拖欠款情况
13	资料文件收发台账	资料员	工程合同，与各部门来往的各类文件、纪要、信函、图纸、通知等资料	内容，日期，处理人意见，收发人签字等，反映全面
14	工程进度台账	统计员	工程实际进展情况	按各分布项目工程据实记录
15	产值构成台账	统计员	施工预算，工程形象进度	按三步要求，正确反映每月的施工产值
16	预算成本构成台账	预算员	施工预算，施工图预算	按分部分项单列各项成本种类，金额，占总成本的比重
17	质量成本料目台账	技术员	用于技措项目的报耗实物量费用原始单据	便于结算费用
18	成本台账	成本员	汇集记录有关成本费用资料	反映三同步
19	甲方供料台账	核算员、材料员	建设单位提供的各种材料构件验收、领用单据（包括三料交料情况）	反映供料实际数量、规格、损坏情况

4. 项目成本实际数据的收集与计算

为使项目成本核算坚持施工形象进度、施工产值统计、实际成本归集“三同步”的原则，施工产值及实际成本的归集，应按照下列方法进行。

(1) 按照统计人员提供的当月完成工程量的价值及有关规定，扣减各项上缴税费后，作为当期工程结算收入。

(2) 人工费应按照劳动管理人员提供的用工分析和受益对象进行账务处理，计入工程成本。

(3) 材料费应根据当月项目材料消耗和实际价格，计算当期消耗，计入工程成本。周转材料应实行内部调配制，按照当月使用时间、数量、单价计算，计入工程成本。

(4) 机械使用费按照项目当月使用台班和单价计入工程成本。

(5) 其他直接费应根据有关核算资料进行财务处理，计入工程成本。

(6) 间接成本应根据现场发生的间接成本项目的有关资料进行财务处理，计入工程成本。

合同预算成本与施工预算成本，都是项目成本核算的基础，是分别反映预算成本收入和预算成本支出的计划值，是“三算分析”中作为与实际成本比较分析的基础。这两种基准成本必须在项目开工前编制完成(见表5-2)，其中合同预算成本可以根据合同总价，结合投资过程压价和让利情况，通过调整设计预算或投标预算(估价)值而得到。

表5-2 施工项目成本核算基准数据表

序号	分部分项工程或费用名称	施工产值折算	合同预算成本	施工预算成本
合计				

5. 项目月度成本报告的编制

项目经理部应在跟踪核算分析的基础上，编制月度项目成本报告，上报企业成本主管部门进行指导检查和考核。

1) 人工费周报表

人工费是项目经理部最能直接控制的成本。它不仅能控制工人的选用，而且也能控制工人的工作量和工作时间。由于这个原因，项目经理部必须经常掌握人工费用的详细情况。人工费用报表应该每周编制一份。人工费周报表的实际意义是使项目经理能够一看就了解该周某工程施工中的每个分项工程的人工单位成本和总成本，以及与之对应的预算数据。有了这些资料，就不难发现哪些分项工程的单位成本或总成本与预算存在差异，从而进一步找出症结所在。

2) 工程成本月报表

人工费周报表内只包括人工费用，而工程成本月报表内却包括工程的全部费用。工程成本月报表针对每一个施工项目设立的。该报表的资料数据很多都来自工程成本分类账。工程成本月报表有助于项目经理评价本工程中的各个分项工程的成本支出情况。

3) 工程成本分析月报表

工程成本分析月报表将施工项目的分部分项工程成本资料和结算资料汇于一表，使得项目经理能够纵观全局。如果该报表不需一月一编制，还可以一季编报一次。工程成本分析月报表的资料来源于施工项目的成本日记账和成本分类账，以及应收账款分类账，起到报告工程成本现状的作用。

5.3.5　施工项目成本分析与预测

施工项目的成本分析与预测，就是根据统计核算、业务核算和会计核算提供的资料，对项目成本的形成过程和影响成本升降的因素进行分析，以寻求进一步降低成本的途径，包括项目成本中的有利偏差的挖掘和不利偏差的纠正。另一方面，通过成本分析，可以账簿、报表反映的成本现象看清成本的实质，从而增强项目成本的透明度和可控性，为加强成本控制，实现项目成本目标创造条件。由此可见，施工项目成本分析与预测，也是降低成本、提高项目经济效益的重要手段之一。

1. 项目成本偏差的数量分析

项目成本偏差的数量分析，就是对工程项目施工成本偏差进行分析，从预测成本、计划成本和实际成本的相互对比中找差距、找原因，从而推动工程成本分析，促进成本管理，提高成本降低水平。成本间互相对比的结果，分别为计划偏差和实际偏差。

计划偏差即预算成本与计划成本相比较的差额，反映了成本事前预控制所达到的目标。

计划偏差计算方法如下：

计划偏差＝预算成本－计划成本

这里的预算成本可以分别指施工图预算成本、投标书合同预算成本和项目管理责任目标成本三个层次的预算成本。计划成本是指现场目标成本即施工预算。两者的计划偏差也分别反映了成本与社会平均成本的差异、计划成本与竞争性标价成本的差异、计划成本与企业预期目标成本的差异。如果计划偏差是正值，反映成本预控制的计划效益，也是反映管理者在计划过程中智慧和经验投入的结果。对项目管理者或企业经营者，通常是按以下的关系式，反映其对成本管理的效益观念：

计划成本＝预算成本－计划效益(利润)

实际偏差即计划成本与实际成本相比较的差额，反映施工项目成本控制中存在的问题，挖掘成本控制的潜力，缩小和纠正目标偏差，保证计划成本的实现。

1）人工费偏差分析

实行施工项目管理以后，工程施工的用工一般采用发包形式，具有以下特点。

① 按承包的实物工程量和预算定额计算定额人工，作为计算劳务费用的基础。

② 人工费单价，由发承包双方协商确定，一般按技工和普工或技术等级分别规定工资单价。

③ 定额人工以外的估点工，有的按定额人工的一定比例一次包死，有的按实计算，估点工单价由双方协商确定。

④ 对在进度、质量上做出特殊贡献的班组和个人，进行随机奖励，由项目经理根据实际情况具体掌握。

2）材料费分析

材料费包括主要材料、结构件和周转材料费。由于主要材料是采购来的，结构件是委托加工的，周转材料是租来的，情况各不相同，因而需要采取不同的分析方法。

（1）主要材料费分析。

材料费的高低，既与消耗数量有关，又与采购价格有关。这就是说，在“量价分离”的条件下，既要控制材料的消耗数量，又要控制材料的采购价格，两者不可缺一。在进行材料费分析的时候，也要采取与上述特点相适应的分析方法——差额计算法。

分析量差对材料费影响的计算公式为：

$$(\text{定额用量}-\text{实际用量})\times\text{市场指导价}$$

分析价差对材料费影响的计算公式为：

$$(\text{市场指导价}-\text{实际采购价})\times\text{消耗数量}$$

① 材料采购价格分析。材料采购价格是决定材料采购成本和材料费升降的重要因素。因此，在采购材料时，一定要选择价格低、质量好、运距近、信誉高的供应单位。分析材料采购获利情况的计算公式如下：

$$\text{材料采购收益}=(\text{市场指导价}-\text{实际采购价})\times\text{采购数量}$$

② 材料采购保管费分析。材料采购保管费也是材料采购成本的组成部分，包括材料采购保管人员的工资福利、劳动保护费、办公费、差旅费，以及材料采购保管过程中发生的固定资产使用费、工具用具使用费、检验试验费、材料整理及零星运费、材料物资的盘亏和毁损等。

在一般情况下，材料采购保管费的多少，与材料采购数量同步增减，即材料采购数量越多，材料采购保管费也越多。因此，材料采购保管费的核算，也要按材料采购数量进行分配，即先计算材料采购保管费支用率，然后按支用率进行分配。材料采购保管费支用率的计算公式如下：

$$\text{材料采购保管费支用率}=\frac{\text{计算期实际发生的材料采购保险费}}{\text{计算期实际采购的材料总值}}\times 100\%$$

③ 材料计算验收分析。材料进场（入库），需要计量验收。在计量验收中，有可能发生数量不足或质量、规格不符要求等情况。对上述情况，一方面要向供应单位索赔，另一方面，要分析因数量不足和数量、规格不符要求对成本的影响。

④ 现场材料管理收益分析。现场的材料、构件，按照平面布置的规定堆放有序，既可保持场容整洁，又可减少二次搬运费用。用后拆除的钢模、脚手架，要及时堆放整齐，以便装车退场或继续周转使用，切忌乱丢乱放，或移作他用（如用钢模铺路，造成钢模变形等）。

⑤ 储备资金分析。根据施工需要合理储备材料，减少资金占用，减少利息支出。

(2) 采购件分析。

结构件包括钢门窗、木制成品、混凝土构件、金属构件、成型钢筋等，由各加工单位到施工现场的构件场外运费，作为构件价格的组成部分向施工单位收取，在加工过程中发生的蒸养费、冷拔费和含钢量调整等，亦可作为构件加工费用向施工单位收取。

关于结构件的分析，主要有以下几个方面。

① 结构件损耗分析，包括结构件的运输损耗、堆放损耗、操作损耗分析。

② 结构件规格串换分析，包括钢筋规格串换分析，对结构件加工以后，由于设计变更等原因，造成某些构件的规格发生变化，甚至成批构件改变型号的分析，对由于自身原因而造成的加工规格与实际规格不符（包括加工数量超过实际需要）的分析。

(3) 周转材料分析。

工程施工项目的周转材料，主要是钢模、木模、脚手用钢管和毛竹、临时施工用水电料等。周转材料分析的主要内容是周转材料的周转利用率和周转材料的配损率。

① 周转材料的周转利用率分析。周转材料的特点，就是在施工中反复周转使用，周转次数越多，利用效率越高，经济效益也越好。

对周转材料的租用单位来说，周转利用率是影响周转材料使用率的直接因素。例如：某施工项目拟向企业租用组合钢模 4 500 m^2，每月租赁单价 5 元/m^2，计划周转利用率 90%。后因施工进度，使钢模的周转利用率提高到 98%，应用“差额计算法”计算可知：

$$可少租钢模数=(98\%-90\%)\times 4\ 500\ m^2=360\ m^2$$

$$可少负担钢模租费=360\ m^2\times 5\ 元/m^2=1\ 800\ 元$$

② 周转材料赔损率分析。由于周转材料的缺损要按原价赔偿，对企业经济效益影响很大。特别是周转材料的缺损，有时数量大得惊人，且又找不出原因，所以只能用进场数减退场数进行计算。由此，周转材料赔损率的计算公式是：

$$周转材料赔损率=\frac{进场数-退场数}{进场数}\times 100\%$$

3) 机械使用费分析

影响机械使用费的因素主要是机械利用率。造成机械利用率不高的因素，则是机械调度不当和机械完好率不高。因此，在机械设备的使用过程中，必须充分发挥机械的效用，加强机械设备的平衡调度，做好机械设备平时的维修保养工作，提高机械的完好率，保证机械的正常运转。

机械完好率与机械利用率的计算公式如下：

$$机械完好率=\frac{报告期机械完好台数+加班台数}{报告期制度台数+加班台数}\times 100\%$$

$$机械利用率=\frac{报告期机械实际工作台班数+加班台数}{报告期制度台班数+加班台数}\times 100\%$$

完好台班数，是指机械处于完好状态下的台班数，它包括修理不满一天的机械，但不包括维修、再修、送修在途的机械。在计算完好台班数时，只考虑是否完好，不考虑是否在工作。制度台班数是指本期内全部台班数与制度工作天数的乘积，不考虑机械的技术状态和是否工作。

4）施工间接费分析

施工间接费就是施工项目经理部为管理施工而发生的现场经费。因此，进行施工间接费分析，需要应用计划与实际对比的方法。施工间接费实际发生数的资料来源为工程项目的施工间接费明细账。在具体核算中，如果是以单位工程作为成本核算对象的群体工程项目，应将所发生的施工间接费采取“先集合，后分配”的方法，合理分配给有关单位工程。

2. 项目成本偏差的原因分析与纠偏对策

1）施工成本偏差的原因分析

进行项目成本偏差分析的目的，就是要找出引起成本偏差的原因，进而采取针对性的措施，有效地控制施工成本。一般来说，引起偏差的原因是多方面的，既有客观方面的自然因素、社会因素，也有主观方面的人为因素，图 5-6 所示为一些情况分析。

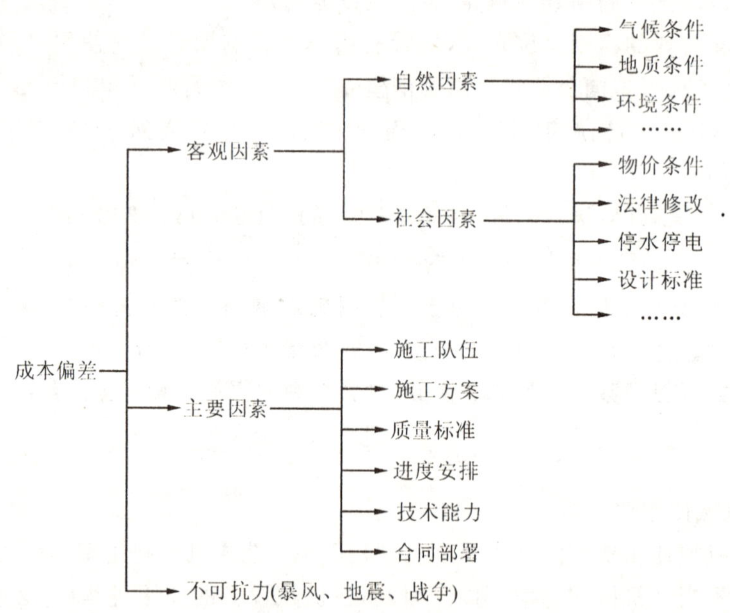

图 5-6 偏差原因的常见情况分析

为了对成本偏差进行综合分析，首先应将各种可能导致偏差的原因一一列举出来，并加以分类，再用因果分析法、因素分析法、相关分析法、层次分析法等数理统计方法进行统计归纳，找出主要原因。

2）项目成本偏差的纠偏对策

成本偏差的控制，分析是关键，纠偏是核心。因此，要针对分析得出的偏差发生原因采取切实纠偏措施，加以纠正。需要强调的是，由于偏差已经发生，纠偏的重点应放在今后的施工过程中。成本纠偏的措施包括组织措施、技术措施、经济措施、合同措施。

（1）组织措施。成本控制是全企业的活动，为使项目成本消耗保持在最低限度，实现对项目成本的有效控制，项目经理部应将成本责任分解落实到各个岗位、应落实到专人，对成本进行全过程控制、全员控制、动态控制，形成一个分工明确、责任到人的成本控制责任体系。进行成本控制的另一个组织措施应该是确定合理的工作流程。成本控制工作只有建立在科学管理的基础之上，具备合理的管理体制，完善的规章制度，稳定的作业秩序，完整准确的信息传递，才能取得成效。

（2）技术措施。在施工准备阶段应多作不同施工方案的技术经济比较。这方面的方法很多，如：VE（价格工程）方法、OR方法、统筹方法（CPM）、ABC分析法、量本利分析法等。不但在施工准备阶段，还应在施工进展的全过程中注意在技术上采取措施，以降低成本。

（3）经济措施。包括认真做好成本的预测和各种计划成本。对各种支出，应认真做好资金的使用计划，并在施工中严格控制各项支出，及时准确地记录、收集、整理、核算实际发生的成本。对各种变更，做好增减账并及时找业主签证等。

（4）合同措施。选用合适的合同结构对项目的合同管理至关重要，在施工项目任务组织的模式中，有多种合同结构模式。在使用时，必须对其分析、比较，要选用适合于工程的规模、性质和特点的合同结构模式。在合同的条文中还应细致地考虑一切影响成本、效益的因素。特别是潜在的风险因素，通过对引起成本变动的风险因素的识别和分析，采取必要的风险对策。在合同执行期间，合同管理部门应主要进行合同文本的审查，合同风险分析。在这个时间范围内，合同管理的任务既要密切注意对方合同执行的情况，以寻求向对方索赔的机会，也要密切注意我方是否履行合同的规定，以防止被对方索赔。

3. 项目后期成本的趋势预测

项目后期成本的趋势预测，就是在施工项目的施工过程中，运用数量分析方法对未完工部分的施工成本进行预测与判断，从而为项目经理部择优决策、确定后期施工成本目标、编制成本计划做准备。

挣值法，又称费用偏差分析法，是测量项目施工成本和项目进度情况的一种方法。此法将计划中列入的工作同实际已完成的工作进行比较，确定项目在成本支出和时间进度方面是否完全符合原定计划要求。挣值法要求计算以下三个关键数值。

（1）计划工作计划成本（BCWS），是在成本计划阶段确定的，是项目进展时间的函数，为成本累计值。BCWS随着项目的进展而增加，在项目完成时达到最大，即项目的总成本。若以时间为横坐标，BCWS为纵坐标，则该函数的图形一般呈S状，估称 S 曲线。换言之，BCWS 是按计划应在某给定期间完成的工作(或一部分工作)经过批准的成本(包括所有应分摊的管理费)之和。

(2) 已完工作实际成本(ACWP)，就是为在某给定期间内完成的工作实际支出的总成本(直接和间接费)。ACWP 也是项目进展时间的函数，为累计值，随着项目的进展而增加。ACWP 是实际成本，不是实际工作量。

(3) 已完工作计划成本(BCWP)，是在某给定期间完成的工作(或一部分工作)经过批准的成本计划(包括所有应分摊的管理费)，即按照单位工作的计划成本算出的实际完成工作的成本之和。

为了测量项目活动是否按照计划进行，下面再引入两个量，即 BCWP－ACWP 叫成本偏差，该项差值大于零时，表示项目未超支；BCWP－BCWS 叫进度偏差，该项差值大于零时，表示项目进度提前。

另外，还可以使用成本实施指数 CPI 和进度实施指数 SPI 测量工作是否按照计划进行。

$$CPI = BCWP/ACWP$$
$$SPI = BCWP/BCWS$$

BCWP、BCWS 和 ACWP 三者关系如图 5-7 所示。

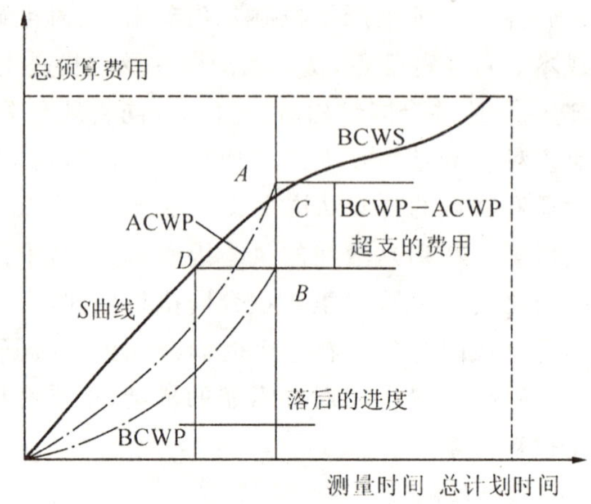

图 5-7　测量项目进展的挣值法

(4) 在进行成本控制时，要作必要的预测。根据项目过去的实施情况估算项目竣工时的实际总成本值 EAC，也就是对项目成本将来情况的一种预测。EAC 最常用的计算方法有下列几种。

① EAC＝目前的实际成本加上项目剩余部分的计划成本，再乘上一个实际执行情况系数，一般是乘上成本实施指数。这种方法假定现在的偏差代表将来的偏差。

② EAC＝目前的实际成本加上所有剩余工作的新估算成本，即对所有剩余的工作重新估算成本值。

③ EAC＝目前的实际成本加上项目剩余部分的预算。这种办法假定任何现在的偏差都是不正常的，项目实际施工成本与计划施工成本严重背离，将来不会发生类似的偏差，因而不需要重新估计剩余工程的成本。

5.3.6　施工项目成本考核与评价

项目成本考核是衡量项目成本降低的实际成果，也是对成本指标完成情况的总结和评价。成本指标是用货币形式表现的生产费用指标，也是反映施工项目全部生产经营活动的一项综合性指标。施工项目成本的高低，在一定程度上反映了项目的经营成果、经济效益和对企业贡献的大小。

项目效益评价是指对已完成的施工项目的目标、执行过程、效益和影响所进行的系统的、客观的分析、检查和总结，据以确定目标是否达到，检验项目是否合理和有效率。通过可靠的、有用的资料信息，为未来的项目管理提供经验和教训。

1. 项目成本考核的内容和要求

施工项目成本考核的内容，应该包括责任成本完成情况的考核和成本管理工作业绩的考核。从理论上讲，成本管理工作扎实，必然会使责任成本更好地落实。但是，影响成本的因素很多，而且有一定的偶然性，往往会使成本管理工作得不到预期的效果。为了提高有关人员成本管理的积极性，对他们的工作业绩，也要通过考核做出正确的评价。

(1) 企业对项目经理考核的内容。

① 对责任目标成本的完成情况，包括总目标及其分解成施工各阶段、各部分或专业工程的子目标完成情况；

② 项目经理是否认真组织成本管理和核算，对企业所确定的项目管理方针及有关技术组织措施的指导方案是否认真贯彻实施；

③ 项目经理部的成本管理组织与制度是否健全，在运行机制上是否存在问题；

④ 项目经理是否经常对下属管理人员进行成本效益观念的教育，管理人员的成本意识和工作积极性的表现；

⑤ 项目经理部的核算资料账表等是否正确、规范、完整，成本信息是否及时反馈到企业的有关部门，且主动取得业务上的指导；

⑥ 项目经理部的效益审计状况，是否存在实亏虚盈情况，有无弄虚作假情节。

(2) 项目经理对各部门及专业条线管理人员的考核。

① 是否认真执行各自的工作职责和业务标准，有无懈怠和失职行为；

② 在项目管理过程中是否认真执行实施方案和措施的相关管理工作，是否有团队协同工作精神；

③ 本部门、本岗位所承担的成本控制责任目标落实的情况和实际结果；

④ 日常管理是否严格，责任心和事业心的表现；

⑤ 日常工作中成本意识和观念如何，有无合理化建议，被采纳的情况和效果。

(3) 项目成本考核的要求。项目成本考核应按照下列要求进行：

① 企业对施工项目经理部进行考核时，应以确定的责任目标成本为依据；

② 项目经理部应以控制过程的考核为重点，控制过程的考核应与竣工考核相结合；

③ 各级成本考核应与进度、质量、安全等指标的完成情况相联系；

④ 项目成本考核的结果应形成文件，为奖罚责任人提供依据。

2. 项目管理效益的评价

施工项目的效益评价有全面评价和单项评价，在效益评价的基础上，做出施工项目总结。

1) 施工项目效益的全面评价

所谓全面评价，是对施工项目实施的各个方面都做分析，从而综合评价施工项目的效益和管理效果。全面评价的指标如图 5-8 所示。

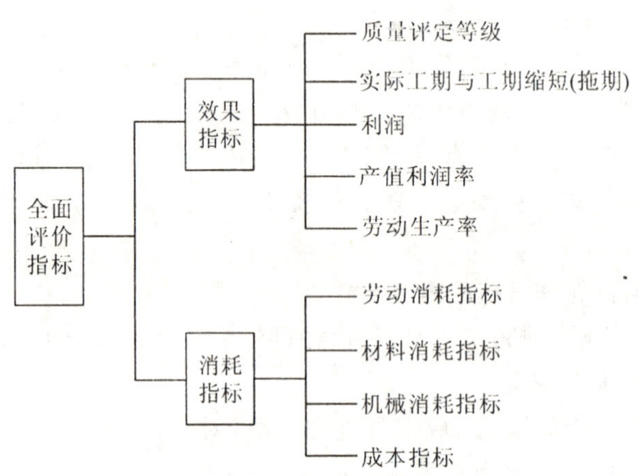

图 5-8 施工项目全面评价指标

(1) 质量评价等级指单位工程的质量等级。质量等级有合格、优良、市(省)优、部优。

(2) 实际工期指统计实际工期，可按单位工程、单项工程和建设项目的实际工期分别计算。工期缩短或拖期是指实际工期与合同工期的差异及与定额工期的差异。

(3) 利润指承包价格与实际成本的差异。

(4) 产值利润率指利润与承包价格的比值。

(5) 劳动生产率可按下式计算：

$$劳动生产率=\frac{工程承包价格}{工程实际耗用工日数}$$

(6) 劳动消耗指标包括单方用工、劳动效率及节约工日：

$$单方用工=\frac{实际用工(工日)}{建筑面积(m^2)}$$

$$劳动效率=\frac{计划用工(工日)}{实际用工(工日)}\times 100\%$$

$$节约工日=计划用工(工日)-实际用工(工日)$$

(7) 材料消耗指标包括：主要材料(钢材、木材、水泥等)的节约量及材料成本降低率。

$$主要材料节约量=计划用量-实际用量$$

$$材料成本降低率=\frac{承包价中的材料成本-实际材料成本}{承包价中的材料成本}\times 100\%$$

(8) 机械消耗指标包括：某种主要机械利用率、施工项目机械成本降低率。

$$某种主要机械利用率=\frac{计划台班数}{实际台班数}\times 100\%$$

$$施工项目机械成本降低率=\frac{计划机械成本数-实际机械成本数}{计划机械成本数}\times 100\%$$

(9) 成本指标有两个：降低成本额和降低成本率。

$$降低成本额=计划成本-实际成本$$

$$降低成本率=\frac{计划成本-实际成本}{承包成本}\times 100\%$$

2) 施工项目效益单项评价

施工项目单项评价是对某项及某几项指标进行解剖性分析，从而找出项目管理好与差的具体原因，提出应该加强和改善的具体内容。主要应对质量、工期和成本进行分析。

(1) 工程质量评价。工程质量分析的主要依据，是工程项目的设计要求和国家规定的工程质量检验评定标准。此外，还应该考虑到，由于各类建筑工程的功能不同，对工程质量的要求也有区别。还应该考虑到，工程质量的基本要求是：第一，坚固耐用，安全可靠；第二，保证使用功能；第三，建筑物造型、布置及室内外装饰要美观、协调、大方。

(2) 工期评定。工期分析的主要依据是工程合同和施工总(综合)进度计划。

(3) 工程成本评定。工程项目成本分析的主要依据是工程承包合同和国家及企业有关成本核算制度和管理办法。成本分析是对成本控制的一次总检验，尤其是规模较大、工期较长或建筑群体的工程项目，一般是分栋号进行核算，往往缺乏综合的成本分析，就更有必要做这项工作，这也是对项目经理在完成工程项目以后经济效益的总考查。

上述工期质量评定和成本评定，实质上是对项目经理部在项目管理工作成果方面的基本考察，而且应该通过这种考查从中得出实际工作的经验和教训。这项工作关系到施工项目管理人员各方面的工作，因此，应该由项目经理主持，由有关业务人员分别组成分析小组，进行综合分析，并得出必要的结论。

3) 施工项目总结

在上述效益分析的基础上可以做出恰当的施工项目总结。施工项目总结的依据还有:施工组织设计、施工日志、施工图、施工合同、施工预算等。

施工项目总结包括技术总结和经济总结两个方面。技术总结的内容是:在施工中采用了哪些新工艺、新材料、新设备和新方法,采用了哪些技术措施。还可以通过总结制定“工法”。经济总结主要是从横向与纵向两个方面比较经济指标的提高与下降情况。其中纵向指企业本身的历史经济数据,横向指同类企业、同类项目的经济数据。

通过施工项目的总结,应当得出以下的结论:

① 合同完成情况,即是否完成了工程承包合同,内部承包合同责任承担的实际情况;

② 施工组织设计和管理目标实现情况;

③ 项目的质量状况;

④ 工期对比状况及工期缩短所产生的效益;

⑤ 该施工项目的节约状况;

⑥ 项目施工提供的经验和教训。

【思考和练习】

1. 建设工程项目总投资由哪些费用构成?
2. 如何有效进行设计阶段工程费用的控制?
3. 承包商向业主索赔的常见情况有哪些?
4. 简述施工项目的成本管理。
5. 简述项目成本偏差的原因分析与纠偏对策。

第6章　建设工程项目质量管理

【知识要点及学习要求】

知识要点	学习要求
知识要点1　工程项目质量的特点，ISO 9000系列质量标准构成与特点，控制的含义与内容。	了解
知识要点2　施工承包企业质量体系的建立，质量检验与实验。	熟悉
知识要点3　质量控制的数理统计方法。	掌握

6.1　建设工程项目质量管理概述

6.1.1　质量

根据我国国家标准(GB/T 6583—1992)和国际标准(ISO 8462—1986)，质量的定义是“反映产品或服务满足明确或隐含需要能力的特征和特性的总和”。产品或服务是质量的主体。简单地说，所谓质量，一是必须符合规定要求，二是要能够满足用户期望。狭义上的质量是指产品质量。

1. 产品质量

产品质量指产品满足人们在生产及生活中所需的使用价值及其属性。它们体现为产品的内在和外在的各种质量指标。产品质量可以从两个方面理解：第一，产品质量好坏和高低是根据产品所具备的质量特性能否满足人们需要及满足程度来衡量的；第二，产品质量具有相对性(一方面产品质量对有关产品所规定的要求标准和规定等因时而异，会随时间、条件而变化；另一方面，产品质量满足期望的程度由于用户需求程度不同，因人而异)。

2. 工程质量

工程质量包括狭义和广义两个方面的含义。狭义的工程质量指施工的工程质量(即施工质量)。广义的工程质量除指施工质量外，还包括工序质量和工作质量。

(1) 施工质量。施工的工程质量是指承建工程的使用价值，也就是施工工程的适应性。

正确认识施工的工程质量是至关重要的。质量是为使用目的而具备的工程适应性，不是指绝对最佳的意思。应该考虑实际用途和社会生产条件的平衡，考虑技术可能性和经济合理性。建设单位提出的质量要求，是考虑质量性能的一个重要条件，通常表示为一定幅度。施工企业应按照质量标准，进行最经济的施工，以降低工程造价，提高性能，从而提高工程质量。

(2) 工序质量。工序质量也称生产过程质量，是指施工过程中影响工程质量的主要因素(如人、机器设备、原材料、操作方法和生产环境五大因素)对工程项目的综合作用过程，是生产过程五大要素的综合质量。

(3) 工作质量。工作质量是指施工企业的生产指挥工作、技术组织工作、经营管理工作对达到施工工程质量标准、减少不合格品的保证程度。它也是施工企业生产经营活动各项工作的总质量。

工作质量不像产品质量那样直观，一般难以定量，通常是通过工程质量的高低，不合格率的多少，生产效率，以及企业盈亏等经济效果来间接反映和定量的。

施工质量、工序质量和工作质量，虽然含义不同，但三者是密切联系的。施工质量是施工活动的最终成果，它取决于工序质量。工作质量则是工序质量的基础和保证。所以工程质量问题，绝不是就工程质量而抓工程质量所能解决的，既要抓施工质量，更要抓工作质量。必须提高工作质量来保证工序质量，从而保证和提高施工的工程质量。

3. 工程项目质量的特点

工程建设项目由于涉及面广，是一个极其复杂的综合过程，特别是重大工程，具有建设周期长、影响因素多、施工复杂等特点，使得工程项目的质量不同于一般工业产品的质量，主要表现在以下几个方面。

(1) 影响因素多。工程项目质量的影响因素多。如决策、设计、材料、机械、施工工序、操作方法、技术措施、管理制度及自然条件等，都直接或间接地影响到工程项目的质量。

(2) 波动范围大。因工程建设不像工业产品生产，有固定的自动线和流水线，有规范化的生产工艺和完善的检测技术，有成套的生产设备和稳定的生产环境，有相同系列规格和相同功能的产品。其本身的复杂性、多样性和单个性，决定了工程项目质量的波动范围大。

(3) 变异性。工程项目建设是涉及面广、工期长、影响因素多的系统工程建设。系统中任何环节、任何因素出现质量问题，都将引起系统质量因素的质量变异，造成工程质量事故。

(4) 隐蔽性。工程项目在施工过程中，由于工序交接多，中间产品多，隐蔽工程多，若不及时检查发现质量问题，事后再看表面，就容易判断错误，形成虚假质量。

(5) 终检局限性。工程项目建成后，不可能像某些工业产品那样，通过拆卸或解体来检查内在的质量。即使发现质量有问题，也不可能像工业产品那样实行“包换”或“退款”。

4. 工程项目质量的影响因素

工程项目质量的影响因素可概括为人、材料、机械、方法(或工艺)和环境五大因素。严格控制这五大因素,是保证工程项目质量的关键。

1) 人对工程质量的影响

人是指直接参与工程项目建设的管理者和操作者。工作质量是工程项目质量的一个组成部分,只有提高工作质量,才能保证工程产品质量,而工作质量又取决于与工程建设有关的所有部门和人员。因此,每个工作岗位和每个人的工作都直接或间接地影响着工程项目的质量。提高工作质量的关键,在于控制人的素质,人的素质主要包括:思想觉悟、技术水平、文化修养、心理行为、质量意识、身体条件等。

2) 材料对工程质量的影响

材料是指工程建设中所使用的原材料、半成品、构件和生产用的机电设备等。材料质量是形成工程实体质量的基础,材料质量不合格,工程质量也就不可能符合标准。加强材料的质量控制,是提高工程质量的重要保障。

3) 机械对工程质量的影响

机械是指工程施工机械设备和检测施工质量所用的仪器设备。施工机械是现代机械化施工中不可缺少的设施,它对工程施工质量有直接影响。所以,在施工机械设备选型及性能参数确定时,都应考虑到它对保证质量的影响,特别要注意考虑它经济上的合理性、技术上的先进性和使用操作及维护上的方便。质量检验所用的仪器设备,是评价质量的物质基础,它对质量评定有直接影响,应采用先进的检测仪器设备,并加以严格控制。

4) 方法或工艺对工程质量的影响

方法或工艺是指施工方法、施工工艺及施工方案。施工方案的合理性、施工方法或工艺的先进性均对施工质量影响极大。在施工实践中,往往由于施工方案考虑不周和施工工艺落后而拖延进度,影响质量,增加投资。为此,在制定和审核施工方案和施工工艺时,必须结合工程的实际,从技术、组织、管理、经济等方面进行全面分析,综合考虑,确保施工方案技术上可行,经济上合理,且有利于提高工程质量。

5) 环境对工程质量的影响

影响工程项目质量的环境因素很多,其中主要影响因素有自然环境,如地质、水文、气象等;技术环境因素,如工程建设中所用的规程、规范和质量评价标准等;工程地理环境,如质量保证体系、质量检验、监控制度、质量签证制度等。环境因素对工程项目质量的影响具有复杂和多变的特点,而且有些因素是人难以控制的。这就要求参与工程建设的各方应尽可能全面了解可能影响项目质量的各种环境因素,采取相应的控制措施,确保工程项目质量。

工程项目施工的最终成果,是建成并准备交付使用的建设项目,是一种新增加的、能独立发挥经济效益的固定资产,它将对整个国家或局部地区的经济发展发挥重要作用。但是只有合乎质量要求的工程，才能投产和交付使用，才能发挥经济效益。如果建设质量不合格，就会影响按期使用或留下隐患，造成危害，建设项目的经济效益就不能发挥。为此，建设项目参与各方必须牢固树立"百年大计，质量第一"的思想，做到好中求快，好中求省。

6.1.2 建设工程项目质量管理

1. 建设工程项目质量管理的定义

所谓质量管理，按国际标准(ISO)的定义是：为达到质量要求所采取的作业技术和活动。而建设工程项目质量管理是指企业为保证和提高工程质量，对各部门、各生产环节有关质量形成的活动，进行调查、组织、协调、控制、检验、统计和预测的管理方法。广义地说，它是为了最经济地生产出符合使用者要求的高质量产品所采用的各种方法的体系。随着科学技术的发展和市场竞争的需要，质量管理已越来越为人们所重视，并逐渐发展为一门新兴的学科。

工程项目的质量形成是一个有序的系统过程，在这个过程中，为了使工程项目具有满足用户某种需要的使用价值及其属性，需要进行一系列的技术作业和活动，其目的在于监控工程项目建设过程中所涉及的各种影响质量的因素，并排除在质量形成的各相关阶段导致质量事故的因素，预防质量事故的发生。这些作业技术和活动包括在质量形成的各个环节之中，所有的技术和活动都必须在受控状态下进行，这样，才可能得到满足项目规定的质量要求的工程。在质量管理过程中，要及时排除在各个环节上出现的偏离有关规范、标准、法规及合同条款的现象，使之恢复正常，以达到控制的目的。

工程项目的质量管理，包括业主的质量控制、承包商的质量控制和政府的质量控制三方面。在实行建设监理制中，业主的质量控制主要委托社会监理来进行，承包商的质量控制主要包含于设计、施工质量保证体系与全面质量管理之中。

2. 建设工程项目质量管理的原则

(1)"质量第一"的原则。建设产品作为一种特殊的商品，具有使用年限长，质量要求高，一旦失事将会造成人民生命财产巨大损失的特点。因此，建设项目参与各方应自始至终地把"质量第一"作为对工程项目质量管理的基本原则。

(2)"以人为核心"的原则。人是质量的创造者，质量管理必须"以人为核心"，把人作为管理的动力，调动人的积极性、创造性。处理好与各方的关系，增强质量意识，提高人的素质，避免人为失误，通过提高工作质量确保工程质量。

(3)"预防为主"的原则。坚持"预防为主"的方针，注重事前、事中控制。这样，既有效地控制了工程质量，也加快了工程进度，提高了经济效益。

(4)"按质量标准严格检查，一切用数据说话"的原则。质量标准是评价产品质量的尺度，数据是质量管理的依据。通过严格检查、整理、分析数据，判断质量是否符合标准，达到控制质量的目的。

3. 质量管理的基本方法

PDCA 循环是人们在管理实践中形成的基本理论方法。从实践论的角度看，管理就是确定任务目标，并按照 PDCA 循环原理来实现预期目标，由此可见 PDCA 是质量管理的基本方法，如图 6-1 所示。

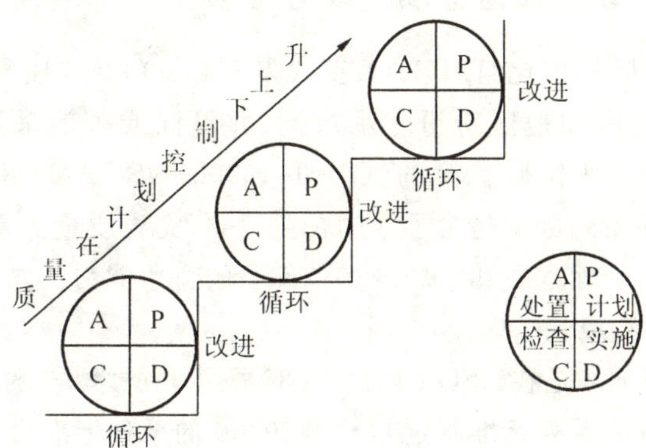

图 6-1　PDCA 循环示意图

(1) 计划 P(Plan)。可以理解为质量计划阶段，明确目标并制订显现目标的活动方案。在建设工程项目的实施中，“计划”是指各相关主体根据其任务目标和责任范围，确定质量控制的组织制度、工作程序、技术方法、业务流程、资源配置、检验试验要求、质量记录方式、不合格处理、管理措施等具体内容和做法的文件，“计划”还须对其实现预期目标的可行性、有效性、经济合理性进行分析论证，按照规定的程序与权限审批执行。

(2) 实施 D(Do)。包含两个环节，即计划行动方案的交底和按计划规定的方法与要求展开工程作业技术活动。计划交底目的在于使具体的作业者和管理者，明确计划的意图和要求，掌握标准，从而规范行为，全面地执行计划的行动方案，步调一致地去努力实现预期的目标。

(3) 检查 C(Check)。指对计划实施过程进行各种检查，包括作业者的自检、互检和专职管理者专检。各类检查都包含两大方面：一是检查是否严格执行了计划的行动方案，实际条件是否发生了变化，不执行计划的原因；二是检查计划执行的结果，即产出的质量是否达到标准的要求，对此进行确认和评价。

(4) 处置 A(Action)。对于质量检查所发现的质量问题或质量不合格，及时进行原因分析，采取必要的措施，予以纠正，保持质量形成的受控状态。处置分纠偏和预防两个步骤。前者是采取应急措施，解决当前的质量问题；后者是信息反馈管理部门，反思问题症结或计划时的不周，为今后类似问题的质量预防提供借鉴。

在 PDCA 循环中，处理阶段是一个循环的关键，PDCA 的循环过程是一个不断解决问题、不断提高质量的过程。同时，在各级质量管理中都有一个 PDCA 循环，形成一个大环套小环，一环扣一环，互相制约，互为补充的有机整体。

6.2 ISO 9000质量标准与工程项目质量保证

6.2.1 ISO 9000系列质量标准构成与特点

1987年3月国际标准化组织(ISO)正式发布《ISO 9000质量管理和质量保证》系列标准后,世界各国和地区纷纷表示欢迎,并等同或等效采用该标准。我国于1992年发布了等同采用国际标准的《GB/T 19000—ISO 9000质量管理和质量保证》系列标准。这一系列标准是为了帮助企业建立、完善质量体系,提高质量意识和质量保证能力,提高管理素质和市场经济条件下的竞争能力。

1. 系列标准的构成

ISO 9000系列标准是在《ISO 8402—1986质量——术语》的基础上产生的。我国等同采用ISO 9000系列标准制定GB/T 19000的系列标准由五个标准组成:

《GB/T 19000—ISO 9000质量管理和质量保证——选择和使用指南》;

《GB/T 19001—ISO 9001质量体系——设计、开发、生产、安装和服务的质量保证模式》;

《GB/T 19002—ISO 9002质量体系——生产和安装的质量保证模式》;

《GB/T 19003—ISO 9003质量体系——最终检验和试验的质量保证模式》;

《GB/T 19004—ISO 9004质量管理和质量体系要素——指南》。

2. 系列标准的主要内容

1)《GB/T 19000—ISO 9000质量管理和质量保证——选择和使用指南》

此标准阐明了质量方针、质量管理、质量体系、质量控制和质量保证五个重要质量术语的概念及其相互关系;阐述了企业应力求达到的质量目标及质量体系环境特点和质量体系标准的类型;规定了标准的应用范围、标准的应用程序;规定了证实文件应包括的内容,以及供需双方签订合同前应做的准备。

2)《GB/T 19003—ISO 9003质量体系——最终检验和试验的质量保证模式》

质量保证模式是为了满足供需双方在考虑产品特性、保证能力等多种因素的需求后选择的用以签订合同的质量保证要求。这些要求不是企业质量体系的全部要素和内容,只是针对某项产品生产过程质量管理的要求,通过实施这些工作,用户(需方)相信生产企业可以持续稳定地生产质量满足合同规定的产品。

质量保证模式有不同水平的三个标准可供选择。

(1)《GB/T 19003—ISO 9003质量体系——最终检验和试验的质量保证模式》。该标准适用于产品相对简单或比较成熟的产品。标准明确了产品形成过程检验工作、成品检验和试验的质量体系要求。强调检验工作与有效的检验系统,对检验人员、检验程序和设备都要进行严格的控制。该标准明确规定此范围的12项质量体系要素构成及主要内容,是三个模式标准中质量体系要素内容和数量相对较少的模式标准。

(2)《GB/T 19002—ISO 9002 质量体系——生产和安装的质量保证模式》。该标准适用于设计已定型、生产过程复杂或产品价值昂贵的生产条件，阐述了从原材料采购至产品交付使用全过程的质量体系要求，是三个模式中应用率较高的模式标准，是要求生产企业质量体系提供能严格控制生产过程质量的证据，保证生产和安装阶段各环节符合规定的要求，及时解决生产过程中发现的问题，防止和避免不合格的发生及重复出现。标准强调预防控制与检验相结合，并依此范围规定了 18 项质量体系要素的内容和工作程序。

(3)《GB/T 19001—ISO 9001 质量体系——设计、开发、生产、安装和服务的质量保证模式》。该标准是三个质量保证模式中质量水平最高、覆盖环节(过程)最多，而且是质量体系要素最多的质量保证模式标准。阐述了从产品设计、产品开发到售后服务全过程的质量体系要素的要求。遵照标准，企业产品质量体系提供合同评审、设计、生产和安装过程服务，各个阶段各个环节都严格控制，防止发生不合格。该标准比其他两个标准增加了对设计质量控制条款和售后服务条款的质量体系要素。

3)《GB/T 19004—ISO 9004 质量管理和质量体系要素——指南》

企业从自身发展与提高出发，需要建立一个比较完整的，用以控制企业内部各项工作(环节)的质量体系，使企业质量管理最佳化，也可以使各项产品质量控制能力达到或接近达到产品质量要求。GB/T 19004 标准是指导企业建立质量体系的指导标准。标准是在总结了不同行业、不同企业的基本要求后提出了企业建立质量体系一般应包括的基本要素。标准对基本质量要素的含义，要素的目标，要素间的关系，以及各项工作的内容、要求、方法、人员和所要求的文件、记录都有明确要求。标准从建立质量体系的组织结构、责任、程序、过程和资源五方面构成对人、技术、管理要素提出要求，明确企业质量体系的基本出发点是:应设计出有效的质量体系，以满足顾客的需要和期望，并保护公司的利益。完善的质量体系应是在考虑风险、成本和利益的基础上使质量最佳化，以及对质量加以控制的重要管理手段。

3. 质量体系标准的选择

我国的建筑业所涉及的设计、科研、房地产开发、市政、施工、试验、质量监督、建设监理等企事业单位，在建立企业内部质量管理体系时，毫无疑问，应该选择 ISO 9004 标准，这是一致的。由于这些单位又有各自的特点，因此，所建立的质量体系也是不相同的，这主要是质量形成的过程不同而造成的。

在这些企事业单位按照 ISO 9004 标准建立质量体系的基础上，如果选择质量保证模式，可以根据用户的要求和企业产品的特点，选择 ISO 9001 或 ISO 9002 或 ISO 9003 标准。具体地说，设计、科研、房地产开发、总承包(集团)公司等单位可以选择 ISO 9001 标准。市政、施工(土建、安装、机械化施工、装饰、防腐、防水)等企业可以选择 ISO 9002 标准。

当然，对这些单位的标准选用，也可灵活掌握，这只是一般情况。因为 ISO

9001 标准中包括了设计。因此对设计院、研究院和房地产开发公司等单位也适用。而 ISO 9002 标准中只包括生产和安装，因此，只对施工企业适用。ISO 9003 标准涉及试验和检验，所以适用于试验室、质检站和监理公司等单位。对一些单位，如施工企业下设试验室，可选择 ISO 9002 和 ISO 9003 用于外部的质量保证。

4. 系列标准的特点

质量管理和质量保证系列标准既有理论又有实践背景，具有很强的实用性和指导作用。在使用过程中，应注意标准的以下几个特点。

1）标准的目的是提供指导

质量管理和质量保证标准并不是质量管理工作标准，而是指提供指导。标准是在总结国际成功经验的基础上，从共性出发，阐述质量管理工作的基本原则、基本规律和质量体系要素的基本构成，适用于不同体制、不同行业的生产企业开展质量管理工作。生产企业要根据自身规模、特点，参照标准确定的原理、规律、程序开展工作，不可生搬硬套。

2）标准是规范的补充

在标准引言中明确指出：大多数组织——工业的、商业的或政府的都希望提供的产品或服务满足顾客的需要或要求，这样的要求通常用规范来体现。如果规范或设计及提供产品或服务的组织体系不完善，那么技术规范本身就不可能保证顾客的要求始终得到满足。而系列标准明确了企业质量管理工作程序作为对技术规范和有关产品或服务要求的补充，用以控制产品形成过程，可保证稳定的、合乎要求的产品质量。

3）灵活应用，内容可以调整

生产企业的市场条件、产品状况、企业素质、管理机制、消费者需要等各方面条件千变万化，但其工作质量规律、原理、原则基本相同。企业要针对环境特点和主客观因素影响，对照标准开展质量工作，对标准规定的要素及采用要素的程度进行研究，确定企业自身质量体系的构成，建立和完善质量体系。企业可以通过选择要素，组合出既符合质量管理原理，又适用于本企业条件的最佳状态质量体系。

4）推荐性标准被法规或合同确定采用后就是“强制性标准”

GB/T 19000 系列标准是一套推荐性标准。编号中“T”就是“推荐”一词的汉语拼音首写字。虽属推荐性标准，但是在国际与国内市场经济竞争中，实施标准建立质量体系十分重要。而且，在合同环境中，供需双方选定的标准模式一旦被合同条款采用，在确定的范围内就是必须执行的强制性标准。如果供需双方或第三方选择某一质量保证模式作为产品认证标准，在该范围内则具有法律效果。

6.2.2 施工承包企业质量体系建立与运行

根据前面所述，质量体系的定义是：为实施质量管理的组织结构、职责、程序、过程和资源，质量体系所包含的内容仅需满足实现质量目标的要求，为了履行合同、贯彻法规和进行评价，可要求提供体系中已确定的要素实施的证明。

根据上述定义，对建筑施工企业质量体系可以从以下几点加以理解。

(1) 企业为了实施质量管理，实现企业的质量目标，必须建立健全质量体系。

(2) 质量体系包含一套专门的组织机构，具有保证质量、工期、服务的人力与物力，明确有关部门的职责和权力，以及完成任务的程序和活动。质量体系是一个组织落实、职责明确、有物资保障、有具体工作内容的有机整体。

(3) 一个企业在一般情况下，质量体系只有一个。但对于大型建筑施工企业，由于建设工程施工的需要，下属多个独立的专业施工单位(形成了多个小的施工企业)，那么除了大型施工企业实施总的质量控制和管理，建立和形成质量体系外，其下属的多个专业施工单位，也可建立各自的质量体系，实施有效的质量管理，实现各自的质量目标。

1. 质量体系的建立

根据国际标准 ISO 9000 和国家标准 GB/T 19000 建立一个新的质量体系或更新、完善现行的质量体系，一般都经历以下 6 个步骤。

(1) 企业领导决策。企业主要领导要下决心走质量效益型的发展道路，有建立质量体系的迫切需要。建立质量体系是涉及企业内部很多部门的一项全面性工作，如果没有企业主要领导亲自领导、亲自实践和统筹安排，是很难搞好这项工作的。因此，领导真心实意地要求建立质量体系，是建立、健全质量体系的首要条件。

(2) 编制工作计划。工作计划包括培训教育、体系分析、职能分配、文件编制、配备仪器仪表设备等内容。

(3) 分层次教育培训。组织学习 ISO 9000 和 GB/T 19000 系列标准，结合本企业的特点，了解建立质量体系的目的和作用，详细研究与本职工作有直接联系的要素，提出控制要素的办法。

(4) 分析企业特点。结合施工企业的特点和具体情况，确定采用哪些要素和采用的程度。采用的要素应对控制工程实体质量起主要作用，能保证工程的适用性、符合性。

(5) 落实各项要素。企业在选好合适的质量体系要素后，要进行二级要素展开，制订实施二级要素所必需的质量活动计划，并把各项质量活动落实到具体部门或个人。

一般地，企业在领导的亲自主持下，合理地分配各级要素与活动，使企业各职能部门明确各自在质量体系中应担负的责任，应开展的活动和各项活动的衔接办法。分配各级要素与活动的一个重要原则就是责任部门只能是一个，但可以有若干个配合部门。

在各级要素和活动分配落实后，为了便于实施、检查和考核，还要把工作程序文件化，即把企业的各项管理标准、工作标准、质量责任制、岗位责任制编制成与各级要素和活动相对应的能有效运行的文件。

(6) 编制质量体系文件。质量体系文件按其作用可分为法规性文件和见证性文件两类。质量体系法规性文件是用以规定质量管理工作原则的，是阐述质量体系的构成，明确有关部门和人员的质量职能，规定各项活动目的要求、内容和程序的文件。在合同环境下这些文件是供方向需方证实质量体系适用性的证据。质量体系的见证性文件是用以表明质量体系的运行情况和证实其有效性的文件。这些文件记载了各质量体系要素的实施情况和工程实体质量的状态，是质量体系运行的见证。

2. 质量体系的运行

保持质量体系的正常运行和持续实用有效，是企业质量管理的一项重要任务，是质量体系发挥实际效能、实现质量目标的主要阶段。质量体系运行是执行质量体系文件、实现质量目标、保持质量体系持续有效和不断优化的过程。质量体系的有效运行是依靠体系的组织机构进行组织协调，实施质量监督，开展信息反馈，进行质量体系审核和复审实现的。

1) 组织协调

质量体系是借助其组织结构的组织和协调来进行运行的。组织和协调工作是维护质量体系运行的动力。质量体系的运行涉及企业众多部门的活动。就工程项目施工企业而言，计划部门、施工部门、技术部门、试验部门、测量部门、检查部门等都必须在目标、分工、时间和联系方面协调一致，责任范围不能出现空档，保持体系的有序性。这些都需要通过组织和协调工作来实现。实现这种协调工作的人，应是企业的主要领导，只有主要领导主持，质量管理部门负责，通过组织协调才能保持体系的正常运行。

2) 质量监督

质量体系在运行过程中，各项活动及其结果不可避免地会发生偏离标准的现象。为此，必须实施质量监督。质量监督有企业内部监督和外部监督两种，需方或第三方对企业进行的监督是外部质量监督。需方的监督权是在合同环境下进行的，就施工企业来说，叫做甲方的质量监督，按照合同现定，甲方从隐蔽工程开始进行检查签证。第三方的监督，是对单位工程和重要分部工程进行质量核定，并在工程开工前检查企业的质量体系，在施工过程中，监督企业质量体系的运行是否正常。

质量监督是符合性监督。质量监督的任务是对工程实体进行连续性的监视和验证。发现偏离管理标准和技术标准的情况及时反馈，要求企业采取纠正措施，严重者责令其停工整顿，从而促使企业的质量活动和工程实体质量均符合标准所规定的要求。

实施质量监督是保证质量体系正常运行的手段。外部质量监督应与企业内部的质量监督考核工作相结合，杜绝重大质量事故的发生，促使企业各部门认真贯彻各项规定。

3）质量信息管理

企业的组织机构是企业质量体系的骨架，而企业的质量信息系统则是质量体系的神经系统，是保证质量体系正常运行的重要系统。在质量体系的运行中，通过质量信息反馈系统对异常信息的反馈和处理进行动态控制，从而使各项质量活动和工程实体质量保持受控状态。

质量信息管理和质量监督、组织协调工作是密切联系在一起的，异常信息一般来自质量监督，异常信息的处理要依靠组织协调工作，三者的有机结合，是使质量体系有效运行的保障。

4）质量体系审核与评审

企业进行定期的质量体系审核与评审，一是对体系要进行审核、评价，确定其有效性；二是对运行中出现的问题采取纠正措施，对体系的运行进行管理，保持体系的有效性；三是评价质量体系对环境的适应性，对体系结构中不适用的采取改进措施。开展质量体系审核和评审是保持质量体系持续有效运行的主要手段。

6.2.3 全面质量管理与工程项目质量保证

1. 全面质量管理的定义

（1）中国质量管理协会公布的《质量管理名词术语》中对全面质量管理作了如下定义："企业全体职工及有关部门同心协力，综合运用管理技术、专业技术和科学方法，经济地开发、研制、生产和销售用户满意的产品的管理活动。"

这个定义有以下四层含义。

① 参加人员：企业全体职工及有关部门——体现了全面质量管理的全员性和全企业性。

② 运用方法：综合运用管理技术、专业技术和科学方法——表示了全面质量管理方法的多样性。

③ 活动范围：产品的开发、研制、生产和销售——体现了全面质量管理的全过程性。

④ 追求目标：经济地生产用户满意的产品——表达了全面质量管理的用户观点。

（2）国际标准化组织(ISO)的《质量管理和质量保证——词汇》中对全面质量管理的定义是：企事业单位开展以质量为中心、全员参与为基础的一种管理途径，其目标是通过使顾客满意、本单位成员和社会受益而达到长期成功。在该定义的"注"中说明："全员"指组织结构中所有部门和所有层次的人员，在全面质量管理中，质量这个概念涉及所有的管理目标的实现，有时把 TQM 或 TQ 称为"全面质量"、"公司范围内的质量控制"、"全面质量控制"(TQC)等。

显然两种定义的内涵是完全一致的。

2. 全面质量管理的要求

根据全面质量管理的基本理论，推行全面质量管理要做到"三全、一多样"，即全员的质量管理、全过程的质量管理、全企业的质量管理，所采用的方法必须是多种多样的。

1）全员参加的质量管理

产品质量是企业各个生产环节、各个部门全部工作的综合反映。企业中任何一个环节、任何一个人的工作质量，都会不同程度地、直接或间接地影响产品质量。因此，必须把企业所有人员的积极性和创造性充分调动起来，人人做好本职工作，个个关心产品质量，全体参加质量管理，只有通过管理人员、技术人员、工人和企业其他各方面人员的共同努力，才能生产出用户满意的产品。

这就是质量管理实践的全员性。为实现全员性，首先要抓好全员的质量教育，提高职工的质量意识，促进职工自觉地参加质量管理的各项活动。这里，抓好领导质量教育是开展全员教育的关键。抓全员质量教育是开展全面质量管理的第一道工序。其次，要制定各个部门、各级人员的质量责任制，并严格执行和考核。再次，要开展各种形式的群众性的质量管理活动，包括 QC 小组活动。

2）全过程的质量管理

全面质量管理的范围是产品质量产生、形成和实现的全过程。质量管理科学认为，产品质量是通过市场调研、开发设计、采购、生产技术设备、制造、质量检验、销售、服务等一系列阶段形成的。这就是质量管理时间的全过程性。全过程性要求把上述各个阶段、环节都实施管理，形成一个综合性的质量管理体系。

建筑工程产品生产全过程也即整个建设全过程，它由前期阶段、施工阶段、竣工投产阶段、使用阶段组成。全面质量管理就是要根据企业所承担工程的范围，把所涉及的几个过程统一起来，组成一个完整统一的保证质量的工作系统，各个阶段都要在这个统一工作系统的指挥下协同工作，共同保证和提高建筑产品的质量。

3）全企业的质量管理

产品质量职能分散在企业的所有部门，要提高产品质量，就必须将分散在企业各部门的质量职能充分地发挥出来，增强对产品质量负责的意识。各部门质量管理工作都是提高产品质量不可缺少的一部分，因此，要求企业有关部门都要参加质量管理。

建筑施工企业要搞好工程质量，就有必要建立一个稳定的生产合格建筑产品的工作系统，例如物资供应、运输、保管的质量，施工机械的完好和运转状况，工人的技术水平和熟练程度，劳动组织是否科学合理，质量检验和测试手段是否健全，后勤服务工作是否使职工满意等都应包括在内，使建筑产品质量管理成为包括企业全部工作质量在内的综合质量管理。

4）全面质量管理所采用的管理方法是多种多样的

随着现代科学技术的发展，对产品质量提出越来越高的要求。影响产品质量的因素也越来越复杂。既有物的因素，也有人的因素；既有技术的因素，也有管理的因素；既有内部的因素，也有外部的因素。把这一系列的因素系统地控制起来，全面管好，生产出高质量的产品，必须根据不同情况、不同的影响因素，灵活运用各种现代化管理方法加以综合管理。这就是质量管理方法的多样性。

以上所述“三全、一多样”都是围绕着“用最经济的手段，生产用户满意的产品”这一中心目标，这是企业推行全面质量管理的出发点和落脚点。

3. 工程项目质量保证概念

工程项目质量保证是为使人们确信某产品或某项服务能满足给定的质量要求所必需的全部有计划、有系统的活动。工程项目施工开展质量保证活动，目的在于取得用户和建设单位的信任，或是在质量体系认证中提供有关工程项目的证实，这种证实，应取得国际、国内市场的认可。

在工程项目建设中，若给定的质量要求不能完全反映用户的需要，则说明质量保证不可能是完善的。为了使其更好地发挥作用，质量保证要求对那些影响使用的规范性要素进行连续评价，除此之外，还要对建筑、安装、检验等工作进行检查，为取得用户的信任，也可以提供证据。总之，工程项目质量保证在企业内都是一种管理手段，在合同环境中，质量保证是乙方取得甲方信任的手段。

工程项目质量保证是为实施质量管理所需的组织机构、责任、程序、过程和资源等的总称。管理部门应开发、建立和实施质量保证体系，使规定的方针和目标得以实现。在工程项目建设中，质量保证既要适合项目管理的特点，又要结合中国国情，所建立的质量保证体系应能被很好地理解并有效的应用到工程项目中去。产品或服务确实能满足用户的期望。重点应放在问题的预防上，而不应完全依靠问题发生后的检查。

工程项目的质量保证，应落实在体系要素的实施上，以发现并防止施工生产及安装过程中出现不合格品，并及时采取有效措施，以避免不合格品重复出现。

4. 工程项目质量保证内容

工程项目质量保证中，根据不同的需方和不同的工程类型，所需的质量保证是不同的。这种不同的质量保证，实质是对工程项目实施中职能和组织能力的不同要求。因而，在工程项目实施中，可根据工程结构类型、施工特点、施工企业的技术和管理水平、建设单位的需要等具体情况，由施工企业与建设单位共同协商，进行调整，在共同考虑风险、成本、效益的基础上，确定质量要素的数量和保证程度及证实范围。一般来说，工程项目质量保证包括以下内容。

1) 思想保证

用全面质量管理的思想、观点和方法，使全体人员真正树立起强烈的质量意识。

(1) 增强质量意识，树立“质量第一”的观点，努力提高参加施工的全体人员的基本素质，加强职业道德教育和业务技术培训，以增强全体人员的质量意识。尤其是项目经理要有高度的质量意识，以优良的工程质量来提高企业的社会信誉和竞争能力。

(2) 重实效，树立“一切为用户服务”的观点。“用户”对外部来讲，是指建设单位，对内部来讲，后一道工序是前一道工序的“用户”。全心全意为“用户”服务，以达到提高施工质量的目的。

2）组织保证

工程质量是各项管理的综合反映，也是管理水平的具体体现。必须建立健全各级组织，分工负责，做到以预防为主，预防与检查相结合，形成一个有明确任务、职责、权限、互相协调和互相促进的有机整体。

(1) 建立质量管理小组。质量管理小组又称 QC 小组，由管理部门的专业人员或施工班组的生产人员分别组成。以施工质量为目标，运用科学的管理方法，开展攻关活动。

(2) 健全各种规章制度，主要是技术管理制度、施工质量管理细则、测量工作管理办法、全优工程管理制度，以及技术责任制、质量责任制、岗位经济责任制等。

(3) 明确规定各职能部门主管人员和参与施工人员，在保证和提高工程质量中所承担的任务、职责和权限，做到各尽其职、各负其责。

(4) 建立质量信息系统。由于施工项目涉及面广、工作环节多、形成过程比较复杂，加之手工操作多，要把影响工程质量的各种因素都控制起来，做到工程质量的预防、预控，就必须建立一个高效、灵敏的信息传递及反馈系统，确定各种质量信息传递的程序，及时掌握外部和内部的质量动态，以便于及时作出相应的对策。

3）工作保证

工作保证主要通过以下三个阶段进行。

(1) 施工准备阶段的质量控制。施工准备是整个工程建设的基础，准备工作的好坏，不仅直接关系到工程建设高速、优质地完成，而且也对工程质量起着一定的预防、预控作用，除应按正常进行施工准备外，还应做好以下各项的技术准备。

① 加强技术培训，不断提高职工技术素质。结合施工需要，事先组织各种专业技术培训、业余技术培训和技术讲座等。

② 严格原材料、半成品检验，把好材料质量关，把不合格的材料或半成品消灭在施工前。

③ 根据工程对象，补充、制订、完善各种内控标准，保证操作中达到使用的要求。

④ 对新工艺、新材料、新技术，应预先进行模拟试验，通过实践，掌握基本操作要领。

(2) 施工阶段的质量控制。施工过程是建筑产品形成的过程，这个阶段的质量控制是非常关键的。为了保证工程质量，应做好以下工作。

① 加强工序管理。将单位工程分解为分项工程进行质量控制，对每道工序进行详细的技术交底，明确操作方法、质量要求和质量标准。对主要工序和易发生质量事故的薄弱环节，明确设立主要质量控制点，进行重点管理，始终使工程质量处于预控状态，把质量问题消灭在产品形成的过程中。

② 建立质量检查制度。明确提出质量控制点和要求，主要控制点必须达到的

质量标准和共检的有关规定。一般根据部位的重要程度将控制点进行分级。这样，就使质量控制制度化、程序化。

③ 在工序管理中，开展群众性 QC 活动。

④ 建立内控标准。为了达到一些高精度要求，可通过试验、总结和实测建立一套内控标准，主要包括操作标准和精度标准。这是达到工程质量要求的重要措施。

(3) 竣工验收阶段的质量控制。产品竣工验收，是指单位工程或单项工程完全竣工，移交给建设单位。同时，还指分部、分项工程中的某一道工序完成，移交给下一道施工工序。这一阶段主要做好以下工作。

① 搞好成品保护。当工程交工时，除了严格履行交工单外，还要有相应的成品保护制度，向使用单位或下一道工序交待成品保护有关事宜，并严格执行对损坏成品责任者的惩罚制度。

② 加强工序联系，不断改进措施。本着"为用户服务"的原则，及时征求下一道工序意见，根据下道工序的反映，及时调整与制订相应的改进措施，绝不能让不合格产品转入下道工序。

③ 建立回访制度。摆正与"用户"的关系，对工程进行回访，虚心听取用户意见，检查工程质量，尽量满足用户对工程质量的要求。

5. 工程项目质量保证文件

工程项目管理部门应把质量保证中采用的全部要素、要求和措施，系统地写成方针性和规程性文件，具体包括有如下内容。

(1) 质量方针和程序。质量方针和程序即质量大纲、计划、手册和记录等。

(2) 质量手册。它是质量保证体系建立和实施中所用的主要文件的典型形式，其主要目的在于对质量保证体系作适当说明。

(3) 质量计划。它是实现质量目标、具体组织与协调质量管理活动的基本手段，也是各部门、各环节质量工作的行动纲领。

(4) 质量记录。质量记录包括设计、检验、试验、调查、审核或有关结果的质量记录与图表，它们是质量管理体系的重要组成部分。

6.3 建设工程项目施工阶段质量控制

6.3.1 控制的含义及其内容

1. 控制与反馈

1) 控制

进行控制活动，必须搞清楚控制的含义。控制这个概念的内涵很丰富。首先，控制是一种有目的的主动行为，没有明确的目的或目标，就谈不上控制。明确活动的目的是实施控制的前提。其次，控制行为必须由控制主体和控制对象两个部分构成。控制主体即实施控制的部分,由它决定控制的目的,并向控制对象提供条件,发出指令。控制对象即被控部分,它是直接实现控制目的部分,其运行效果反映出控制的效果。第三,控制对象的行为必须有可描述和可测量的状态变化,没有这种变化,就没有必要控制;没有这种变化,就不可能找到控制对象的行为与控制目的的偏差,进而实施控制。第四,控制是目的手段的统一。能否实现有效的控制,不仅要有明确的目的,还必须有相应的手段。

综合以上含义,控制就是控制者对控制对象施加一种主动影响(或作用),其目的是为了保持事物状态的稳定性或促使事物由一种状态向另一种状态转换。

2）反馈

反馈是控制论的一个重要概念。反馈是指把施控系统的信息作用(输入)到被控系统后产生的结果再返送回来,并对信息的再输出发生影响的过程。

反馈有两种基本类型:正反馈和负反馈。正反馈是指:输入变化的方向与反馈信号的变化方向相同,即当系统的信号增加时,系统的影响也增加;或当系统输入的信号减少时,系统输入影响也减少。正反馈的结果使系统的行为更加偏离原来的目标值。负反馈是指:反馈信号与输入的符号相反,即当系统的输出信号增加时,使系统输入影响减少;或当系统的输出信号减少时,使系统输入影响增加。负反馈的结果使系统的行为对控制目标的偏离减小,使系统趋于稳定状态。

控制理论最重要的原理之一就是反馈控制原理,即利用反馈来进行控制。当控制的目的是为了保持事物状态的稳定性时,采用负反馈控制原理;当控制的目的是促使事物由一种状态向另一种状态转换时,采用正反馈控制原理。

3）前馈

与反馈相应的是前馈。前馈是指施控系统根据已有的可靠信息分析预测得出被控系统将要产生偏离目标的输出时,预先向被控系统输入纠偏信息,使被控系统不产生偏差或减少偏差。利用前馈来进行控制称为前馈控制。

2. 控制过程

控制过程的形成依赖于反馈原理,它是反馈控制和前馈控制的组合。控制过程始于计划,项目开始按计划实施,投入人力、材料、机具、信息等,项目开展后不断输出实际的工程状况和实际的质量、进度和投资情况的指标。由于受系统内外各种因素的影响,这些输出的指标可能与相应的计划指标发生偏离。控制人员在项目开展过程中,要广泛收集各种与质量、进度和投资目标有关的信息,并将这些信息进行整理、分类和综合,提出工程状况报告。控制部门根据这些报告将项目实际完成的投资、进度和质量指标与相应的计划指标进行比较,以确定是否产生了偏差。如果计划运行正常,就按原计划继续运行;如果有偏差,或者预计将要产生偏差,就要采取纠正措施,或改变投入,或修改计划,或采取其他纠正措施,使计划呈现一种新状态,然后工程按新的计划进行,开始一个新的循环过程,如图 6-2 所示。这样的循环一直持续到项目建成使用。

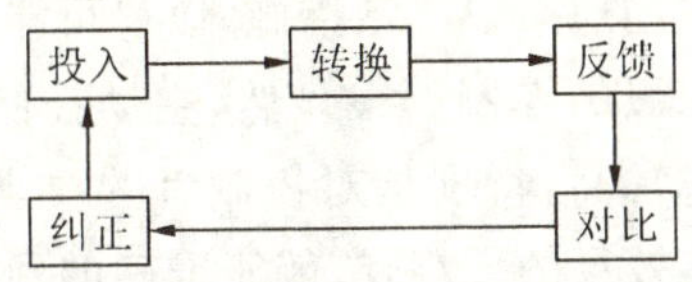

图 6-2 控制流程的基本环节

对于建设工程项目控制系统来说，由于收集实际数据、偏差分析、制订纠偏措施都主要是由目标控制人员来完成，都需要时间，这些工作不可能同时进行并在瞬间内完成，因而其控制实际上表现为周期性的循环过程。

3. 控制方式

控制方式是指约束、支配、驾驭被控对象行为的途径和方法，是控制的表现形式。

控制的方式可以按照不同的方法来划分。按照控制系统全过程的不同阶段，控制可划分为事前控制、事中控制和事后控制。事前控制，即在投入阶段对被控系统进行控制，又称为预先控制；事中控制又称为过程控制，是在转化过程阶段对被控系统进行控制；事后控制是在产出阶段对系统进行控制。按照反馈的形式可以划分为前馈控制和反馈控制。总的说来，控制方式可分为两类：主动控制和被动控制。

被动控制是根据被控系统输出情况，与计划值进行比较，以及当实际值偏离计划值时，分析其产生偏差的原因，并确定下一步的对策。被动控制是事后控制，也是反馈控制。

被动控制的特点是根据系统的输出来调节系统的再输入和输出，即根据过去的操作情况去调整未来的行为。这种特点，一方面决定了它在建设工程项目中具有普遍的应用价值；另一方面，也决定了它自身的局限性。这个局限性首先表现在，在反馈信息的检测、传输和变换过程中，存在着不同程度的“时滞”，即时间延迟。这种时滞表现在三方面：一是当系统运行出现偏差时，检测系统常常不能及时发现，有时等到问题明显严重时，才能引起注意；二是对反馈信息的分析、处理和传输，常常需要大量的时间；三是在采取了纠正措施，即系统输入发生变化后，其输出并不立即改变，常常需要等待一段时间才变化。

即使在比较简单的控制过程中，要查明产生偏差的原因往往要花费很多时间，而把纠正措施付诸实施则要花费更多的时间。对于工程建设这样的复杂过程更是如此。有效的实时信息系统可以最大限度地减少反馈信息的时滞。

由于被动控制（指负反馈）是通过不断纠正偏差来实现的，而这种偏差对控制工作来说，则是一种损失。例如，工程进度产生较大延误，要采取加大人、财、物的投入，否则就要影响项目竣工使用。可以说，建设项目实施过程中的负反馈控制总是以某种程度上的损失为代价的。

以上是被动（反馈）控制局限性的主要方面。要克服这种局限性，除了提高控制系统本身的反馈效率之外，最根本的方法就是在进行被动控制的同时，加强主动控制，即前馈控制。

主动控制立足于事先主动地采取决策措施，以尽可能地减少甚至避免计划值与实际值的偏离。这是主动积极的控制。很显然，主动控制是事前控制，也是前馈控制。它对控制系统的要求非常高，特别是对控制者的要求很高，因为它是建立在对未来预测的基础之上的。其效果的大小，有赖于准确的预测分析。

但事先主动（前馈）控制是相当复杂的工作，要准确地预测到系统每一变量的预期变化，并不是一件容易的事，某些难以预测的干扰因素的存在，也常常给主动控制带来困难。但这些并不意味着主动控制是不可能实现的。在实际工作中，重要的是准确地预测决定系统输出的基本的和主要的变量或因素，并使这些变量及其相互关系模型化和计算机化，至于一些次要的变量和某些干扰变量，不可能全部预测到。对于这些不易预测的变量，可以在主动控制的同时，辅之以被动控制。也就是要把主动控制和被动控制结合起来。要做到主动控制与被动控制相结合，关键在于处理好以下两方面问题：一是扩大信息来源，即不仅要从本工程获得实施情况的信息，而且要从外部环境获得有关信息，包括已建同类工程的有关信息，这样才能对风险因素进行定量分析，使纠偏措施有针对性；二是要把握好输入环节，即要输入两类纠偏措施，不仅要有纠正已经发生的偏差的措施，而且要有预防和纠正可能发生的偏差的措施，这样才能取得较好的控制效果。

需要说明的是，虽然在建设工程实施过程中仅仅采取主动控制是不可能的，有时是不经济的，但不能因此而否定主动控制的重要性。实际上，牢固确立主动控制的思想，认真研究并制订多种主动控制措施，尤其是重视那些基本上不需要耗费资金和时间的主动控制措施，如组织、经济、合同方面的措施，并力求加大主动控制在控制过程中的比例，对于提高建设工程目标控制的效果，具有十分重要而现实的意义。

4. 建设工程项目施工阶段质量控制的目标

建设工程项目施工阶段质量控制的目标，就是通过有效的质量控制工作和具体的质量控制措施，在满足投资和进度要求的前提下，实现工程预定的质量目标。

这里，有必要首先明确建设工程质量目标的含义。

建设工程的质量首先必须符合国家现行的关于工程质量的法律、法规、技术标准和规范等的有关规定，尤其是强制性的规定。这实际上也就明确了对施工质量的基本要求。

建设工程的质量目标又是通过合同加以约定的，其范围更广、内容更具体。任何建设工程都有其特定的功能和使用价值。建设工程的功能与使用价值的质量目标是相对于业主的需要而言，并无固定和统一的标准。从这个角度讲，建设工程的质量目标都具有个性。

因此，建设工程质量控制的目标就要实现以上两方面的工程质量目标。由于工程共性质量目标一般都有严格、明确的规定，因而质量控制工作的对象和内容都比较明确，也可以比较准确、客观地评价质量控制的效果。而工程个性质量目标具有一定的主观性，有时没有明确、统一的标准，因而质量控制工作的对象和内容较难把握,对质量控制效果的评价与评价方法和标准密切相关。因此,在建设工程的质量控制工作中,要注意对工程个性质量目标的控制,最好能预先明确控制效果定量评价的方法和标准。另外,对于合同约定的质量目标,必须保证其不低于国家强制性质量标准的要求。

5. 建设工程项目施工阶段全过程控制

建设工程总体质量目标的实现与工程质量的形成过程息息相关,各个阶段的工程内容和质量要求有明显区别,因此,必须对工程质量实行全过程控制,把对施工质量的控制落实到施工各阶段的过程中。

还要说明的是,建设工程建成后,不可能像某些工业产品那样,可以拆卸或解体来检查内在的质量。这表明,建设工程竣工检验时难以发现工程内在的、隐蔽的质量缺陷,因而必须加强施工过程中的质量检验。而且,在建设工程施工过程中,由于工序交接多、中间产品多、隐蔽工程多,若不及时检查,就可能将已经出现的质量问题被下道工序掩盖,将不合格产品误认为合格产品,从而留下质量隐患。这都说明对建设工程质量进行全过程控制的必要性和重要性。

6. 建设工程项目施工阶段全方位控制

对建设工程质量进行全方位控制应从以下几个方面着手。

(1) 对建设工程所有工程内容的质量进行控制。建设工程是一个整体,其总体质量是各个组成部分质量的综合体现,也取决于具体工程内容的质量。如果某项工程内容的质量不合格,即使其余工程内容的质量都很好,也可能导致整个建设工程的质量不合格。因此,对建设工程质量的控制必须落实到每一项工程内容,只有确实实现了各项工程内容的质量目标,才能保证实现整个建设工程的质量目标。

(2) 对建设工程质量目标的所有内容进行控制。建设工程的质量目标包括许多具体的内容,例如,从外在质量、工程实体质量、功能和使用价值等方面可分为美观性、环境协调性、安全性、可靠性、适用性、灵活性、可维修性等目标,还可以分为更具体的目标。这些具体质量目标之间有时也存在对立统一的关系,在质量控制工作中要注意加以妥善处理。具体质量目标是否实现或实现的程度如何,又涉及评价方法和标准。此外,对功能和使用价值质量目标要予以足够重视,因为该质量目标的确很重要,而且其控制对象和方法与对工程实体质量的控制不同。

(3) 对影响建设工程质量目标的所有因素进行控制。影响建设工程质量目标的因素很多,可以从不同的角度加以归纳和分类。例如,可以将这些因素分为人、机械、材料、方法和环境五个方面。质量控制的全方位控制,就是要对这五个方面因素都进行控制。

7. 建设工程项目施工阶段控制内容

施工过程的质量控制有以下内容。

(1) 加强施工工艺管理。工艺是直接加工和改造劳动对象的技术和方法。工艺控制好了,可以从根本上减少废次品,提高质量的稳定性。

因此,必须及时督促操作规程、工艺标准等施工工艺文件的认真执行。

(2) 施工过程中的工序控制。好的工程质量是由一道一道工序在生产中逐渐形成的,施工质量控制的过程包括施工准备质量控制、施工过程质量控制和施工验收质量控制。

① 施工准备质量控制是指工程项目开工前的全面施工准备和施工过程中各分部分项工程施工作业前的施工准备。此外,还包括季节性的特殊施工准备。施工准备质量是属于工作质量范畴,然而它对建设工程产品质量的形成产生重要的影响。

② 施工过程的质量控制是指施工作业技术活动的投入与产出过程的质量控制。其内涵包括全过程施工生产及其各分部分项工程的施工作业过程。

③ 施工验收质量控制是指对已完工程验收时的质量控制,即工程产品质量控制。包括隐蔽工程验收、检验验收、分项工程验收、分部工程验收、单位工程验收和整个建设工程项目竣工验收过程的质量控制。

施工质量控制过程既有施工承包方的质量控制职能,也有业主方、设计方、监理方、供应方及政府的工程质量监督部门的控制职能,他们具有各自不同的地位、责任和作用。

自控主体——施工承包方和供应方在施工阶段是质量自控主体,他们不能因为监控主体的存在和监控责任的实施而减轻或免除其质量责任。

监控主体——业主、监理、设计单位及政府的工程质量监督部门,在施工阶段是依据法律和合同对自控主体的质量行为和效果实施监督控制。

自控主体和监控主体在施工全过程相互依存、各司其职,共同推动着施工质量控制过程的发展和最终工程质量目标的实现。

施工方作为工程施工质量的自控主体,既要遵循本企业质量管理体系的要求,也要根据其所承建工程项目质量控制系统中的地位和责任,通过具体项目质量计划的编制与实施,有效实现自主控制的目标。一般情况下,对施工承包企业而言,无论工程项目的功能类型、结构型式及复杂程度存在着怎样的差异,其施工质量控制过程都可归纳为以下相互作用的八个环节:

① 工程调研和项目承接:全面了解工程情况和特点,掌握承包合同中工程质量控制的合同条件;

② 施工准备:图纸会审、施工组织设计、施工力量设备的配置等;

③ 材料采购;

④ 施工生产;

⑤ 试验与检验;

⑥ 工程功能检测;

⑦ 竣工验收;

⑧ 质量回访及保修。

6.3.2 质量检验

1. 质量检验的含义

在质量管理中，一方面要对生产过程进行质量控制，保证生产的稳定性；另一方面还要对生产出的产品进行严格的质量检验。对产品的质量检验是保证产品质量的主要环节之一。产品质量检验的目的，一是决定已经生产出来的产品是否合格；二是当产品生产过程一旦不稳定时，可通过检验及时发现问题，以便采取措施使生产过程保持稳定，从而提高产品质量。

国际标准《ISO 9000质量管理和质量保证术语》中明确地给出了检验的定义是：对实体的一个或多个特性进行的诸如测量、检查、试验或度量，并将结果与规定要求进行比较以确定每项特性的合格情况所进行的活动。从以上定义可以看出，产品质量检验是采用测量、检查、试验等方法，将单个产品与技术要求相比较的过程。通过质量检验，可以决定已生产出来的产品是否合格，投产的原材料是否符合要求，有助于及时发现生产过程中产品质量不稳的苗头，起到提高和保证产品质量的作用。

2. 质量检验的程序

1）标准具体化

标准具体化就是把设计要求、技术标准、工艺操作规程等转换成具体而明确的质量要求，并在质量检验中正确执行这些技术法规。

2）度量

度量是指对工程或产品的质量特性进行检测度量。其中包括检查人员的感观度量、机械器具的测量和仪表仪器的测试，以及化验与分析等。通过度量，做出工程或产品质量特征值的数据报告。

3）比较

比较就是把度量出来的质量特征值同该工程或产品的质量技术标准进行比较，看其有何差异。

4）判定

判定就是根据比较的结果来判断工程或产品的质量是否符合规程、标准的要求，并作出结论。判定要用事实、数据说话，防止主观、片面，真正做到以事实、数据为依据，以标准、规范为准绳。

5）处理

处理是根据判定的结果，对合格与优良的工程或产品的质量予以认证；对不合格者，要找原因，采取对策措施予以调整、纠偏或返工。

6）记录

记录要贯穿整个质量检验的过程，就是把度量出来的质量特征值，完整、准确、及时地记录下来，以供统计、分析、判定、审核和备查用。

6.3.3 质量控制的数理统计方法

用数理统计方法对工业产品进行质量管理，是从1924年美国贝尔电话试验中心的休哈特(W. A. Shewhart)开始的。他运用概率论的原理提出了控制生产过程中产品质量的“6σ”方法，也就是“质量控制图”和“预防缺陷”的概念。继休哈特之后，又有许多人在工业产品质量管理中运用了数理统计方法。如美国的道奇(H. F. Dodgt)和罗米格(H. G. Roming)提出的抽检表，瓦尔德(A. Wald)提出的序贯抽检法，戴明(W. E. Deming)提出的循环工作法，以及日本石川馨提出的因果分析法等。这些都对改善和提高产品质量，进行科学的质量管理做出了贡献。但是必须指出的是，质量管理如果仅仅依靠或偏重数理统计方法，不与专业技术和管理技术相结合，其实际效果是不会理想的。一定要强调抓好全企业的工作质量，全面质量管理才能收到预期的效果。

1. 数理统计数据的特征

任何质量都表现为一定的数量。质量的好坏通常是以特征值来表示的。所谓质量特征值就是我们常用的质量数据。在质量管理中掌握质量的数量界限，是进行数理统计的一个重要原则问题，也就是我们常讲的没有质量就没有数量，达不到标准质量数值要求的产品质量不能算是好的产品质量。表现在产品质量和工程质量中的统计数据有两个基本特性：一个是统计数据的差异性；一个是统计数据的规律性。

1) 统计数据的差异性(也叫分散性)

这种特性，是由于产品质量和工程质量本身都存在各种不同程度的差异所决定的。因为任何产品和工程质量的特征，都是通过数值表现出来，而这些数值是始终处于变动之中的。不管用怎样精密的机器设备和多么谨慎的操作，生产出来的产品质量总不会完全相同、完全一样，总会存在着程度不同的差别。在质量管理中，把这种客观必然存在的差别，也就是产品本身存在的不均衡性和不整齐的情况，称做质量散差。这种质量散差是以数据大小来表现的。表示各种质量散差的数据集合在一起，就是质量特征值。产生质量散差的原因，主要是由于在产品生产和工程施工过程中，有许多不可预见的偶然性因素存在，这是不可避免的现象。当然，除了这种不可预见的因素之外，也会有诸如技术条件和管理方法不善所造成的散差。

2) 统计数据的规律性

任何时候和任何条件下，测得一组产品质量和工程质量的数据都必然会存在质量散差。但是，这种质量散差并不是漫无边际相差悬殊的，而是具有一定的规律性，也就是在一定范围内变化。对于这种规律性的变化，在数学上称为分布状态。一般常见的分布状态有正态分布、二项式分布、泊松分布等。表现在产品质量和工程质量上的散差分布大体上可分为两类：一类是数据值集中在中间位置，同时向两端分散，形成中间大两头小，以中心为轴向左右两个方向对称发展的分布状态。这种分布状态在工程质量中经常出现，如混凝土的强度值分布和各种构件尺寸分布，以及焊接质量分布等。另一类是数据值向着一端集中，向着另一端分散，形成一种偏向分布状态。这种分布多表现在产品疵点和产品缺陷上，在工程施工中有许多工序操作会出现这种分布状态。但是，这种分布状态也不是一成不变的，由于在产品生产和工程施工中某种原因的存在，也会导致本来正常情况下应该是对称型的分布，而在实际表现中却成了非对称的、偏态的分布，遇到这种情况就要进行具体分析。

在质量管理中，应用数理统计，就是要从反映质量特征值的差异性中去寻求其规律性，从而预测和控制产品的质量。所以，有人把这种用数理统计进行质量管理的方法称为“预防缺陷”的管理方法。这里要指出，用数理统计进行质量管理的方法，从表面上看，各个数据都是从已经生产出来的产品中搜集来的，这同“事后检验”方法似乎没有什么区别。其实，它与过去那种“全数检验，个个过关”的方法存在着本质上的不同。因为数理统计质量管理方法中进行统计分析的目的，不是那些被观测到的数据本身，而是通过这些已被观测到的数据去推测判断那些尚未观测的数据，也就是用少量的产品质量去估测判断批量产品的质量状况。

2. 质量控制中常用数理统计方法

工程质量控制与评价以数理统计方法作为基本手段。所谓数理统计方法，就是运用统计规律，收集、整理、分析、利用数据，并以这些数据作为判断、决策和解决质量问题的依据。

质量控制中比较常用而有效的统计方法有频数分布直方图法、排列图法、因果分析图法、控制图法、分层法、相关图法和统计调查分析法等。限于篇幅，本节只介绍频数分布直方图、控制图、因果分析图及排列图等方法。

1）因果分析图法

因果分析图是一种逐步深入研究和讨论质量问题的图示方法，是由若干枝干组成，枝干分为大枝、中枝、小枝和细枝，它们分别代表大大小小不同的原因。

(1) 因果分析图的作图步骤。

① 确定需要分析的质量特性(或结果)，画出主干线，即从左向右带箭头的线。

② 分析、确定影响质量特性的大枝(大原因)、中枝(中原因)、小枝(小原因)、细枝(更小原因)，并按顺序用箭头逐个标注在图上。

③ 逐步分析，找出关键性的原因并做出记号或用文字加以说明。

④ 制定对策，限期改正。

(2) 应用。图6-3是沥青路面松散的因果图，原因分析是从人、机械、环境、方法、材料五个方面进行分析的。

(3) 使用因果分析图法应注意的事项。

① 一个质量特性或一个质量问题用一张图分析。

② 通常采用QC小组活动的方式进行，集思广益，共同分析。

③ 必要时可以邀请小组以外的有关人员参与，广泛听取意见。

④ 分析时要充分发表意见，层层深入，列出所有可能的原因。

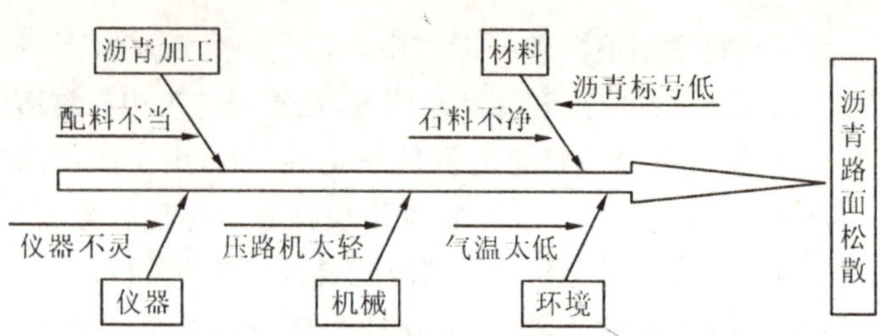

图 6-3 沥青路面松散因果图

⑤ 在充分分析的基础上，由各参与人员采用投票或其他方式，从中选择 1～5 项多数人达成共识的最主要原因。

2）排列图法

在质量管理过程中，通过抽样检查或检验试验所得到的质量问题、偏差、缺陷、不合格等统计数据，以及造成质量问题的原因分析统计数据，均可采用排列图方法进行状况描述。它具有直观、主次分明的特点。排列图又称帕累托图，是用来寻找影响产品质量主要因素的一种方法。

(1) 排列图的作图步骤。

① 收集一定时间内的质量数据。

② 按影响质量因素确定排列图的分类，一般可按不合格品的项目、产品种类、作业班组、质量事故造成的经济损失来分。

③ 统计各项目的数据，即频数、计算频率、累计频率。

④ 划出左右两条纵坐标，确定两条纵坐标的适当刻度和比例。

⑤ 根据各种影响因素发生频率多少，从左向右排列在横坐标上，各种影响因素在横坐标上的宽度要相等。

⑥ 根据纵坐标的刻度和各种影响因素的发生频数，画出相应的矩形图。

⑦ 根据步骤③中计算的累计频率按每个影响因素分别标注在相应的坐标点上，将各点连成曲线。

⑧ 在图面的适当位置，标注排列图的标题。

(2) 排列图的分析。

排列图中矩形柱高度表示影响因素程度的大小。观察排列图寻找主次因素时，主要看矩形柱高矮这个因素。一般确定主次因素可利用帕累托曲线，将累计百分数分为三类：累计百分数在 0～80％的为 A 类，在此区域内的因素为主要影响因素，应重点加以解决；累计百分数在 80％～90％的为 B 类，在此区域内的因素为次要因素，可按常规进行管理；累计百分数在 90％～100％的为 C 类，在此区域内的因素为一般因素。

(3) 应用。

图 6-4 是某项目某一时间段的无效工排列图，从图中可见，开会学习占 610 工时、停电占 354 工时、停水占 236 工时、气候影响占 204 工时、机械故障占 54 工时。前两项累计频率 66.1％，是无效工的主要原因；停水是次要因素；气候影响、机械故

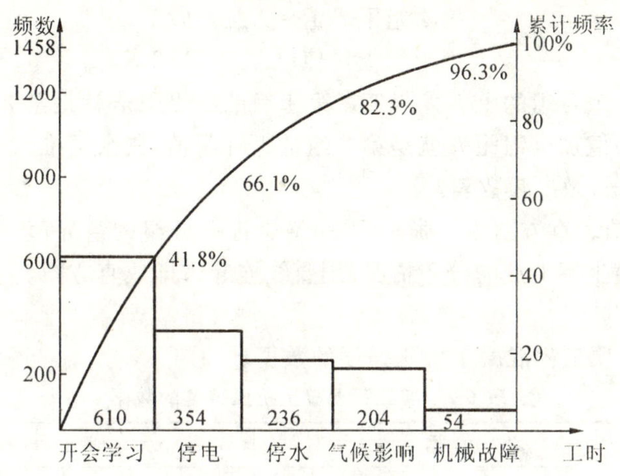

图 6-4　无效工排列图

障是一般因素。

3）直方图法

直方图是反映产品质量数据分布状态和波动规律的图表。

(1) 直方图的主要用途。

直方图可用来整理统计数据，了解统计数据的分布特征，即数据分布的集中或离散状况，从中掌握质量能力状态。观察分析生产过程质量是否处于正常、稳定和受控状态，以及质量水平是否保持在公差允许的范围内。

(2) 直方图的作图步骤。

① 收集数据，一般数据的数量用 N 表示。

② 找出数据中的最大值与最小值。

③ 计算极差，即全部数据的最大值与最小值之差

$$R = X_{max} - X_{min}$$

④ 确定组数 K。组数可按表 6-1 选取。

表 6-1　组数表

数据的数量 N	分组数 K	一般使用的组数 K
50 以下	7 以下	20
50～100	6～10	20
100～250	7～12	20
250 以上	10～20	20

⑤ 计算组距 h：$h=R/K$。

⑥ 确定分组组界。

首先计算第 1 组的上、下界限值：

$$第1组下界值=X_{min}-h/2$$

$$第1组上界值=X_{min}+h/2$$

然后计算其余各组的上下界限值。第 1 组的上界限值就是第 2 组的下界限值，第 2 组的下界限值加上组距 h 就是第 2 组的上界限值，其余类推。

⑦ 整理数据，做出频数表。

⑧ 画直方图。直方图是一张坐标图，横坐标取分组的组界值，纵坐标取各组的频数。找出纵横坐标上点的分布情况，用直线连起来即成直方图。

(3) 应用。

表 6-2 是某项工程混凝土抗压强度的数据。

表 6-2 某工程混凝土抗压强度的数据

顺 序	数 据	最 大 值	最 小 值
1	21.5 21.7 19.5 20.0 21.4	21.7	19.5
2	20.3 20.9 23.6 21.0 20.4	23.6	20.3
3	21.4 21.1 23.1 20.4 22.1	23.1	20.4
4	21.6 19.6 22.7 19.7 22.9	22.9	19.6
5	24.1 20.5 22.6 21.0 22.7	24.1	20.5
6	21.9 18.3 20.1 22.9 24.0	24.0	18.3
7	25.0 21.4 21.7 25.1 24.1	25.1	21.4

极差：$R=X_{max}-X_{min}=25.1-18.3=6.8$ mm

组数：$K=7$

组距：$h=R/K=6.8/7=1$ mm

区间值：第 1 区间下界值为 18.3－1/2＝17.8 mm

第 1 区间上界值为 18.3＋1/2＝18.8 mm

进行频数分布统计，见表 6-3。

表 6-3 频数分布统计表

序 号	分组区间	组 中 值	频数统计
1	17.8～18.8	18.3	1
2	18.8～19.8	19.3	3
3	19.8～20.8	20.3	6
4	20.8～21.8	21.3	10
5	21.8～22.8	22.3	6
6	22.8～23.8	23.3	4
7	23.8～24.8	24.3	3
8	24.8～25.8	25.3	2

画直方图，如图 6-5 所示。

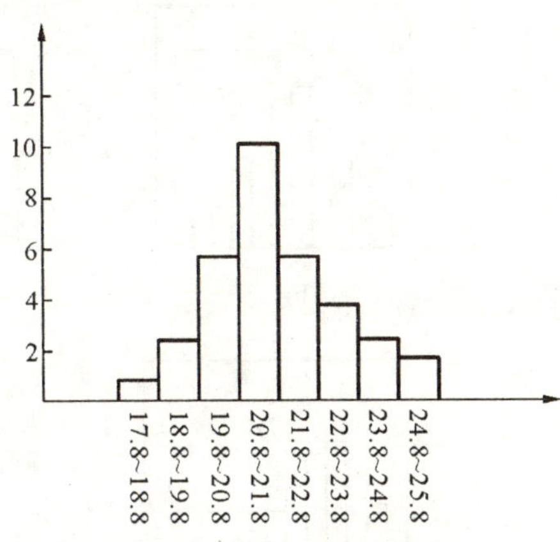

图 6-5　混凝土强度直方图

(4) 直方图图形分析。

通过观察直方图的形状，可以判断生产的质量状况，从而采取必要的措施，预防不合格产品的产生。

观察直方图时，主要应注意图形的整体形状。一般来说，直方图的中间为峰顶，向左右两方对称地分散，如图 6-6(a)所示，说明质量比较正常，称正常型。分组不当或组距不当时，直方图呈折齿型，如图 6-6(b)所示。原材料发生变化或临时出现其他人代替作业，直方图呈孤岛型，如图 6-6(c)所示。用两种不同工艺或两台设备，以及两组人进行作业，而数据又混在一起进行整理，直方图呈双峰型，如图 6-6(d)所示。施工过程中的上控制界限或下控制界限太严导致图形向左或向右呈缓坡状，如图 6-6(e)所示。数据收集不正常，人为地剔除不合格品的数量，直方图呈绝壁型，如图 6-6(f)所示。

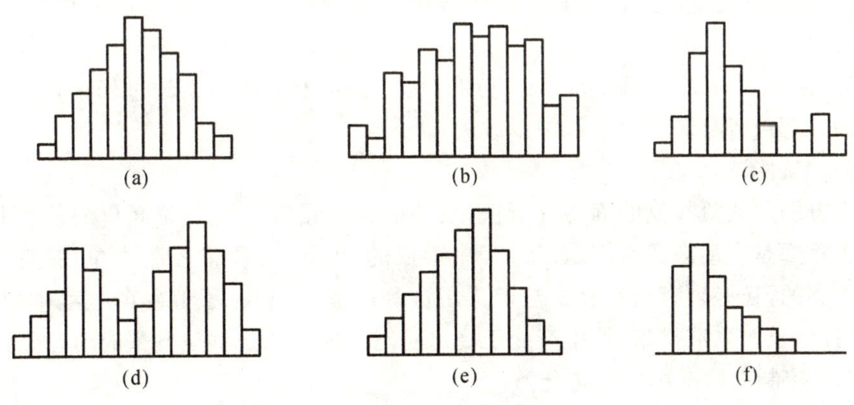

图 6-6　直方图分布状态图

(5) 对照标准分析比较。

在直方图中标出标准值。可以分析工序能力与标准规格要求之间的关系，如图 6-7 所示。

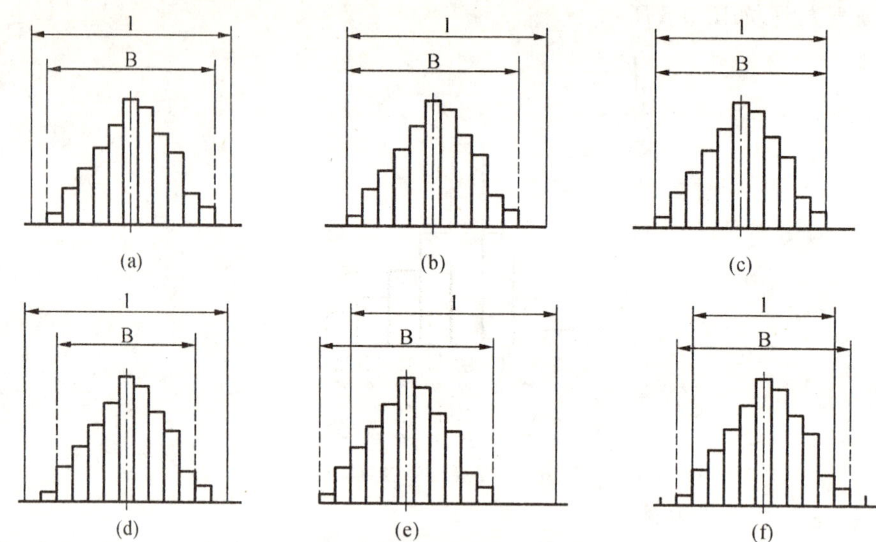

图 6-7 实际质量分布与质量标准的关系图

① 正常型(见图 6-7(a))。分布范围比标准界限宽度窄,分布中心在中间,工序处于正常管理状态。

② 单侧压线型(见图 6-7(b))。分布范围虽在标准界限内,但一侧完全没有余量,稍有变化,就会出现不合格品。

③ 双侧压线型(见图 6-7(c))。分布范围与标准界限完全一致,没有余量,一旦出现微小变化,就可能出现超差或废品。

④ 能力富余型(见图 6-7(d))。分布范围满足标准要求,但余量过大,属控制过严,不经济。

⑤ 单侧过线型(见图 6-7(e))。分布中心偏离标准中心,有些部分超过了上限标准,出现不合格品。

⑥ 能力不足型(见图 6-7(f))。分布范围太大,上下限均已超过标准,已产生不合格品,应分析原因,采取措施加以改进。

4) 控制图法

直方图是质量控制的静态分析法,反映的是质量在某一段时间里的静止状态。然而工程都是在动态的生产施工过程中形成的,因此,在质量控制中单用静态分析法是不够的,还必须有动态分析法。采用这种方法,可随时了解生产过程中质量的变化情况,及时采取措施,使生产处于稳定状态。控制图法就是典型的动态分析法。

(1) 控制图的基本形式与分类。

控制图是判断生产过程的质量状态和控制工序质量的一种有效工具。控制图的基本形式如图 6-8 所示。

控制图一般有三条线:上面的一条线为控制上限,用符号 UCL 表示;中间的一条线叫中心线,用符号 CL 表示;下面的一条线叫控制下限,用符号 LCL 表示。在生

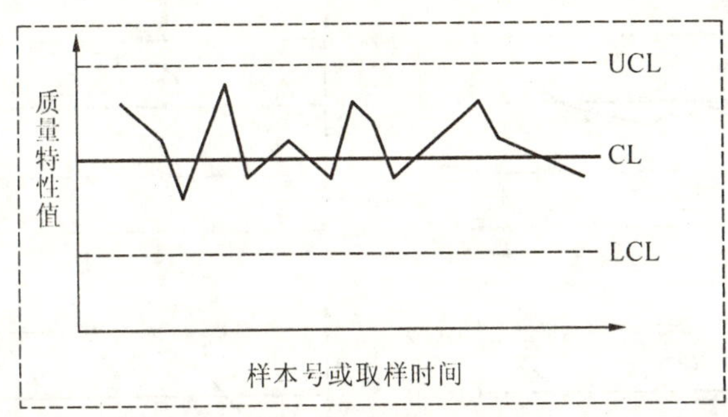

图 6-8　控制图基本样式

产过程中，按规定取样，测定其特性值，将其统计量作为一个点画在控制图上，然后连接各点成一条折线，即表示质量波动情况。

(2) 控制图的绘制。

① 收集数据并整理。原则上要求收集 50～100 个以上数据。

② 把数据按时间和分批的顺序排列、分组。

③ 计算各组的平均值、极差，填入表中。

④ 计算各组平均值的平均值、极差的平均值。

⑤ 计算控制界限。

⑥ 建立坐标，画出控制图。

(3) 控制图的观察分析。

应用控制图的主要目的是分析判断生产过程是否处于稳定状态，预防不合格品的发生。

怎样用控制图来分析判断生产过程是正常还是异常呢？当控制图的点满足以下两个条件：一是点没有跳出控制界限；二是点随机排列没有缺陷，就认为生产过程基本上处于控制状态，即生产正常。否则，就认为生产过程发生了异常变化，必须把引起这种变化的原因找出来，排除掉。这里所说的点在控制界限内排列有缺陷，包括以下几种情况。

① 点连续在中心线一侧出现 7 个以上，见图 6-9(a)。

② 连续 7 个以上点上升或下降，见图 6-9(b)。

③ 点在中心线一侧多次出现，如连续 11 个点中至少有 10 个点在同一侧，见图 6-9(c)，或连续 14 点中至少有 12 点，或连续 17 点中至少有 14 点，或连续 20 点中至少有 16 点出现在同一侧。

④ 点接近控制界限，如连续 3 个点中至少有 2 点在中心线上，或在 2 倍标准偏差横线以外出现，见图 6-9(d)；或连续 7 点中至少有 3 点，或连续 10 点中至少有 4 点在该横线外出现。

⑤ 点出现周期性波动，见图 6-9(e)。

3. 相关图法

相关图又称散布图。这种图可用来分析研究两种数据之间是否存在相关关系。

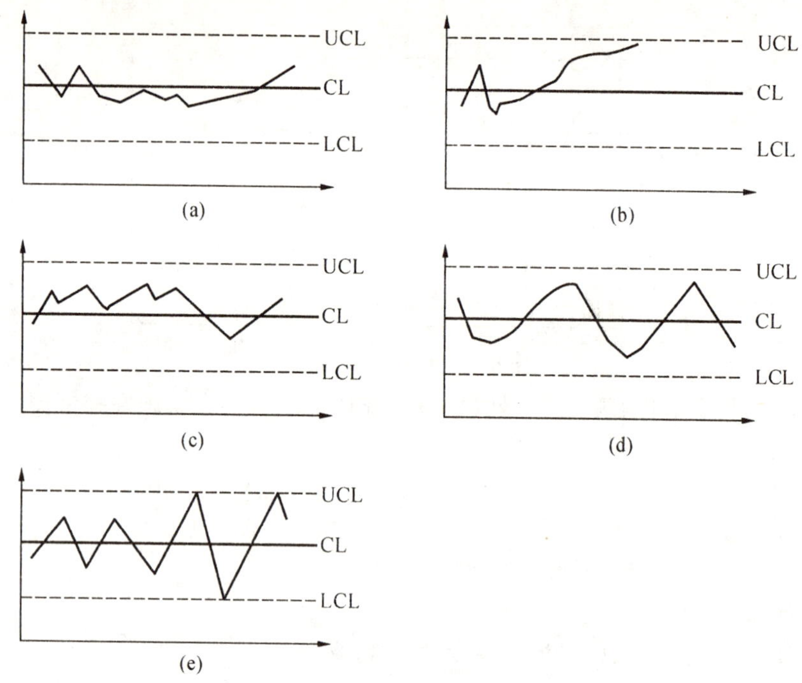

图 6-9 控制图的异常现象

把两种数据列出之后，在坐标纸上打点，就可得到一张相关图。从点的散布情况可判别两种数据之间的关系特性。在质量控制中借助相关图进行相关分析，可研究质量结果和原因之间的关系，进一步弄清影响质量特性的主要因素。

(1) 相关图的作图方法。

① 数据收集。成对地收集两种特性的数据作成数据表，数据应在 30 组以上。

② 设计坐标。在坐标纸上以要因作 x 轴，结果(特性)作 y 轴。找出 x、y 的最大值和最小值，以最大值与最小值的差定坐标长度，并定出适当的坐标刻度。

③ 数据打点入座。将集中整理后的数据依次相应用"·"标出纵横坐标交点，当两个同样数据的交点重合时用⊙表示。

④ 注说明。在图中适当位置写明数据个数、收集时间、工程部位名称、制图人和制图日期等。

(2) 相关图的观察分析。

相关图的几种基本类型如图 6-10 所示。

在该图中，分别表示以下关系：

① 正相关。x 增加，y 也明显增加，见图 6-10(a)。

② 弱正相关。x 增加，y 大体上也增加，但点的分布不像正相关那样呈直线状，见图 6-10(b)。

③ 负相关。x 增加，y 却明显较小，见图 6-10(c)。

④ 弱负相关。x 增加，y 大体上减小，但点的分布不像负相关那样呈直线状，见

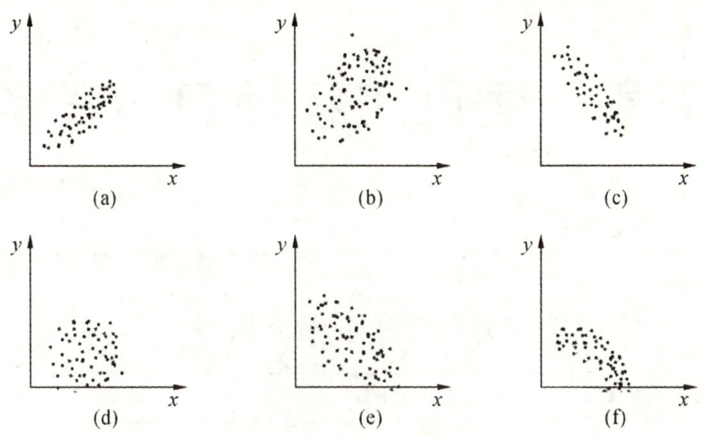

图6-10 相关图的基本类型

图6-10(d)。

⑤ 不相关。x增减对y无影响,即x与y没有关系,见图6-10(e)。

⑥ 非线性相关。点的分布呈曲线状,见图6-10(f)。

【思考和练习】

1. 工程项目质量管理的含义与方法是什么?
2. 简述施工承包企业质量体系的建立与运行。
3. 简述施工过程的质量控制内容。
4. 试述建设工程项目施工阶段的质量控制。

第7章　建设工程项目合同管理

【知识要点及学习要求】

知识要点	学习要求
知识要点1　合同的概念及法律关系构成、合同管理的工作过程。	了解
知识要点2　几种常见的工程项目合同管理。	熟悉
知识要点3　工程索赔的依据、程序及编写。	掌握

7.1　建设工程项目合同管理概述

在建设工程项目管理中，合同管理具有十分重要的地位，已成为与进度管理、质量管理、成本(投资)管理、信息管理等并列的一大管理职能。但目前在我国，合同意识薄弱、合同管理水平低仍是我国建筑工程中的普遍现象，主要表现在以下几个方面。

(1) 我国法律尚不健全，有法不依现象十分严重，合同的法律环境不太好，人们也不习惯用法律手段和合同措施解决问题。合同签订和实施问题很多，合同管理的成效不显著，水平也很难提高。

(2) 我国目前建筑市场竞争激烈，过于向买方倾斜，业主在合同中经常提出苛刻的合同条件，而承包商迫于生计，只能接受这样的合同条件。在工程中，承包商处于被动地位，常常为了搞好关系，而不能严格认真地执行合同，不敢向业主提出合理的索赔要求，即使承包商想严格执行合同，由于各方面的原因，也无法解决合同问题达到目的，承包商面临十分不利的合同签订和实施环境。在合同的签订和执行过程中，双方的非理性行为恶化着工程承包市场环境。

(3) 建筑市场运行尚不规范，合同约束力不强，合同管理效果不显著，于是部分从业人员采取了一些不规范的手段以获得经济利益，在一定程度上扰乱了市场的秩序。

(4) 我国目前工程管理整体水平低，无论业主、承包商，甚至监理工程师合同管理水平都很低，合同意识都很薄弱，缺乏合同管理人才，很难严格履行合同，常常合同双方都有违约行为。因此，在我国推广严格的合同管理十分困难。

上述问题的存在严重地影响了我国工程管理水平的提高，对工程经济效益和工程质量产生严重的损害。目前的这些现象从另一方面说明，我国更需要严格的合同管理。在我国要进行严格的合同管理，建立健全索赔机制，还有待法律的健全和市场运行的规范化，而它们又是同一客体中相辅相成的两个方面。严格的合同管理和索赔不仅需要建筑市场的法制化、规范化，同时它们又是建筑市场法制化、规范化的具体体现和主要内容之一。

7.1.1 项目合同的概念与作用

1. 合同的概念

合同又称契约，是法人之间、法人与公民之间以及公民与公民之间，为实现某个目的确定相互的民事权利义务关系而签订的书面协议。

工程项目合同，指一方（承包人，即勘察、设计或施工单位）按期完成并交付他方（发包人，即建设单位）所委托的基本建设工作，而发包人按期进行验收和支付工程价款或报酬的合同。

合同一经签订即具有法律特征，受法律保护。合同具有以下几个特征。

(1) 合同是双方的法律行为，即需要两个或两个以上的当事人互为意思表示。合同作为民事法律行为，民法关于法律行为的规定，均适用于合同，如合同的生效、无效、可撤销等规定。

(2) 双方当事人意思表示必须一致，只有双方意思表示一致，合同才得以成立，如只有一方意思表示，或虽有双方意思表示，但表示不一致，合同则不成立。

(3) 合同以发生民事法律关系为目的，即以发生、变更或终止民事法律关系为目的。作为债的发生原因之合同，还须以变动债权债务关系为目的。

合同作为一种协议，其本质是一种合意，必须是两个以上意思表示一致的民事法律行为。因此，合同的缔结必须由双方当事人协商一致才能成立。合同当事人做出的意思表示必须合法，这样才能具有法律约束力。建设工程合同也是如此。即使在建设工程合同的订立中承包人一方存在着激烈的竞争（如施工合同的订立，施工单位的激烈竞争是建设单位进行招标的基础），仍需双方当事人协商一致，发包人不能将自己的意志强加给承包人。双方订立的合同即使是协商一致的，也不能违反法律、行政法规，否则合同就是无效的，如施工单位超越资质等级许可的业务范围订立施工合同，该合同就没有法律约束力。

2. 合同法律关系的构成

1) 合同法律关系的概念

法律关系是一定的社会关系在相应的法律规范调整下形成的权利义务关系。法律关系的实质是法律关系主体之间存在的特定权利义务关系。合同法律关系是一种重要的法律关系。

合同法律关系是指由合同法律规范所调整的当事人在民事流转过程中所产生的权利义务关系。合同法律关系包括合同法律关系主体、合同法律关系客体、合同法律关系内容三个要素。这三要素构成了合同法律关系，缺少其中任何一个要素都不能构成合同法律关系，改变其中的任何一个要素就改变了原来设定的法律关系。

2) 合同法律关系主体

合同法律关系主体，是参加合同法律关系，依法享有相应权利、承担相应义务的当事人。

合同法律关系的主体可以是自然人、法人、其他组织。

(1) 自然人:承担相应义务的当事人。

自然人,是指基于出生而成为民事法律关系主体的有生命的人。作为合同法律关系主体的自然人必须具备相应的民事权利能力和民事行为能力。民事权利能力是民事主体依法享有民事权利和承担民事义务的资格。自然人的民事权利能力始于出生,终于死亡。民事行为能力是民事主体通过自己的行为取得民事权利和履行民事义务的资格。根据自然人的年龄和精神健康状况,可以将自然人分为完全民事行为能力人、限制民事行为能力人和无民事行为能力人。公民是指取得一国国籍并根据该国法律规定享有权利和承担义务的自然人。自然人既包括公民,也包括外国人和无国籍人,他们都可以作为合同法律关系的主体。

(2) 法人。

法人是具有民事权利能力和民事行为能力,依法独立享有民事权利和承担民事义务的组织。法人是与自然人相对应的概念,是法律赋予社会组织具有人格的一项制度。这一制度为确立社会组织的权利、义务,便于社会组织独立承担责任提供了基础。

法人应当具备以下几个条件。

① 依法成立。法人不能自然产生,它的产生必须经过法定的程序。法人的设立目的和方式必须符合法律的规定,设立法人必须经过政府主管机关的批准或者核准登记。

② 有必要的财产或者经费。有必要的财产或者经费是法人进行民事活动的物质基础,它要求法人的财产或者经费必须与法人的经营范围或者设立目的相适应,否则不能被批准设立或者核准登记。

③ 有自己的名称、组织机构和场所。法人的名称是法人相互区别的标志和法人进行活动时使用的代号。法人的组织机构是指对内管理法人事务、对外代表法人进行民事活动的机构。法人的场所则是法人进行业务活动的所在地,也是确定法律管辖的依据。

④ 能够独立承担民事责任。法人必须能够以自己的财产或者经费承担在民事活动中的债务,在民事活动中给其他主体造成损失时能够承担赔偿责任。

法人的法定代表人是自然人,他依照法律或者法人组织章程的规定,代表法人行使职权。法人以它的主要办事机构所在地为住所。

法人可以分为企业法人和非企业法人两大类,非企业法人包括行政法人、事业法人、社团法人。企业法人依法经工商行政管理机关核准登记后取得法人资格。企业法人分立、合并或者有其他重要事项变更,应当向登记机关办理登记并公告。企业法人分立、合并,它的权利和义务由变更后的法人享有和承担。有独立经费的机关从成立之日起,具有法人资格。具有法人条件的事业单位、社会团体,依法不需要办理法人登记的,从成立之日起,具有法人资格;依法需要办理法人登记的,经核准登记后，取得法人资格。

（3）其他组织。

法人以外的其他组织也可以成为合同法律关系主体，主要包括：法人的分支机构，不具备法人资格的联营体、合伙企业、个人独资企业等。这些组织应当是合法成立，有一定组织机构和财产，但又不具备法人资格的组织。

3. 合同法律关系的客体

合同法律关系客体，是指参加合同法律关系的主体享有的权利和承担的义务所共同指向的对象。合同法律关系的客体主要包括物、行为、智力成果。

（1）物。法律意义上的物是指可为人们控制、并具有经济价值的生产资料和消费资料，可以分为动产和不动产、流通物与限制流通物、特定物与种类物等。如建筑材料、建筑设备等都可能成为合同法律关系的客体。货币作为一般等价物也是法律意义上的物，为合同法律关系的客体，如借款合同等。

（2）行为。法律意义上的行为是指人的有意识的活动。在合同法律关系中，行为多表现为完成一定的工作。如勘察设计、施工安装等，这些行为都可以成为合同法律关系的客体。

（3）智力成果。智力成果是指通过人的智力活动所创造出的精神成果，包括知识产权、技术秘密及在特定情况下的公知技术。如专利权、计算机软件等，都有可能成为合同法律关系的客体。

4. 合同法律关系的内容

合同法律关系的内容是指合同约定和法律规定的权利和义务。合同法律关系的内容是合同的具体要求，决定了合同法律关系的性质。

（1）权利。权利是指合同法律关系主体在法定范围内，按照合同的约定有权按照自己的意志做出某种行为。权利主体也可要求义务主体做出一定的行为或不做出一定的行为，以实现自己的有关权利。当权利受到侵害时，有权得到法律保护。

（2）义务。义务是指合同法律关系主体必须按法律规定或约定承担相应的责任。权利和义务是相互对应的，相应主体应自觉履行相对应的义务。否则，义务人应承担相应的法律责任。

5. 合同的作用

在市场经济中，财产的流转主要依靠合同，特别是工程项目，标的大、履行时间长、协调关系多，合同尤为重要。因此，建筑市场中的各方主体，包括建设单位、勘察设计单位、施工单位、咨询单位、监理单位、材料设备供应单位等都要依靠合同确立相互之间的关系。如建设单位要与勘察设计单位订立勘察设计合同，建设单位要与施工单位订立施工合同，建设单位要与监理单位订立监理合同等。在市场经济条件下，这些单位相互之间都没有隶属关系，相互之间的关系主要依靠合同来规范和约束。这些合同都是属于《合同法》中规范的合同，当事人都要依据《合同法》的规定订立和履行。具体体现在以下方面。

(1) 合同确定项目目标。合同定义项目管理的模式,规定项目管理的过程方法。它直接影响着整个项目组织和管理系统的形态和运作。

(2) 合同确定了项目的组织关系,它规定着项目参加者各方面的经济责权利关系和工作的分配情况。

(3) 合同作为工程项目任务委托和承接的法律依据,是工程过程中双方的最高行为准则。

(4) 合同将工程所涉及的生产、材料和设备供应、运输、各专业设计和施工的分工协作关系联系起来,协调并统一工程项目参加者的行为。

(5) 合同是工程过程中双方争执解决的依据。

7.1.2 合同管理的含义与工作程序

1. 合同管理的含义

(1) 含义:针对建筑工程中的各种合同进行的管理工作。包括:合同签订、合同履行、违约处理、施工索赔等。

(2) 合同管理的重要性。

① 在现代工程项目中合同和合同关系已越来越复杂,要求专业化的合同管理。

② 在项目管理中合同管理居于核心地位,作为一条主线贯穿始终。没有合同管理,项目管理目标不明,形不成系统。

③ 严格的合同管理是国际惯例。

④ 合同管理是我国工程项目管理的薄弱环节。

⑤ 国内外的成功和失败的案例证明。

2. 合同管理的工作程序

1) 合同的内容

合同的内容由当事人约定,这是合同自由的重要体现。《中华人民共和国合同法》规定了合同一般应包括的条款,但具备这些条款并不是合同成立的必备条件。建设工程合同也应当包括这些,但由于建设工程合同往往比较复杂,合同的内容往往并不全部在狭义的合同文本中。如有些内容反映在工程量表中,有些内容反映在当事人约定采用的质量标准中。

(1) 当事人的名称或者姓名和住所。

合同主体包括自然人、法人、其他组织。明确合同主体,对了解合同当事人的基本情况、合同的履行和确定诉讼管辖具有重要的意义。如公司的名称以企业营业执照上的名称为准。法人和其他组织的住所是指它们的主要营业地或者主要办事机构所在地。当然,作为一种国家干预较多的合同,国家对建设工程合同的当事人有一些特殊要求,如要求施工企业作为承包人时必须具有相应的资质等级。

(2) 标的。

标的是合同当事人双方权利和义务共同指向的对象。标的的表现形式为物、劳务、行为、智力成果、工程项目等。没有标的的合同是空的，当事人的权利义务无所依托；标的不明确的合同无法履行，合同也不能成立。所以，标的是合同的首要条款，签订合同时标的必须明确、具体，必须符合国家法律和行政法规的规定。

(3) 数量。

数量是衡量合同标的多少的尺度，以数字和计量单位表示。没有数量或数量规定不明确，当事人双方权利义务的多少，合同是否完全履行都无法确定。数量必须严格按照国家规定的法定计量单位填写，以免当事人产生不同的理解。施工合同中的数量主要体现的是工程量的大小。

(4) 质量。

质量是标的的内在品质和外观形态的综合指标。签订合同时，必须明确质量标准。合同对质量标准的约定应当是准确而具体的，对于技术上较为复杂和容易引起歧义的词语、标准，应当加以说明和解释。对于强制性的标准，当事人必须执行，合同约定的质量不得低于该强制性标准。对于推荐性的标准，国家鼓励采用。当事人没有约定质量标准，如果有国家标准，则依国家标准执行；如果没有国家标准，则依行业标准执行；没有行业标准，则依地方标准执行；没有地方标准，则依企业标准执行。由于建设工程中的质量标准大多是强制性的质量标准，当事人的约定不能低于这些强制性的标准。

(5) 价款或者报酬。

价款或者报酬是当事人一方向交付标的的另一方支付的货币。标的物的价款由当事人双方协商，但必须符合国家的物价政策，劳务酬金也是如此。合同条款中应写明有关银行结算和支付方法的条款：价款或者报酬在勘察、设计合同中表现为勘察费、设计费，在监理合同中则体现为监理费，在施工合同中则体现为工程款。

(6) 履行的期限、地点和方式。

履行的期限是当事人各方依照合同规定全面完成各自义务的时间。履行的地点是指当事人交付标的和支付价款或酬金的地点：包括标的的交付、提取地点；服务、劳务或工程项目建设的地点；价款或劳务的结算地点。施工合同的履行地点是工程所在地。履行的方式是指当事人完成合同规定义务的具体方法，包括标的的交付方式和价款或酬金的结算方式。履行的期限、地点和方式是确定合同当事人是否适当履行合同的依据。

(7) 违约责任。

违约责任是任何一方当事人不履行或者不适当履行合同规定的义务而应当承担的法律责任。当事人可以在合同中约定：一方当事人违反合同时，向另一方当事人支付一定数额的违约金；或者约定违约损害赔偿的计算方法。

(8) 解决争议的方法。

在合同履行过程中不可避免地会产生争议，为使争议发生后能够有一个双方都能接受的解决办法,应当在合同条款中对此做出规定。如果当事人希望通过仲裁作为解决争议的最终方式,则必须在合同中约定仲裁条款,因为仲裁是以自愿为原则的。

2) 合同的订立

建设工程合同的订立需要通过要约、承诺。要约是希望和他人订立合同的意思表示。提出要约的一方为要约人,接受要约的一方为被要约人。承诺是受要约人做出的同意要约的意思表示。

(1) 不要式合同的成立。

合同成立是指合同当事人对合同的标的、数量等内容协商一致。如果法律法规、当事人对合同的形式、程序没有特殊的要求,则承诺生效时合同成立。因为承诺生效即意味着当事人对合同的内容达成了一致,对当事人产生约束力。

在一般情况下,要约生效的地点为合同成立的地点;采用数据电文形式订立合同的,收件人的主营业地为合同成立的地点;没有主营业地的,其经常居住地为合同成立的地点。当事人另有约定的,按照其约定。

(2) 要式合同的成立。

当事人采用合同书形式订立合同的,自双方当事人签字或者盖章时合同成立。需要注意的是,合同书的表现形式是多样的,在很多情况下双方签字、盖章,只要具备其中的一项即可。双方签字或者盖章的地点为合同成立的地点。在建设工程施工合同履行中,有合法授权的一方代表签字确认的内容也可以作为合同的内容,这是法律规定在建设工程中的延伸。

当事人采用信件、数据电文等形式订立合同的,可以在合同成立之前要求签订确认书。签订确认书时合同成立。

3) 合同的履行

合同履行是指合同各方当事人按照合同的规定,全面履行各自的义务,实现各自的权利,使各方的目的得以实现的行为。合同依法成立,当事人就应当按照合同的约定,全部履行自己的义务。签订合同的目的在于履行,通过合同的履行而取得某种权益。合同履行是该合同具有法律约束力的首要表现。建设工程合同的目的也是履行,因此,合同订立后同样应当严格履行各自的义务。

当事人应当按照约定全面履行自己的义务,即按合同约定的标的、价款、数量、质量、地点、期限、方式等全面履行各自的义务。按照约定履行自己的义务,既包括全面履行义务,也包括正确履行合同义务。建设工程合同订立后,双方应当严格履行各自的义务,不按期支付预付款、工程款,不按照约定时间开工、竣工,都是违约行为。

4) 合同的变更

合同变更是指当事人对已经发生法律效力,但尚未履行或者尚未完全履行的合同,进行修改或补充所达成的协议。《中华人民共和国合同法》规定,当事人协商一致可以变更合同。

合同变更必须针对有效的合同,协商一致是合同变更的必要条件,任何一方都不得擅自变更合同。由于合同签订的特殊性，有些合同需要有关部门的批准或登记，对于此类合同的变更需要重新登记或审批。合同的变更一般不涉及已履行的内容。

有效的合同变更必须要有明确的合同内容的变更。如果当事人对合同的变更约定不明确，视为没有变更。

5）合同解除

合同解除是指对已经发生法律效力、但尚未履行或者尚未完全履行的合同，因当事人一方的意思表示，或者双方的协议而使债权债务关系提前归于消灭的行为。合同解除可分为约定解除和法定解除两类。

(1) 约定解除。

约定解除是指当事人通过行使约定的解除权或者双方协商、决定而进行的合同解除。当事人协商一致可以解除合同，即合同的协商解除。当事人也可以约定一方解除合同的条件，解除合同条件成立时，解除权人可以解除合同，即合同约定解除权的解除。

合同的这两种约定解除有很大的不同：合同的协商解除一般是合同已开始履行后进行的约定，且必然导致合同的解除；而合同约定解除权的解除则是合同履行前的约定，它不一定导致合同的真正解除，因为解除合同的条件不一定成立。

(2) 法定解除。

法定解除是指解除条件直接由法律规定的合同解除。当法律规定的解除条件具备时，当事人可以解除合同。它与合同约定解除权的解除都是具备一定解除条件时，由一方行使解除权，区别则在于解除条件的来源不同。

有下列情形之一的，当事人可以解除合同：

① 因不可抗力致使不能实现合同目的的；

② 在履行期限届满之前，当事人一方明确表示或者以自己的行为表明不履行主要债务；

③ 当事人一方延迟履行主要债务，经催告后在合理的期限内仍未履行；

④ 当事人一方延迟履行债务或者有其他违法行为，致使不能实现合同目的的；

⑤ 法律规定的其他情形。

6）违约责任

违约责任是指当事人任何一方不履行合同义务或者履行合同义务不符合约定而应当承担的法律责任。违约行为的表现形式包括不履行和不适当履行。不履行是指当事人不能履行或者拒绝履行合同义务，不能履行合同的当事人一般也应承担违约责任。不适当履行则包括不履行以外的其他所有违约情况。当事人一方不履行合同义务，或履行合同义务不符合约定的，应当承担继续履行、采取补救措施或者赔偿损失等违约责任。

承担违约责任的方式包括以下几个方面。

(1) 继续履行。

继续履行是指违反合同的当事人不论是否承担了赔偿金或者承担了其他形式的违约责任,都必须根据对方的要求,在自己能够履行的条件下,对合同未履行的部分继续履行。因为订立合同的目的就是通过履行实现当事人的目的,从立法的角度,应当鼓励和要求合同的实际履行。承担赔偿金或者违约金责任不能免除当事人的履约责任。

(2) 采取补救措施。

所谓的补救措施主要是指《中华人民共和国民法通则》和《中华人民共和国合同法》中所确定的,在当事人违反合同的事实发生后,为防止损失发生或者扩大,而由违反合同一方依照法律规定或者约定采取的修理、更换、重新制作、退货、减少价格或者报酬等措施,以给权利人弥补或者挽回损失的责任形式。采取补救措施的责任形式,主要发生在质量不符合约定的情况下。

(3) 赔偿损失。

当事人一方不履行合同义务,或者履行合同义务不符合约定的,给对方造成损失的,应当赔偿对方的损失。损失赔偿额应当相当于因违约所造成的损失。当事人一方不履行合同义务或履行合同义务不符合约定的,在履行义务或采取补救措施后,对方还有其他损失的,应承担赔偿责任。当事人一方违约后,对方应当采取适当措施防止损失的扩大,没有采取措施致使损失扩大的,不得就扩大的损失请求赔偿,当事人因防止损失扩大支出的合理费用由违约方承担。

(4) 支付违约金。

当事人可以约定一方违约时应当根据违约情况向对方支付一定数额的违约金,也可以约定因违约产生的损失额的赔偿办法。约定违约金低于造成的损失的,当事人可以请求人民法院或仲裁机构予以增加;约定违约金高于造成的损失的,当事人可以请求人民法院或仲裁机构予以适当减少。

违约金与赔偿损失不能同时采用。如果当事人约定了违约金,则应当按照支付违约金承担违约责任。

(5) 定金罚则。

当事人可以约定一方向对方给付定金作为债权的担保。债务人履行债务后定金应当抵作价款或收回。给付定金的一方不履行约定债务的,无权要求返还定金;收受定金的一方不履行约定债务的,应当双倍返还定金。

当事人既约定违约金,又约定定金的,一方违约时,对方可以选择适用违约金或定金条款。但是,这两种违约责任不能合并使用。

因不可抗力不能履行合同的,根据不可抗力的影响,部分或全部免除责任。所谓不可抗力,在《中华人民共和国民法通则》上是指“不能预见、不能避免和不能克服的客观情况”。不可抗力主要包括以下几种情形:自然灾害,如台风、洪水、冰雹;政府行为,如征收、征用;社会异常事件,如罢工、骚乱。当事人延迟履行后发生的不可抗力，不能免除责任。当事人因不可抗力不能履行合同的，应当及时通知对方，以减轻给对方造成的损失，并应当在合理的期限内提供证明。

当事人可以在合同中约定不可抗力的范围。为了公平，避免当事人滥用不可抗力的免责权，约定不可抗力的范围是必要的，在有些情况下还应当约定不可抗力的风险分担责任。

7）合同争议的解决

合同争议也称合同纠纷，是指合同当事人对合同规定的权利和义务产生了不同的理解。合同争议的解决方式有和解、调解、仲裁、诉讼四种。

（1）和解　是指合同纠纷当事人在自愿友好的基础上，互相沟通、互相谅解，从而解决纠纷的一种方式。合同发生纠纷时，当事人应首先考虑通过和解解决纠纷。事实上，在合同的履行过程中，绝大多数纠纷都可以通过和解解决，合同纠纷和解解决有以下几个优点。

① 简便易行，能经济、及时地解决纠纷。

② 有利于维护合同双方的友好合作关系，使合同能更好地得到履行。

③ 有利于和解协议的执行。

（2）调解　是指合同当事人对合同所约定的权利、义务发生争议，不能达成和解协议时，在经济合同管理机关或有关机关、团体等的主持下，通过对当事人进行说服教育，促使双方互相做出适当的让步，平息争端，自愿达成协议，以求解决经济合同纠纷的方法。

合同纠纷的调解往往是当事人经过和解仍不能解决纠纷后采取的方式，因此与和解相比，它面临的纠纷要大一些。与诉讼、仲裁相比，仍具有与和解相似的优点：能够较好、较及时地解决纠纷；有利于消除合同当事人的对立情绪，维护双方的长期合作关系。

（3）仲裁　亦称“公断”，是当事人双方在争议发生前或争议发生后达成协议，自愿将争议交给第三者做出裁决，并负有自动履行义务的一种解决争议的方式，这种争议解决方式是自愿的，因此必须有仲裁协议。如果当事人之间有仲裁协议，争议发生后又无法通过和解和调解解决，则应及时将争议提交仲裁机构仲裁。

（4）诉讼　是指合同当事人依法请求人民法院行使审判权，审理双方之间发生的合同争议，做出有国家强制保证实现其合法权益、从而解决纠纷的审判活动。合同双方当事人如未约定仲裁协议，则只能以诉讼作为解决争议的最终方式。

7.2 常见的工程项目合同管理

7.2.1 建设工程委托监理合同

1. 委托监理合同的概念和特点

建设工程委托监理合同简称监理合同，是指委托人与监理人就委托的工程项目管理内容签订的明确双方权利、义务的协议。

监理合同是委托合同的一种，除具有委托合同的共同特点外，还具有以下几个特点。

(1) 监理合同的当事人双方应当是具有民事权力能力和民事行为能力、取得法人资格的企事业单位、其他社会组织，个人在法律允许的范围内也可以成为合同当事人。委托人必须是具有国家批准的建设项目，落实投资计划的企事业单位、其他社会组织及个人，作为受托人必须是依法成立具有法人资格的监理企业，并且所承担的工程监理业务应与企业资质等级和业务范围相符合。

(2) 监理合同委托的工作内容必须符合工程项目建设程序，遵守有关法律、行政法规。监理合同是以对建设工程项目实施控制和管理为主要内容的协议，因此监理合同必须符合建设工程项目的程序，符合国家和建设行政主管部门颁发的有关建设工程的法律、行政法规、部门规章和各种标准、规范要求。

(3) 委托监理合同的标的是服务，建设工程实施阶段所签订的其他合同，如勘察设计合同、施工承包合同、物资采购合同、加工承揽合同的标的物是产生新的物质成果或信息成果，而监理合同的标的是服务，即监理工程师凭据自己的知识、经验、技能受业主委托为其所签订的其他合同的履行实施监督和管理。

2. 建设工程委托监理合同示范文本

《建设工程委托监理合同示范文本》由“工程建设委托监理合同”（下称“合同”）、“建设工程委托监理合同标准条件”（下称“标准条件”）、“建设工程委托监理合同专用条件”（下称“专用条件”）组成。

1) 工程建设委托监理合同

“合同”是一个总的协议，是纲领性的法律文件，其中明确了当事人双方确定的委托监理工程的概况（工程名称、地点、工程规模、总投资），委托人向监理人支付报酬的期限和方式，合同签订、生效、完成时间，是双方愿意履行约定的各项义务的表示。“合同”是一份标准的格式文件，经当事人双方在有限的空格内填写具体规定的内容并签字盖章后，即发生法律效力。

2) 建设工程委托监理合同标准条件

建设工程委托监理合同标准条件，其内容涵盖了合同中所用词语定义，适用范围和法规，签约双方的责任、权利和义务，合同生效变更与终止，监理报酬，争议的解决，以及其他一些情况。它是委托监理合同的通用文件，适用于各类建设工程项目监理。各个委托人、监理人都应遵守。

3) 建设工程委托监理合同的专用条件

由于标准条件适用于各种行业和专业项目的建设工程监理，因此其中的某些条款规定的比较笼统，需要在签订具体工程项目监理合同时，结合地域特点、专业特点和委托监理项目的工程特点，对标准条件中的某些条款进行补充、修正。

所谓“补充”是指标准条件中的条款明确规定，在该条款确定的原则下，专用条件的条款中进一步明确具体内容，使两个条件中相同序号的条款共同组成一条内容完备的条款。如标准条件中规定"建设工程委托监理合同适用的法律是国家法律、行政法规，以及专用条件中议定的部门规章或工程所在地的地方法规、地方章程"。就具体工程监理项目来说，就要求在专用条件的相同序号条款内写入履行本合同必须遵循的部门规章和地方法规的名称，作为双方都必须遵守的条件。如国家大剧院建设工程委托监理合同对合同适用的法规及监理依据在专用条件中作了这样规定：

① 国家及北京市有关工程建设法规、规章、规定，执行时按北京市、国家的、国外的(经有关方协商确认的)、双方协商的顺序执行；

② 国家施工验收规范、规程、工程质量验收标准，北京市有关建筑安装工程技术资料管理的规定，国家、北京市档案馆的工程竣工资料规定；

③ 北京市的工程建设概预算定额及有关费用标准、招投标工程中标通知及中标费用标准；

④ 业主与监理公司签订的监理合同文件；

⑤ 业主与总承包单位签订的施工总承包合同文件；

⑥ 业主与工程分包单位签订的分包合同，业主与材料设备供应商签订的材料设备采购供应合同；

⑦ 施工总承包与分包单位所签订的分包合同，施工总承包单位与材料设备供应商签订的材料设备采购供应合同；

⑧ 本工程的设计文件、设计合同，包括工程施工过程的设计变更洽商文件；

⑨ 建设施工过程中业主与工程总承包之间签署有关影响工程进度、费用、质量的函件；

⑩ 本合同在实施过程中如与国家及本市颁布的新法规有抵触时，按国家当时颁布的新法规执行。

所谓"修改"是指标准条件中规定的程序方面的内容，如果双方认为不合适，可以协议修改。如标准条件中规定"委托人对监理人提交的支付通知书中酬金或部分酬金项目提出异议，应在收到支付通知书24小时内向监理人发出异议的通知。"如果委托人认为这个时间太短，在与监理人协商达成一致意见后，可在专用条件的相同序号条款内另行写明延长时间，如改为48小时。

7.2.2 建设工程勘察设计合同

1. 建设工程勘察设计合同的概念

建设工程勘察设计合同，简称勘察设计合同，是指建设人与勘察人、设计人为完成一定的勘察设计任务，明确双方权利、义务的协议。建设单位或有关单位称发包人，勘察、设计单位称承包人。根据勘察设计合同，承包人完成委托方委托的勘察、设计项目，发包人接受符合约定要求的勘察、设计成果，并给付报酬。

建设工程勘察设计合同的特征有以下几点。

(1) 勘察设计合同的当事人双方一般应具有法人资格。建设工程勘察设计合同的当事人双方应当是具有民事权利能力和民事行为能力的特定的法人资格的组织。作为发包方,必须是有国家批准的建设项目,落实投资计划的企事业单位、社会组织;作为承包方应当是具有国家批准的勘察、设计许可证,经有关部门核准的资质等级的勘察设计单位。

(2) 勘察设计合同的订立必须符合工程项目建设程序。勘察设计合同必须符合国家规定的工程项目建设程序。合同的订立应以国家批准的设计任务书或其他有关文件为基础。

(3) 勘察设计合同具有建设工程合同的基本特征。勘察设计合同是建设工程合同中的类型之一,建设工程合同的基本特征勘察设计合同都应具有。

2. 勘察设计合同示范文本

1) 勘察合同示范文本

勘察合同范本按照委托勘察任务的不同分为两个版本。

(1) 建设工程勘察合同(一)(GF—2000—0203)　范本适用于为设计提供勘察工作的委托任务,包括岩土工程勘察、水文地质勘察(含凿井)、工程测量、工程物探等勘察。合同条款的主要内容包括:① 工程概况;② 发包人应提供的资料;③ 勘察成果的提交;④ 勘察费用的支付;⑤ 发包人、勘察人责任;⑥ 违约责任;⑦ 未尽事宜的约定;⑧ 其他约定事项;⑨ 合同争议的解决;⑩ 合同生效。

(2) 建设工程勘察合同(二)(GF—2000—0204)　该范本的委托工作内容仅涉及岩土工程,包括取得岩土工程的勘察资料、对项目的岩土工程进行设计、治理和监测工作。由于委托工作范围包括岩土工程的设计、处理和监测,因此,合同条款的主要内容除了上述勘察合同应具备的条款外,还包括变更及工程费的调整,材料设备的供应,报告、文件、成果等的检查和验收等方面的约定条款。

2) 设计合同示范文本

设计合同分为两个版本。

(1) 建设工程设计合同(一)(GF—2000—0209)　范本适用于民用建设工程设计的合同,主要条款包括:① 订立合同依据的文件;② 委托设计项目的范围和内容;③ 发包人应提供的有关资料和文件;④ 设计人应交付的资料和文件;⑤ 设计费的支付;⑥ 双方责任;⑦ 违约责任;⑧ 其他。

(2) 建设工程设计合同(二)(GF—2000—0210)　该合同范本适用于委托专业建设工程的设计。除了上述设计合同应包括的条款内容外,还增加有设计依据,合同文件的优先次序,项目的投资要求、设计阶段和设计内容,保密等方面的条款约定。

7.2.3 建设工程施工合同

1. 建设工程施工合同的概念

建设工程施工合同即建筑安装工程承包合同,是发包人与承包人之间为完成商定的建设工程项目，确定双方权利和义务的协议。依照施工合同，承包人应完成一定的建筑、安装工程任务，发包人应提供必要的施工条件并支付工程价款。订立时也应遵循自愿、公平、诚实信用等原则。

建设工程施工合同是建设工程的主要合同，是工程建设质量控制、进度控制、投资控制的主要依据。在市场经济条件下，建设市场主体之间相互的权利义务关系主要是通过合同确立的，因此，在建设领域加强对施工合同的管理具有十分重要的意义。国家立法机关、国务院、国家建设行政管理部门都十分重视合同的规范工作，1999 年 3 月 15 日九届全国人大第二次会议通过、1999 年 10 月 1 日生效实施的《中华人民共和国合同法》对建设工程合同作了专章规定。《中华人民共和国建筑法》、《中华人民共和国招标投标法》也有许多涉及建设工程施工合同的规定。这些法律是我国建设工程施工合同管理的依据。

施工合同的当事人是发包人和承包人，双方是平等的民事主体。承包发包双方签订施工合同，必须具备相应资质条件和履行施工合同的能力。对合同范围内的工程实施建设发包人必须具备组织协调能力；承包人必须具备有关部门核定的资质等级并持有营业执照等证明文件。

发包人可以是具备法人资格的国家机关、事业单位、国有企业、集体企业、私营企业、经济联合体和社会团体，也可以是依法登记的个人合伙、个体经营户或个人，即一切以协议、法院判决或其他合法完备手续取得发包人的资格，承认全部合同条件，能够而且愿意履行合同规定义务（主要是支付工程价款能力）的合同当事人。与发包人合并的单位、兼并发包人的单位、购买发包人合同和接受发包人出让的单位和人员（即发包人的合法继承人），均可成为发包人，履行合同规定的义务，享有合同规定的权利。发包人既可以是建设单位，也可以是取得建设项目总承包资格的项目总承包单位。

承包人应是具备与工程相应资质和法人资格的，并被发包人接受的合同当事人及其合法继承人。承包人是施工单位。

在施工合同中，工程师受发包人委托或委派对合同进行管理，在施工合同管理中具有重要的作用（虽然工程师不是施工合同当事人）。施工合同中的工程师是指监理单位委派的总监理工程师或发包人指定的履行合同的负责人，其具体身份和职责由双方在合同中约定。

2. 施工合同的特点

1）合同标的的特殊性

施工合同的标的是各类建筑产品，建筑产品是不动产，其基础部分与大地相连，不能移动。这就决定了每个施工合同的标的都是特殊的，相互间具有不可替代性；还决定了施工生产的流动性，建筑物所在地就是施工生产场地，施工队伍、施工机械必须围绕建筑产品不断移动。另外，建筑产品的类别庞杂，其外观、结构、使用目的、使用人都各不相同，这就要求每一个建筑产品都需单独设计和施工（即使可重复利用的标准设计或重复使用的图纸，也应采取必要的修改设计才能施工)，即建筑产品是单体性生产，这也决定了施工合同标的的特殊性。

2) 合同履行期限的长期性

建筑物的施工由于结构复杂、体积大、建筑材料类型多、工作量大，使得工期都较长(与一般工业产品的生产相比)，而合同履行期限肯定要长于施工工期，因为工程建设的施工应当在合同签订后才开始，且需加上合同签订后到正式开工前的一个较长的施工准备时间和工程全部竣工验收后办理竣工结算及保修期的时间，在工程的施工过程中，还可能因为不可抗力、工程变更、材料供应不及等原因而导致工期顺延。所有这些情况，决定了施工合同的履行期限具有长期性。

3) 合同内容的多样性和复杂性

虽然施工合同的当事人只有两方，但其涉及的主体却有许多种。与大多数合同相比较，施工合同的履行期限长、标的额大，涉及的法律关系包括了劳动关系、保险关系、运输关系等，具有多样性和复杂性。这就要求施工合同的内容尽量详尽。施工合同除了应当具备合同的一般内容外，还应对安全施工、专利技术使用、发现地下障碍和文物、工程分包、不可抗力、工程设计变更、材料设备的供应、运输、验收等内容做出规定。在施工合同的履行过程中，除施工企业与发包人的合同关系外，还涉及与劳务人员的劳动关系、与保险公司的保险关系、与材料设备供应商的买卖关系、与运输企业的运输关系等。所有这些，都决定了施工合同的内容具有多样性和复杂性的特点。

4) 合同监督的严格性

监督机构包括建设行政主管部门；质量监督机构；安全监督机构；环保机构；监理监督；金融机构；城市建设档案部门等等。各种监督机构，对如下内容都要进行监督：合同主体资格的监督、合同订立过程的监督、合同履行的监督、合同终止后的监督。

3. 订立施工合同应具备的条件及程序

1) 订立施工合同应具备的条件

现在建设工程施工合同的订立，基本上都是采用招标投标制，报请招投标时，建设工程项目必须达到法律规定的条件，才允许进入招投标阶段。通过招投标订立施工合同，必须满足如下条件：

① 初步设计已经批准；

② 工程项目已经列入年度建设计划；

③ 有能够满足施工需要的设计文件和有关技术资料；

④ 建设资金和主要建筑材料设备来源已经落实；

⑤ 中标通知书已经下达。

2) 施工合同的订立程序

施工合同的订立分招标投标和直接发包两种方式。

(1) 招标投标方式。

《招标投标法》第三条规定，实施工程项目建设，包括项目的勘察、设计、施工、监理以及与工程建设有关的重要设备、材料等的采购，必须进行招标。具体范畴包括以下几方面。

① 大型基础设施、公用事业等关系社会公共利益、公众安全的项目。

② 全部或者部分使用国有资金投资或者国家融资的项目。

③ 使用国际组织或者外国政府贷款、援助资金的项目。

依据《招标投标法》的基本原则，原国家计委颁布了《工程建设项目招标范围和规模标准规定》，对必须招标的范围做出了进一步细化规定。要求各类工程项目的建设活动达到下列标准之一者，必须进行招标：

① 施工单项合同估算价在200万元人民币以上的。

② 重要设备、材料等货物的采购，单项合同估算价在100万元人民币以上的。

③ 勘察、设计、监理等服务的采购，单项合同估算价在50万元人民币以上的。

④ 单项合同估算价低于第①、②、③项规定的标准，但项目总投资额在3 000万元人民币以上的。

下列情形之一者，经批准可以进行邀请招标：

① 项目技术复杂或有特殊要求，只有少量几家潜在投标人可供选择的。

② 受自然地域环境限制的。

③ 涉及国家安全、国家秘密或者抢险救灾，适宜招标但不宜公开招标的。

④ 拟公开招标的费用与项目的价值相比，不值得的。

⑤ 法律、法规规定不宜公开招标的。

国家重点建设项目的邀请招标，应当经国务院发展计划部门批准；地方重点建设项目的邀请招标，应当经各省、自治区、直辖市人民政府批准。

全部使用国有资金投资或国有资金投资占控股或者主导地位的并需要审批的工程建设项目的邀请招标，应当经项目审批部门批准，但项目审批部门只审批立项的，由有关行政监督部门批准。

由上述法律法规的规定可以看出，国有资金的建设工程项目施工合同的订立基本上都是采取招投标的方式，而且招标方式是公开招标，如果要进行邀请招标，必须申请，得到批准后才可以进行招标。

(2) 直接发包。

《招标投标法》第六十六条规定，下列情况可以不进行招标：涉及国家安全、国家秘密、抢险救灾或利用扶贫资金实行以工代赈、需要使用农民工等特殊情况的，不宜进行招标。

《工程建设项目施工招标投标办法》将《中华人民共和国招标投标法》的规定进一步细化，其第十二条规定，以下建设工程项目不需要进行施工招标。

① 涉及国家安全、国家秘密或抢险救灾而不适宜招标的。

② 属于利用扶贫资金实行以工代赈需要使用农民工的。

③ 施工主要技术采用特定的专利或者专有技术的。

④ 施工企业自建自用的工程，且该施工企业资质等级符合工程要求的。

⑤ 在建工程追加的附属小型工程或者主体加层工程，原中标人仍具备承包能力的。

⑥ 法律、行政法规规定的其他情形。

从上述规定可知，凡不符合上述的建设工程项目都必须通过招标投标的方式订立施工合同。

4. 施工合同文本

我国施工合同文本，由《协议书》、《通用条款》和《专用条款》三部分组成，并附有三个附件：《承包商承包项目一览表》、《业主供应材料设备一览表》和《房屋建筑工程质量保修书》。《通用条款》具有很强的通用性，基本适用于各类建设工程，主要内容有：

① 词语定义及合同文件；

② 双方一般权利和义务；

③ 施工组织设计和工期；

④ 质量与检验；

⑤ 安全施工；

⑥ 合同价款与支付；

⑦ 材料设备供应；

⑧ 工程变更；

⑨ 竣工验收与结算；

⑩ 违约、索赔和争议；

⑪ 其他。

5. 施工合同种类的选择

1）单价合同

这是最常见的合同种类，适用范围广，我国的建设工程施工合同也主要是这一类合同。在这种合同中，承包商仅按合同规定承担报价的风险，即对报价（主要为单价）的正确性和适宜性承担责任，而工程量变化的风险由业主承担。由于风险分配比较合理，能够适应大多数工程，能调动承包商和业主双方的管理积极性。单价合同又分为固定单价合同和可调单价合同。

单价合同的特点是单价优先，业主在招标文件中给出的工程量表中的工程量是参考数字，而实际合同价款按实际完成的工程量和承包商所报的单价计算。在单价合同中应明确编制工程量清单的方法和工程量计量方法。

2）固定总价合同

这种合同以一次包死的总价格委托，除了设计有重大变更，一般不允许调整合同价格。所以在这类合同中承包商承担了全部的工作量和价格风险。

在现代工程中，业主喜欢采用这种合同形式。在正常情况下，可以免除业主由于要追加合同价款、追加投资带来的麻烦。但由于承包商承担了全部风险，报价中不可预见的风险费用较高。报价的确定必须考虑施工期间物价变化及工程量变化。以下情况适用固定总价合同。

(1) 工程范围必须清楚明确；

(2) 工程设计详细，图纸完整、清楚；

(3) 工程量小、工期短，环境因素变化小，条件稳定并合理；

(4) 工程结构、技术简单，风险小，报价估算方便；

(5) 工程投标期相对宽裕，承包商可以详细做准备；

(6) 合同条件完备，双方的权利和义务十分清楚。

3) 成本加酬金合同

这种合同是指工程最终合同价格按承包商的实际成本加一定比率的酬金(间接费)计算。在合同签订时不能确定一个具体的合同价格，只能确定酬金的比率。由于合同价格按承包商的实际成本结算，承包商不承担任何风险，所以他没有成本控制的积极性，相反，期望提高成本以提高他自己的工程经济效益。这样会损害工程的整体效益。所以这类合同的使用应受到严格限制，通常适用于如下情况。

(1) 投标阶段依据不准，工程的范围无法界定，无法准确估价，缺少工程的详细说明。

(2) 工程特别复杂，工程技术、结构方案不能预先确定。它们可能按工程中出现的新的情况确定。

(3) 时间特别紧急，要求尽快开工。如抢救，抢险工程，人们无法详细地计划和商谈。

为了克服成本加酬金合同的缺点，人们对这种合同又作了许多改进，以调动承包商成本控制的积极性。

4) 目标合同

它是固定总价合同和成本加酬金合同的结合和改进形式。在国外，它广泛使用于工业项目、研究和开发项目、军事工程项目。承包商在项目早期(可行性研究阶段)就介入工程，并以全包的形式承包工程。目标合同能够最大限度地发挥承包商工程管理的积极性。

通常目标合同规定，承包商对工程建成后的生产能力(或使用功能)、工程总成本、工期目标承担责任。如果工程投产后一定时间内达不到预定的生产能力，则按一定的比例扣减合同价款；如果工期拖延，则承包商承担工期拖延违约金。

如果实际总成本低于预定总成本，则节约的部分按预定的比例给承包商奖励；反之，超支的部分由承包商按比例承担。

如果承包商提出合理化建议被业主认可，该建议方案使实际成本减少，则合同价款总额不予减少，这样成本节约的部分业主与承包商分成。

6. 施工合同分包管理

《施工合同通用条款》对工程分包有如下一些约定：

(1) 承包商按专用条款的约定分包所承包的部分工程,并与分包单位签订分包合同。非经发包人同意,承包商不得将承包工程的任何部分分包;

(2) 承包商不得将其承包的全部工程转包给他人,也不得将其承包的全部工程肢解以后以分包的名义分别转包给他人;

(3) 工程分包不能解除承包商任何责任与义务。承包商应在分包场地派驻相应管理人员,保证本合同的履行。分包单位的任何违约行为或疏忽导致工程损害或给发包人造成其他损失,承包商承担连带责任;

(4) 分包工程价款由承包商与分包单位结算。发包人未经承包商同意不得以任何形式向分包单位支付各种工程款项。

7.2.4 建设工程物资采购合同及建筑材料供应合同

1. 建设工程物资采购合同的概念

建设工程物资采购合同,是指具有平等主体的自然人、法人、其他组织之间为实现建设工程物资买卖,设立、变更、终止相互权利义务关系的协议。依照协议,出卖人转移建设工程物资的所有权于买受人,买受人接受该项建设工程物资并支付价款。建设工程物资采购合同,一般分为材料采购合同和设备采购合同。

建设工程物资采购合同属于买卖合同,它具有买卖合同的一般特点。

(1) 买卖合同以转移财产的所有权为目的。出卖人与买受人之所以订立买卖合同,是为了实现财产所有权的转移。

(2) 买卖合同中的买受人取得财产所有权,必须支付相应的价款;出卖人转移财产所有权,必须以买受人支付价款为对价。

(3) 买卖合同是双务、有偿合同。所谓双务、有偿是指买卖双方互负一定义务,出卖人必须向买方转移财产所有权,买受人必须向卖方支付价款,买方不能无偿取得财产的所有权。

(4) 买卖合同是诺成合同。除法律有特别规定外,当事人之间意思表示一致,买卖合同即可成立,并不以实物的交付为成立条件。

(5) 买卖合同是不要式合同。当事人对买卖合同的形式享有很大的自由,除法律有特别规定外,买卖合同的成立和生效并不需要具备特别的形式或履行审批手续。

2. 建设工程物资采购合同的特征

(1) 建设工程物资采购合同应依据施工合同订立。施工合同中确立了关于物资采购的协商条款,无论是发包人供应材料和设备,还是承包人供应材料和设备,都应依据施工合同采购物资。根据施工合同的工程量来确定所需物资的数量,以及根据施工合同的类别来确定物资的质量要求。因此,施工合同一般是订立建设工程物资采购合同的前提。

(2) 建设工程物资采购合同以转移财物和支付价款为基本内容。建设工程物资采购合同内容繁多,条款复杂,涉及物资的数量和质量条款、包装条款、运输方式、结算方式等。但最为根本的是双方应尽的义务，即出卖人按质、按量、按时地将建设物资的所有权转归买受人，买受人按时、按量地支付货款，这两项主要义务构成了建设工程物资采购合同的最主要内容。

(3) 建设工程物资采购合同的标的品种繁多，供货条件复杂。建设工程物资采购合同的标的是建筑材料和设备，它包括钢材、木材、水泥和其他辅助材料及机电成套设备。这些建设物资的特点在于品种、质量、数量和价格差异较大，根据建设工程的需要，有的数量庞大，有的要求技术条件较高，因此，在合同中必须对各种所需物资逐一明细，以确保工程施工的需要。

(4) 建设工程物资采购合同应实际履行。由于物资采购合同是依据施工合同订立的，物资采购合同的履行直接影响施工合同的履行，因此建设工程物资采购合同一旦订立，出卖人义务一般不能解除，不允许出卖人以支付违约金和赔偿金的方式代替合同的履行，除非合同的迟延履行对买方成为不必要。

(5) 建设工程物资采购合同采用书面形式。根据《合同法》的规定，订立合同依照法律、行政法规或当事人约定采用书面形式的，应当采用书面形式。建设工程物资采购合同中的标的物用量大，质量要求复杂，且根据工程进度计划分期分批均衡履行，同时还涉及售后维修服务工作，因此合同履行周期长，应当采用书面形式。

3. 材料采购合同

材料采购合同是指平等主体的自然人、法人、其他组织之间，以工程项目所需材料为标的、以材料买卖为目的，出卖人(简称卖方)转移材料的所有权于买受人(简称买方)，买受人支付材料价款的合同。

材料采购合同的订立可采用以下几种方式。

(1) 公开招标。它与工程招标相似(也属于工程招标的一个部分)。需方提出招标文件，详细说明供应条件、品种、数量、质量要求、供应地点等，由供方报价，通过竞争签订供应合同。这种方式适用于大批量采购。

(2)“询价—报价”方式。需方按要求向几个供应商发出询价函，由供应商在规定的期限内做出答复(报价)。需方经过对比分析，选择一个符合要求、信誉好、价格合理的供应商签订合同。

(3) 直接采购方式。需方直接向供方采购，双方商谈价格，签订供应合同。另外还有大量的零星材料(品种多、价格低)，以直接采购形式购买，不需签订书面的供应合同。

4. 建筑材料供应合同

1) 建筑材料供应合同的主要内容

(1) 标的。标的是供应合同的主要条款。供应合同的标的主要包括购销物资的名称(注明牌号、商标)、品种、型号、规格、等级、花色、技术标准或质量要求等。

(2) 数量。数量是供应合同中衡量标的的尺度。供应合同标的的数量的计量方法要按照国家或主管部门的规定执行，或按供需双方商定的方法执行，不可以用含糊不清的计量单位。对于某些建筑材料，还应在合同中写明交货数量的正负尾数差、合理磅差和运输途中的自然损耗的规定及计算方法。

(3) 包装。包括包装的标准和包装物的供应和回收。产品的包装标准是指产品包装的类型、规格、容量及印刷标记等。包装物除国家明确规定由需方供应的以外，应由建筑材料的供方负责供应。包装费用一般不得向需方另外收取。如果需方有特殊要求，双方应在合同中商定。如果包装超过原定的标准，超过部分由需方负担费用；低于原标准，应相应降低产品价格。

(4) 运输方式。运输方式可分为铁路、公路、水路、航空、管道运输及海上运输等。一般由需方在签订合同时提出采取哪一种运输方式，供方代办发运，运费由需方负担。

(5) 价格。有国家定价的材料，应按国家定价执行；按规定应由国家定价，但国家尚无定价的材料，其价格应报请物价主管部门批准；不属于国家定价的产品，可由供需双方协商确定价格。

(6) 结算。结算指供需双方对产品货款、实际支付的运杂费和其他费用进行货币清算和了结的一种形式。我国现行结算方式分为现金结算和转账结算两种。转账结算在异地之间进行，可分为托收承付、委托收款、信用证、汇兑或限额结算等方法；转账结算在同城进行有支票、付款委托书、托收无承付和同城托收承付等。

(7) 违约责任。

(8) 特殊条款。如果供需双方有一些特殊的要求或条件，可通过协商，经双方认可后作为合同的一项条款，在合同中明确规定。

2) 建筑材料供应合同的履行

(1) 计量方法。建筑材料数量的计量方法一般有理论换算计量、检斤计量和计件三种。合同中应注明所采用的计量方法，并明确规定计量单位。供方发货时所采用的计量单位与计量方法，应与合同中所列计量单位和计量方法一致，并在发货明细表或质量证明书上明确规定，以便需方检验。运输中转单位也应按供货方发货时所采用的计量方法进行验收和发货。

建筑材料在运输过程中，容易造成自然损耗，如挥发、飞散、干燥、风化、潮解、破碎、漏损等。在装卸操作或检验环节中换装、拆包检查等也都会造成物资数量的减少，这些都属于途中自然减量。途中自然减量的处理规定，由有关部门制定，并在合同中注明。另外有些情况不能作为自然减量，如非人力所能抗拒的自然灾害所造成的非常损失、由于工作失职和管理失误造成的损失等。

(2) 验收的依据。

① 供应合同的具体规定。

② 供方提供的发货单、计量单、装箱单及其他有关凭证。

③ 国家标准或专业标准。

④ 产品合格证、化验单等。

⑤ 图纸及其他技术文件。

⑥ 当事人双方共同封存的样品。

(3) 验收内容。

① 查明产品的名称、规格、型号、数量、质量是否与供应合同及其他技术文件相符。

② 设备的主机、配件是否齐全。

③ 包装是否完整、外表有无损坏。

④ 对需要化验的材料进行必要的物理化学检验。

⑤ 合同规定的其他需要检验事项。

(4) 验收方式。

① 驻厂验收。即在制造时期，由需方派人员驻供应的生产厂家进行材质检验。

② 提运验收。对于加工定制、市场采购和自提自运的物资，由提货人在提取产品时负责检验。

③ 接运验收。由接运人员对整车或零星到达的物资进行检查，发现问题，当场做出记录。

④ 入库验收。这是大量采用的正式的验收方式，由仓库管理人员负责数量和外观检验。

(5) 验收中发现数量不符的处理。

① 供方交付的建筑材料多于合同规定的数量，需方不同意接收，则在托收承付期内可以拒付超量部分的货款和运杂费。

② 供方交付的建筑材料少于合同规定的数量，需方可凭有关合法证明，在到货后 10 天内将详细情况和处理意见通知供方，否则即被视为数量验收合格；供方应在接到通知后 10 天内做出答复，否则即被视为认可需方的处理意见。

③ 发货数与实际验收数之差额不超过有关主管部门规定的正、负尾差，合理磅差，自然减量的范围，则不按多交或少交论处，双方互不退补。

(6) 验收中发现质量不符的处理。如果在验收中发现建筑材料不符合合同规定的质量要求，需方应将它们妥善保管，并向供方提出书面异议。通常应按如下规定处理。

① 建筑材料的外观、品种、型号、规格不符合合同规定，需方应在到货后 10 天内提出书面异议。

② 建筑材料的内在质量不符合合同规定，需方应在合同规定的条件和期限内检验，提出书面异议。

③ 对某些只有在安装后才能发现内在质量缺陷的产品，除另有规定或当事人双方另有商定的期限外，一般在运转之日起 6 个月以内提出异议。

④ 在书面异议中，应说明合同号和检验情况，提出检验证明，对质量不符合合同规定的产品提出具体处理意见。

(7) 验收中供需双方责任的确定。

① 凡所交货物的原包装、原封记、原标志完好无异状，而产品数量短少，应由生产厂家或包装单位负责。

② 凡由供方组织装车或装船、凭封印交接的产品，需方在卸货时车、船封印完整无其他异状，但件数缺少，应由供方负责。这时需方应向运输部门取得证明，凭运输部门提供的记录证明，在托收承付期内可以拒付短缺部分的货款，并在到货后10天内通知供方，否则即被认为验收无误。供方应在接到通知后10天内答复，提出处理意见，逾期不作答复，即按少交论处。

③ 凡由供方组织装车或装船，凭现状或件数交接的产品，而需方在卸货时无法从外部发现产品丢失、短缺、损坏的情况，需方可凭运输单位的交接证明和本单位的验收书面证明，在托收承付期内拒付丢失、短缺、损坏部分的货款，并在到货后10天内通知供方，否则即被视为验收无误。供方应在接到通知后10天内做出答复，提出处理意见，否则按少交货论处。

(8) 验收后提出异议的期限。需方提出异议的通知期限和供方答复期限，应按有关部门规定或当事人双方在合同中商定的期限执行。这里要特别重视交(提)货日期的确定标准。

① 凡供方自备运输工具送货的，以需方收货戳记的日期为准。

② 凡委托运输部门运输，送货或代运产品的交货日期，不是以向承运部门申请日期为准，而是以供方发运产品时承运部门签发戳记的日期为准。

③ 合同规定需方自提的货物，以供方按合同规定通知的提货日期为准。供方的提货通知中，应给需方以必要的途中时间。实际交、提货日期早于或迟于合同规定的期限，即被视为提前或逾期。

7.3 建设工程项目索赔管理

7.3.1 建设工程项目索赔的概念、原因和依据

1. 建设工程项目索赔的概念

"索赔"这个词已越来越为人们所熟悉。索赔指在合同的实施过程中，合同一方因对方不履行或未能正确履行合同所规定的义务受到损失而向对方提出赔偿要求。但在承包工程中，对承包商来说，索赔的范围更为广泛。一般只要不是承包商自身责任，而由于外界干扰造成工期延长和成本增加，都有可能提出索赔。这包括以下两种情况。

(1) 业主违约，未履行合同责任。如未按合同规定及时交付设计图纸造成工程拖延、未及时支付工程款，承包商可提出赔偿要求。

(2) 业主未违反合同，而由于其他原因，如业主行使合同赋予的权力指令变更

工程，工程环境出现事先未能预料的情况或变化，如恶劣的气候条件，与勘探报告不同的地质情况，国家法令的修改，物价上涨，汇率变化等。由此造成的损失，承包商可提出补偿要求。

这两者在用词上有些差别，但处理过程和处理方法相同。所以，从管理的角度可将它们同归为索赔。

在实际工程中，索赔是双向的。业主向承包商也可能有索赔要求。但通常业主索赔数量较小，而且处理方便。业主可通过冲账、扣拨工程款、没收履约保函、扣保留金等实现对承包商的索赔。而最常见、最有代表性、处理比较困难的是承包商向业主的索赔，所以人们通常将它作为索赔管理的重点和主要对象。

2. 建设工程项目索赔的要求

在建设工程中，索赔要求通常有以下两种。

(1) 合同工期的延长。承包合同中都有工期(开始期和持续时间)和工程拖延的罚款条款。如果工程拖期是由承包商管理不善造成的，则承包商必须承担责任，接受合同规定的处罚；而对外界干扰引起的工期拖延，承包商可以通过索赔，取得业主对合同工期延长的认可，则在这个范围内可免去他的合同处罚。

(2) 费用补偿。由于非承包商自身责任造成工程成本增加，使承包商增加额外费用，蒙受经济损失，他可以根据合同规定提出费用索赔要求。如果该要求得到业主的认可，业主应向他追加支付这笔费用以补偿损失。这样，实质上承包商通过索赔提高了合同价款，常常不仅可以弥补损失，而且能增加工程利润。

3. 建设工程项目索赔的起因

与其他行业相比，建筑业是一个索赔多发的行业。这是由建筑产品、建筑生产过程、建筑产品市场经营方式决定的。在现代承包工程中，特别在国际承包工程中，索赔经常发生，而且索赔额很大。这主要是由以下几方面原因造成的。

(1) 现代承包工程的特点是工程量大、投资多、结构复杂、技术和质量要求高、工期长。工程本身和工程的环境有许多不确定性，它们在工程实施中会有很大变化。最常见的有：地质条件的变化、建筑市场和建材市场的变化、货币的贬值、城建和环保部门对工程新的建议和要求或干涉、自然条件的变化等。它们形成对工程实施的内外部干扰，直接影响工程设计和计划，进而影响工期和成本。

(2) 承包合同在工程开始前签订，是基于对未来情况预测的基础上。对如此复杂的工程和环境，合同不可能对所有的问题做出预见和规定，对所有的工程做出准确的说明。工程承包合同条件越来越复杂，合同中难免有考虑不周的条款、缺陷和不足之处，如措词不当、说明不清楚、有歧义，技术设计也可能有许多错误。这会导致在合同实施中双方对责任、义务和权力的争执。而这一切往往都与工期、成本、价格相联系。

(3) 业主要求的变化导致大量的工程变更。如建筑的功能、形式、质量标准、实施方式和过程、工程量、工程质量的变化；业主管理的疏忽、未履行或未正确履行其合同责任。而合同工期和价格是以业主招标文件确定的要求为依据，同时以业主不干扰承包商实施过程、业主圆满履行其合同责任为前提的。

(4) 工程参加单位多，各方面技术和经济关系错综复杂，互相联系又互相影响。各方面技术和经济责任的界定常常很难明确分清。在实际工作中，管理上的失误是不可避免的。但一方失误不仅会造成自己的损失，而且会殃及其他合作者，影响整个工程的实施。当然，在总体上，应按合同原则平等对待各方利益，坚持"谁过失，谁赔偿"。索赔是受损失者的正当权力。

(5) 合同双方对合同理解的差异造成工程实施中行为的失调，造成工程管理失误。由于合同文件十分复杂、数量多、分析困难，再加上双方的立场、角度不同，会造成对合同权利和义务的范围、界限的划定理解不一致，造成合同争执。

合同确定的工期和价格是相对于投标时的合同条件、工程环境和实施方案，即"合同状态"。由于上述这些内部和外部的干扰因素引起"合同状态"中某些因素的变化，打破了"合同状态"，造成工期延长和额外费用的增加，由于这些增量没有包括在原合同工期和价格中，或承包商不能通过合同价格获得补偿，则产生索赔要求。上述这些原因在任何工程承包合同的实施过程中都不可避免，所以无论采用什么合同类型，也无论合同多么完善，索赔是不可避免的。承包商为了取得工程经济效益，不能不重视研究索赔问题。

4. 建设工程项目业主向承包商的索赔

1) 索赔理由

承包商的违约有各种不同的情况，有时是全部或部分地不履行合同，有时是没有按期履行合同。对承包商的违约行为经监理工程师证明后，业主都可以按照合同相应规定的处理办法对承包商进行处罚。承包商的违约行为大致可包括以下几种：

(1) 没有如约递交履约保函；

(2) 没有按合同中的规定保险；

(3) 由于承包商的责任延误工期；

(4) 质量缺陷。承包商除应按监理工程师指示自费修补缺陷外，还须对质量缺陷给业主造成的损失承担责任；

(5) 承包商没有执行监理工程师指示把不合格材料按期运出工地，以及出现的质量事故没能按期修复或无力修复，业主必须自己派人或雇请他人完成上述工作，而支付的费用应由承包商负担；

(6) 承包商所设计图纸的设计责任；

(7) 承包商破产或严重违约不得不终止合同；

(8) 其他一些原因。

2) 索赔处理方式

出现上述事件后，一般可采取下列几种方法补偿业主损失：

(1) 从应付给承包商的中期进度款内扣除；

(2) 从滞留金内扣除。滞留金是业主为防止因不测事件而遭受损失的一种保障措施,可用于因承包商责任造成不合格工程的返工费用,解决与承包商有关的其他当事人提出的而承包商拒付的款项,如因承包商责任损坏公路设施,交通部门向业主提出的索赔要求。当然用于这种情况时首先应与承包商协商并得到他的同意。滞留金比履约保函用起来更为方便,履约保函一般只能在承包商严重违反合同时才能使用;

(3) 从履约保函内扣除或没收履约保函;

(4) 如果承包商严重违反合同,给业主带来了即使采取上述各种措施也不足以补偿的损失,还可以扣留承包商在现场的材料、设备、临时设施等财产作为补偿,或者按法律规定作为承包商的一种债务而要求赔偿。

5. 建设工程项目承包商向业主的索赔

投资项目涉及的内容复杂,在合同履行过程中,签订合同前没有考虑到的事件随时都可能发生,或多或少总会发生承包商要求索赔的事件。索赔大致可分为以下几种情况。

1) 合同文件引起的索赔

合同文件包括的范围很宽,最主要的是合同条件、技术规范说明等。一般来说,图纸和规范方面发生的问题要少些,但也会出现彼此不一致或补充与原图纸不一致,以及对技术规范的不同解释等问题,在索赔案例中,关于合同条件、工程量和价格表方面出现的问题较多。有关合同条件的索赔内容常见于以下两个方面。

(1) 合同文件的组成问题引起的索赔。合同是在投标后通过双方协商修改最后确定的,如果修改时已将投标前后承包商与业主或招标委员会的来往函件澄清后写入合同补遗文件并签字,就应当说明合同正式签字以前的各种来往文件均不再有效。如果忽略了这个声明,当信件内容与合同内容发生矛盾时,就容易引起双方争执而导致索赔。再如,双方签字的合同协议书中表明业主已经接受了承包商的投标书中某处附有说明的条件,这些说明就可能被视为索赔的依据。

(2) 合同缺陷。合同缺陷表现为合同文件不严谨甚至矛盾,以及合同中的遗漏或错误。这不仅包括商务条款中的缺陷,也包括技术规范和图纸中的缺陷。

2) 因意外风险和不可预见因素引起的索赔

合同执行过程中,如果发生意外风险和不可预见因素而使承包商蒙受损失,承包商有权向业主要求给予补偿。意外风险包括人力不可抗拒的自然灾害所造成的损失和特殊风险事件两项内容。

(1) 人力不可抗拒的自然灾害。自然灾害的经济损失该向保险公司索赔。除此之外,承包商还有权向业主要求顺延工期,也就是提出“工期索赔”要求。

(2) 特殊风险。合同条件中规定的,应由业主承担责任的战争爆发等5种风险发生时造成的后果可能很严重,承包商除了不对由此产生的人身伤亡和财产损失负责外,相反还应得到任何已完成永久工程及材料的付款、合理利润、中断施工的损失以及一切修复费用和重建费用。如果因特殊风险而导致合同终止，承包商除可以获得上述各项费用外，还有权获得施工机具、设备的撤离费和合理的人员遣返费。

3）设计图纸或工作量表中的错误引起的索赔

交给承包商的标书中，图纸或工作量表有时难免会出现错误，如果由于改正这些错误而使费用增加或工期延长，承包商有权提出索赔。这种错误包括以下三种。

(1) 设计图纸与工作量表中的要求不符。例如设计图纸上某段混凝土的设计标号为 250 号，而工作量表中则为 200 号，工程报价是按工作量表计算的，如果按图纸施工就会导致成本增加。承包商在发现这个问题后应及时请监理工程师确认。

(2) 现场条件与设计图纸要求相差较大，大幅度地增加了工作量。如果这种情况使工作量增大很多，承包商也应提出来，并据此向业主提出索赔。

(3) 纯粹的工作量错误。即使是固定总价式合同，如果工作量有较大出入，影响到整个施工计划，承包商也应获得补偿。

4）业主应负的责任引起的索赔

项目实施过程中有时会出现业主违约或其他事件导致业主承担部分责任，招致承包商提出索赔要求。

(1) 拖延提供施工场地。因自然灾害影响或业主方面的原因导致没能如期向承包商移交合格的、可以直接进行施工的现场，承包商可以提出将工期顺延的“工期索赔”或由于窝工而直接提出经济索赔。

(2) 拖延支付应付款。此时承包商不仅要求支付应得款项，而且还有权索赔利息，因为业主对应支付款的拖延将影响到承包商的资金周转。

(3) 指定分包商违约。指定分包商违约常常表现为未能按分包合同规定完成应承担的工作而影响了总承包商的工作。从理论上讲，总承包商应该对包括指定分包商在内的所有分包商行为向业主负责。但是实际情况往往不那么简单，因为指定分包商不是由总承包商选择，而是按照合同规定归他统一协调管理的分包商，特别是业主把总承包商接受某一指定分包商作为授予合同的前提条件之一时，业主不可能对指定分包商的不当行为不负任何责任。因此总承包商除了根据与指定分包商签订的合同索赔窝工损失外，还有权向业主提出延长工期的索赔要求。

(4) 业主提前占用部分永久工程引起的损失。工程实践中经常会出现业主从经济效益方面考虑将部分单项工程提前使用，或从其他方面考虑提前占用部分分项工程。如果不是按合同中规定的时间，提前占用部分工程，而又对提前占用会产生的不良后果考虑不周，将会引起承包商提出索赔。

(5) 业主要求赶工。当项目遇到不属于承包商责任的事件发生，或改变了部分工作内容而必须延长工期时，业主基于某种考虑坚持不予延期，这就迫使承包商加班赶工。为此，承包商除可以要求索赔因延误造成的损失外，还可以提出赶工措施费、降效损失费、新增设备租赁费等方面的补偿要求。

6. 建设工程项目索赔的依据

建设工程项目索赔的依据主要有以下几个方面。

(1) 招标文件、施工合同文本及附件，其他各种签约(如备忘录、修正案等)，经认可的工程实施计划、各种工程图纸、技术规范等。这些索赔的依据可在索赔报告中直接引用；

(2) 双方的往来信件及各种会谈纪要。在合同履行过程中，业主、监理工程师和承包商定期或不定期的会谈所做出的决议或决定，是合同的补充，应作为合同的组成部分，但会谈纪要只有经过各方签署后才可作为索赔的依据；

(3) 进度计划和具体的进度以及项目现场的有关文件。进度计划和具体的进度安排和现场有关文件是变更索赔的重要证据；

(4) 气象资料、工程检查验收报告和各种技术鉴定报告，工程中送停电、送停水、道路开通和封闭的记录和证明；

(5) 国家有关法律、法令、政策文件，官方的物价指数、工资指数，各种会计核算资料，材料的采购、订货、运输、进场、使用方面的凭据。

可见，索赔要有证据，证据是索赔报告的重要组成部分，证据不足或没有证据，索赔就不可能成立。总之，施工索赔是利用经济杠杆进行项目管理的有效手段，对承包商、业主和监理工程师来说，对处理索赔问题水平的高低，反映了对项目管理水平的高低。由于索赔是合同管理的重要环节，也是计划管理的动力，更是挽回成本损失的重要手段，所以随着建筑市场的建立和发展，它将成为项目管理中越来越重要的问题。

7.3.2 建设工程项目索赔的程序

建设工程项目索赔处理程序应按以下步骤进行。从承包商提出索赔申请开始，到索赔事件的最终处理，大致可划分为五个阶段。

(1) 第一阶段，承包商提出索赔申请。合同实施过程中，凡不属于承包商责任导致项目拖期和成本增加事件发生后的28天内，必须以正式函件通知监理工程师，声明对此事项要求索赔，同时仍须遵照监理工程师的指令继续施工。逾期申报时，监理工程师有权拒绝承包商的索赔要求。正式提出索赔申请后，承包商应抓紧准备索赔的证据资料，包括事件的原因、对其权益影响的证据资料、索赔的依据，以及其他计算出的该事件影响所要求的索赔额和申请展延工期天数，并在索赔申请发出的28天内报出。

(2) 第二阶段，监理工程师审核承包商的索赔申请。正式接到承包商的索赔信件后，监理工程师应该立即研究承包商的索赔资料，在不确认责任归属的情况下，依据自己的同期记录资料客观分析事故发生的原因，重温有关合同条款，研究承包商提出的索赔证据。必要时还可以要求承包商进一步提交补充资料，包括索赔的更详细说明材料或索赔计算的依据。

(3) 第三阶段，监理工程师与承包商谈判。双方各自依据对这一事件的处理方案进行友好协商，若能通过谈判达成一致意见，则该事件较容易解决。如果双方对该事件的责任、索赔款额或工期展延天数分歧较大，通过谈判达不成共识的话，按照条款规定，监理工程师有权确定一个他认为合理的单价或价格作为最终的处理意见报送业主并相应通知承包商。

（4）第四阶段，业主审批监理工程师的索赔处理证明。业主首先根据事件发生的原因、责任范围、合同条款审核承包商的索赔申请和监理工程师的处理报告，再根据项目的目的、投资控制、竣工验收要求，以及针对承包商在实施合同过程中的缺陷或不符合合同要求的地方提出反索赔方面的考虑，决定是否批准监理工程师的索赔报告。

（5）第五阶段，承包商是否接受最终的索赔决定。承包商同意了最终的索赔决定，这一索赔事件即告结束。若承包商不接受监理工程师的单方面决定或业主删减索赔或工期展延天数，就会导致合同纠纷。通过谈判和协调双方达成互让的解决方案是处理纠纷的理想方式。如果双方不能达成谅解就只能诉诸仲裁。

直观的建设工程项目索赔程序以流程图形式表示，如图 7-1 所示。

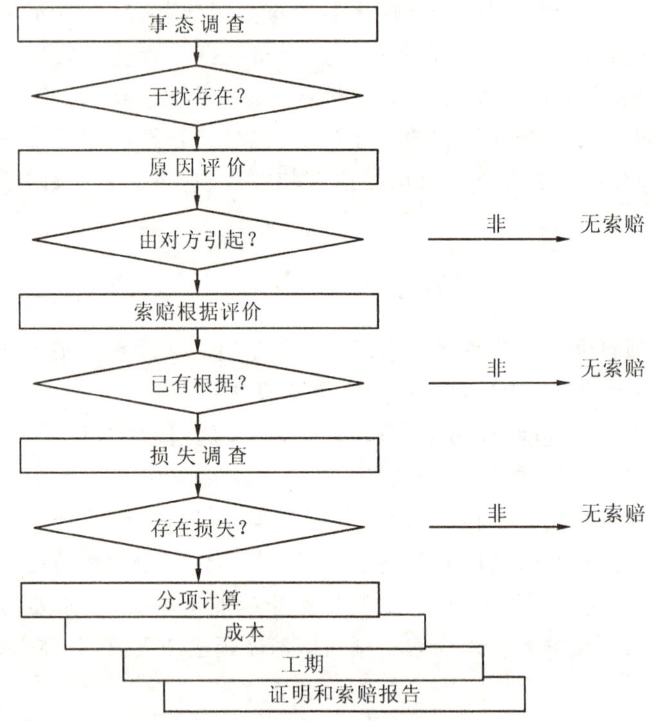

图 7-1 建设工程项目索赔程序流程图

7.3.3 建设工程项目索赔报告的编写

1. 索赔报告的基本要求

索赔报告是向对方提出索赔要求的书面文件，是承包商对索赔事件处理的结果。业主的反应——认可或反驳——就是针对索赔报告。调解人和仲裁人只有通过索赔报告了解和分析合同实施情况和承包商的索赔要求，评价它的合理性，并据此做出决议。所以索赔报告的表达方式对索赔的解决有重大影响。索赔报告应充满说服力，合情合理，有根有据，逻辑性强，能说服工程师、业主、调解人和仲裁人，同时它又是有法律效力的正规的书面文件。

索赔报告如果起草不当，会损害承包商在索赔中的有利地位和条件，使正当的索赔要求得不到应有的妥善解决。起草索赔报告需要实际工作经验，对重大的索赔或一揽子索赔最好在有经验的律师或索赔专家的指导下起草。索赔报告的一般要求有以下几种。

(1) 索赔事件应是真实的。这是整个索赔的基本要求。这关系到承包商的信誉和索赔的成败，不可含糊，必须保证。如果承包商提出不实的、不合情理、缺乏根据的索赔要求，工程师会立即拒绝，还会影响到对承包商的信任和以后的索赔。索赔报告中所指出的干扰事件必须有得力的证据来证明，且这些证据应附于索赔报告之后。对索赔事件的叙述必须清楚、明确，不包含任何估计和猜测，也不可用估计和猜测式的语言，诸如“可能”、“大概”、“也许”等，否则会使索赔要求苍白无力。

(2) 责任分析应清楚，准确。一般索赔报告中所针对的干扰事件都是由对方责任引起的，应将责任全部推给对方。不可用含混的字眼和自我批评式的语言，否则会丧失自己在索赔中的有利地位。

(3) 在索赔报告中应特别强调如下几点。

① 干扰事件的不可预见性和突然性。即使一个有经验的承包商对它也不可能有预见或准备，对它的发生，承包商无法制止，也不能影响。

② 在干扰事件发生后承包商已立即将情况通知了工程师，听取并执行工程师的处理指令，或承包商为了避免和减轻干扰事件的影响和损失尽了最大努力，采取了能够采取的措施。在索赔报告中可以叙述所采取的措施及它们的效果。

③ 由于干扰事件的影响，使承包商的工程过程受到严重干扰，使工期拖延，费用增加。应强调，干扰事件、对方责任、工程受到的影响和索赔值之间有直接的因果关系。这个逻辑性对索赔的成败至关重要。业主反索赔常常也着眼于否定这个因果关系，以否定这个逻辑关系，以否定承包商的索赔要求。

④ 承包商的索赔要求应有合同文件的支持，可以直接引用相应合同条款。承包商必须十分准确地选择作为索赔理由的合同条款。强调这些是为了使索赔理由更充足，使工程师、业主和仲裁人在感情上易于接受承包商的索赔要求。

(4) 索赔报告通常要简洁，条理清楚，各种结论、定义准确，有逻辑性。但索赔证据和索赔值的计算应很详细和精确。索赔报告的逻辑性，主要在于将索赔要求(工期延长和费用增加)与干扰事件、责任、合同条款、影响连成一条打不断的逻辑链。承包商应尽力避免索赔报告中出现用词不当、语法错误、计算错误、打字错误等问题。否则会降低索赔报告的可信度，使人觉得承包商不严肃、轻率或弄虚作假。

(5) 用词要婉转。特别作为承包商，在索赔报告中应避免使用强硬的不友好的抗议式的语言。

2. 索赔报告的编制

1）工期索赔

在工程施工中，常常会发生一些未能预见的干扰事件使施工不能顺利进行，使预定的施工计划受到干扰，结果造成工期延长。工期延长对合同双方都会造成损失，如业主因工程不能及时交付使用和投入生产，不能按计划实现投资目的，失去盈利机会，并增加各种管理费的开支；承包商因工期延长增加支付现场工人工资、机械停置费用、工地管理费、其他附加费用支出等，最终还可能要支付合同规定的误期违约金。

（1）工期索赔的处理原则。

不同类型工程拖期的处理原则：工程拖期可以分为可原谅的拖期和不可原谅的拖期。可原谅的拖期是由于非承包商原因造成的工程拖期，不可原谅的拖期一般是承包商原因造成的工程拖期。这两类工程拖期的处理原则及结果均不同，详见表7-1。

表 7-1　工期索赔处理原则

索赔原因	是否可原谅	拖期原因	责任者	处理原则	索赔结果
工程进度索赔	可原谅的拖期	1. 修改设计 2. 施工条件变化 3. 业主原因拖期 4. 工程师原因拖期	业主/工程师	可给予工期延长，可补偿经济损失	工期+经济补偿
		1. 异常恶劣气候 2. 工人罢工 3. 天灾	客观原因	可给予工期延长，不给予经济补偿	工期
	不可原谅的拖期	1. 工效不高 2. 施工组织不好 3. 设备材料供应不及时	承包商	不延长工期，不补偿经济损失，向业主支付误期损失赔偿费	索赔失败无权索赔

共同延误下的工期索赔的处理原则：在实际施工过程中，工期拖期很少是只由一方造成的，往往是两三种原因同时发生（或相互作用）而形成的，故称为“共同延误”。在这种情况下，要具体分析哪一种情况延误是有效的。

① 首先判断造成拖期的哪一种原因是最先发生的，即确定“初始延误”者，它应对工程拖期负责。在初始延误发生作用期间，其他并发的延误者不承担拖期责任。

② 如果初始延误者是业主，则在业主造成的延误期内，承包商既可得到工期延长，又可得到经济补偿。

③ 如果初始延误者是客观原因，则在客观因素发生影响的时间段内，承包商可以得到工期延长，但很难得到费用补偿。

(2) 工期索赔的计算方法。

工期索赔一般采用分析法进行计算，主要依据合同规定的总工期计划、进度计划，以及双方共同认可的对工期修改文件、调整计划和受干扰后实际工程进度记录，如施工日记、工程进度表等。

2) 费用索赔

(1) 费用索赔的处理原则。

在确定赔偿金额时，应遵循下述两个原则：所有赔偿金额都应该是施工单位为履行合同所必须支出的费用，按此金额赔偿后，应使施工单位恢复到未发生事件前的财务状况。即施工单位不致因索赔事件而遭受任何损失，但也不得因索赔事件而获得额外收益。

从上述原则可以看出，索赔金额是用于赔偿施工单位因索赔事件而受到的实际损失，而不考虑利润。所以索赔金额计算的基础是成本，即用索赔事件影响所发生的成本减去事件影响前所应有的成本，其差值即为赔偿金额。

(2) 费用索赔的计算方法。

通常，干扰事件对费用的影响，即索赔值的计算方法有两种：

① 总费用法：总费用法的基本思路是把固定总价合同转化为成本加酬金合同，以承包商的额外成本为基点加上管理费和利润等附加费作为索赔值。

例如，某工程原合同报价如下：工程总成本 3 800 000 元(直接费＋工地管理费)，公司管理费 380 000 元(总成本×10%)，利润 292 600 元，即(总成本＋公司管理费)×7%，合同价 4 472 600 元。

在实际工程中，由于完全非承包商原因造成实际工地总成本增加至 4 200 000 元。现用总费用法计算索赔值如下：总成本增加量 400 000 元(4 200 000—3 800 000)，总部管理费 40 000 元(总成本增量×10%)，利润 30 800 元(仍为 7%)，利息支付 4 000元(按实际时间和利率计算)，索赔值 474 800 元。

② 分项法：分项法是按每个(或每类)干扰事件，以及这事件所影响的各个费用项目分别计算索赔值的方法。

a. 直接费：

人工费，仅指生产工人的工资及相关费用。

人工费＝人工工资单价×工作量×劳动效率

材料费＝材料预算单价×工作量×每单位工程量材料消耗标准

设备费，进入直接费的设备费一般仅为该分项工程的专用设备。

设备费＝设备台班费×工作量×每单位工程量设备台班消耗量

b. 现场管理费：

现场管理费总额＝直接费×费率(一般为 10%～15%)

c. 总部管理费：

总部管理费总额＝(直接费＋现场管理费)×费率(一般为 7%～10%)

d. 其他:保险费,利率,担保费等。

3) 工程变更索赔

在索赔事件中,工程变更的比例很大,而且变更的形式较多。工程变更的费用索赔常常不仅仅涉及变更本身,而且还要考虑由于变更产生的影响引起的工期的顺延损失,由于变更所引起的停工、窝工、返工、低效率损失等。

(1) 工程量变更:工程量变更是最为常见的工程变更,它包括工程量增加、减少和工程分项的删除。它可能是由设计变更或工程师和业主有新的要求而引起的,也可能是由于业主在招标文件中提供的工作量表不准确造成的。

(2) 附加工程:附加工程是指增加合同工程量表中没有的工程分项。这种增加可能是由于设计遗漏、修改设计或工程量表中项目的遗漏等原因造成的。

3. 索赔报告的内容

从报告的必要内容与文字结构方面而言,一个完整的索赔报告应包括以下四个部分。

(1) 总论部分。一般包括以下内容:① 序言;② 索赔事件概述;③ 具体索赔要求;④ 索赔报告编写及审核人员名单。

文中应概要地叙述索赔事件的发生日期与过程,施工单位为该索赔事件所付出的努力和附加开支,施工单位的具体索赔要求。

在总论部分最后,附上索赔报告编写组主要人员及审核人员的名单,注明有关人员的职称、职务及施工经验,以表示该索赔报告的严肃性和权威性。总论部分的阐述要简明扼要,说明问题。

(2) 根据部分。本部分主要说明自己具有的索赔权利,这是索赔能否成立的关键。根据部分的内容主要来自该工程项目的合同文件,并参照有关法律规定。该部分中施工单位应引用合同中的具体条款,说明自己理应获得的经济补偿或工期延长。

根据部分的篇幅可能很大,其具体内容随各个索赔事件的特点而不同。一般地说,根据部分应包括以下内容:① 索赔事件的发生情况;② 已递交索赔意向书的情况;③ 索赔事件的处理过程;④ 索赔要求的合同根据;⑤ 所附的证据资料。

在结构上,按照索赔事件的发生、发展、处理和最终解决的过程编写,并明确全文引用有关的合同条款,使建设单位和监理工程师能历史地、逻辑地了解索赔事件的始末,并充分认识该项索赔的合理性和合法性。

(3) 计算部分。索赔计算的目的,是以具体的计算方法和计算过程,说明自己应得经济补偿的款项或延长时间。如果说根据部分的任务是解决索赔能否成立,则计算部分的任务是决定应得到多少索赔款项和延长多少工期,前者是定性的,后者是定量的。

在款项计算部分,施工单位必须阐明下列问题:① 索赔款的总额。② 各项索赔款的计算,如额外开支的人工费、材料费、管理费和损失利润。③ 指明各项开支的计算依据和证据资料，施工单位应注意合适的计价方法。至于采用哪一种计价法，首先应根据索赔事件的特点及自己掌握的证据资料等因素来确定；其次应注意每项开支的合理性，并指出相应证据资料的名称及编号。切忌采用笼统的计价方法和不实的开支款项。

(4) 证据部分。证据部分包括该索赔事件所涉及的一切证据资料，以及对这些证据的说明。证据是索赔报告的重要组成部分，没有详实可靠的证据，索赔是不可能成功的。

在引用证据时，要注意证据的效力或可信度。为此，对重要的证据资料最好附以文字证明或确认件。例如，对一个重要的电话内容，仅附上自己的记录是不够的，最好附上经过双方签字确认的电话记录，或附上发给对方要求确认该电话记录的函件，即使对方未给复函，亦可说明责任在对方，因为对方未复函确认或修改，按惯例应理解为他已默认。

【思考和练习】

1. 简述合同管理的工作程序。
2. 简述建设工程合同的类型。
3. 试述建设工程施工合同示范文本的组成内容。
4. 试述施工索赔的程序。
5. 一份完整的索赔报告应包括哪些内容？

第8章　工程项目风险管理

【知识要点及学习要求】

知识要点	学习要求
知识要点1　风险及工程项目风险管理的含义，工程项目的风险因素。	了解
知识要点2　工程项目风险分析与识别，工程担保与保险。	熟悉
知识要点3　工程项目风险的防范与处理。	掌握

风险管理技术是现代项目管理中不可缺少的工具，现代项目管理与传统项目管理的不同之处就是引入了风险管理技术。但我国在引进项目管理理论与方法时，只引进了项目管理的基本理论、方法与程序，未能同时引进风险管理理论，主要是由于我国当时经济发展水平较低，人们风险意识较差及体制上的原因。但是近十几年来，随着经济的不断发展，国外各种风险管理的理论、方法与技术被介绍到我国，并被逐渐应用到项目管理之中，尤其是在大型土木工程项目管理中显示了广阔的前景。

风险管理强调对项目目标的主动控制，对工程实现过程中遭遇的风险或干扰因素做到防患于未然，以避免和减少损失。目前，项目管理界已把风险管理和目标管理列为项目管理的两大基础，认为只有把这两者有机地结合起来才能较好地实现工程项目目标。

8.1　建设工程项目风险管理概述

8.1.1　风险的概念及类型

1. 风险的概念

风险的存在，是因为人们对任何未来的结果不可能完全预料。实际结果与主观预料之间的差异就构成了风险。因此，风险可定义为：在给定的情况下和特定的时间内，那些可能发生的结果间的差异。

2. 工程项目风险

工程项目的立项、分析、研究、设计和计划都是基于对未来情况（政治、经济、社会、自然等各方面）的预测基础上的，也是建立在正常的技术、管理和组织之上的。在实施运行过程中，这些因素都有可能产生变化，使得原定的计划方案受到干扰，目标不能实现。这些事先不能确定的内部和外部的干扰因素，称为工程项目风险。

风险在任何工程项目中都存在。工程项目作为经济、技术、管理、组织各方面的综合性社会活动，它在各个方面都存在着不确定性。这些风险造成工程项目实施的失控现象，如工期延长、成本增加、计划修改等，最终导致工程经济效益降低，甚至项目失败。而且现代工程项目的特点是规模大、技术新颖、持续时间长、参加单位多、环境复杂，可以说在项目实施过程中危机四伏。许多领域，由于其项目风险大，如国际工程承包、国际投资和合作等，常被人们称为风险型事业。

3. 工程项目风险的特点

1）风险的多样性

在一个项目中有许多种类的风险存在，如政治风险、经济风险、法律风险、自然风险、合同风险、合作者风险等。

2）风险的覆盖性

项目的风险不仅存在于实施阶段，而且隐藏在决策、设计及所有相关阶段的工作中，如目标设计中可能存在构思的错误，重要边界条件的遗漏；可行性研究中可能有方案的失误，高层分析错误；技术设计中存在图纸和规范错误；施工中物价上涨，气候条件变化；运行中市场变化，产品不受欢迎，达不到设计能力，操作失误等。

3）风险的相关性

风险的影响往往不是局部的，在某一段时间风险也会随着项目的发展，其影响会逐渐扩大。例如，一个活动受到风险干扰，可能影响与它相关的许多活动。所以，在项目中风险影响会随着时间推移有扩大的趋势。

4）风险的规律性

项目的实施有一定的规律性，所以风险的发生和影响也有一定的规律性，是可以进行预测的。重要的是要有风险意识，重视风险，对风险进行全面的控制。

4. 风险的分类

为了深入、全面地认识项目风险，并有针对性地进行管理，有必要将风险分类，分类可以从不同的角度，根据不同的标准进行。

1）按风险后果划分

(1) 纯粹风险。不能带来机会、无获得利益可能的风险，叫纯粹风险。纯粹风险只有两种可能的后果：造成损失和不造成损失。纯粹风险造成的损失是绝对的损失。工程项目蒙受了损失，全社会也跟着受损失。如某项目空气压缩机施工过程中失火，蒙受了损失。该损失不但是这个工程项目的，也是全社会的，没有人从中获得好处。纯粹风险总是和威胁、损失和不幸相联系。

(2) 投机风险。既可能带来机会、获得利益，又隐含威胁、造成损失的风险，叫投机风险。投机风险有三种可能的后果：造成损失、不造成损失和获得利益。投机风险如果使工程项目蒙受了损失，但全社会不一定也跟着受损失。相反，其他人有可能因此而获得利益。例如，私人投资的房地产开发项目如果失败，投资者要蒙受损失，但是发放贷款的银行却可将抵押的土地和房屋收回，等待时机转手高价卖出，不但可收回贷款，而且还有可能获得高额利润。纯粹风险和投机风险在一定条件下可以相互转化。项目管理人员必须避免投机风险转化为纯粹风险。

2）按风险来源划分

(1) 自然风险。由于自然力的作用，造成财产毁损或人员伤亡的风险属于自然风险。例如，水利工程施工过程中因发生洪水或地震而造成的工程损害、材料和器材的损失。

(2) 人为风险。是指由于人的活动而带来的风险。人为风险又可以细分为行为、经济、技术、政治和组织风险等。

① 行为风险是指由于个人或组织的过失、疏忽、侥幸、恶意等不当行为造成财产毁损、人员伤亡的风险。

② 经济风险是指人们在从事经济活动中，由于经营管理不善、市场预测失误、价格波动、供求关系发生变化、通货膨胀、汇率变动等导致经济损失的风险。

③ 技术风险是指伴随着科学技术的发展而来的风险。如核燃料出现之后产生的核辐射风险；伴随宇宙火箭技术而来的卫星发射风险。

④ 政治风险是指由于政局变化、政权更迭、罢工、战争等引起社会动荡而造成财产损失和损害及人员伤亡的风险。

⑤ 组织风险是指由于项目有关各方关系不协调及其他不确定性而引起的风险。现代的许多合资、合营或合作项目组织形式非常复杂，有的单位对项目的动机和目标不一致，在项目进行过程中常常出现一些不愉快的事情，影响合作者之间的关系、项目进展和项目目标的实现。组织风险还包括项目发起组织内部的不同部门由于对项目的理解、态度和行动不一致而产生的风险。

3）按风险是否可管理划分

可管理的风险是指可以预测，并可采取相应措施加以控制的风险，反之，则为不可管理的风险。风险能否管理，取决于风险不确定性是否可以消除，以及工程项目的管理水平。要消除风险的不确定性，就必须掌握有关的数据、资料和其他信息。随着数据、资料和其他信息的增加及管理水平的提高，有些不可管理的风险可以变为可管理的风险。

4）按风险影响范围划分

风险按影响范围划分，可以有局部风险和总体风险。局部风险影响的范围小，而总体风险影响范围大。局部风险和总体风险也是相对的。项目管理班子特别要注意总体风险。例如，项目所有的活动都有拖延的风险，但是处在关键路线上的活动一旦延误，就要推迟整个项目的完成日期，形成总体风险，而非关键路线上活动的延误在许多情况下是局部风险。

5）按风险后果的承担者划分

项目风险，若按其后果的承担者来划分，则有项目业主风险、政府风险、承包商风险、投资方风险、设计单位风险等。这样划分有助于合理分配风险，提高项目的风险承受能力。

6）按风险的可预测性划分

按这种方法，风险可以分为已知风险、可预测风险和不可预测风险。

（1）已知风险是在认真、严格地分析项目及其计划之后就能够明确的那些经常发生的，而且其后果亦可预见的风险。已知风险发生概率高，但一般后果轻微，不严重。例如项目目标不明确，过分乐观的进度计划，设计或施工变更，材料价格波动等。

（2）可预测风险就是根据经验，可以预见其发生，但不可预见其后果的风险。这类风险的后果有时可能相当严重。例如业主不能及时审查批准，分包商不能及时交工，施工机械出现故障，不可预见的地质条件等。

（3）不可预测风险就是有可能发生，但其发生的可能性即使是最有经验的人也不能预见的风险。不可预测风险有时也称未知风险或未识别的风险。它们是以前未观察到或很晚才显现出来的风险。这些风险一般是外部因素作用的结果。例如地震、百年不遇的暴雨、通货膨胀、政策变化等。

8.1.2 工程项目风险管理概念、目标

1. 工程项目风险管理概念

风险管理，就是人们对潜在的意外损失进行识别、评估，并根据具体情况采取相应的措施进行处理，即在主观上尽可能有备无患或在无法避免时亦能寻求切实可行的补偿措施，从而减少意外损失或进而使风险为我所用。

近十几年来，人们在项目管理中提出了全面风险管理的概念。全面风险管理是用系统的、动态的方法进行风险控制，以减少项目过程中的不确定性。它不仅使各层次的项目管理者建立风险意识，重视风险问题，防患于未然，而且在各阶段、各方面实施有效的风险控制，形成一个前后连贯的管理过程。

2. 工程项目风险管理的目标

1）项目全过程的风险管理

全面风险管理首先是体现在对项目全过程的风险管理上。

在项目目标设计阶段，就应对影响重大的风险进行预测，寻找目标实现的风险和可能的困难。

在可行性研究中，对风险的分析必须细化，进一步预测风险发生的可能性和规律性，同时必须研究各种风险状况对项目目标的影响程度，即项目的敏感性分析。

随着技术设计的深入，实施方案的逐步细化，项目的结构分析也逐渐清晰。这时风险分析不仅要针对风险的种类，而且必须细化（落实）到各项目结构单元直到

最低的操作层。在工程实施中要加强风险的控制，项目结束，要对整个项目的风险管理进行评价，以作为今后进行同类项目管理的经验和教训。

2）对全部风险的管理

在每一阶段进行风险管理都要罗列各种可能的风险，并将它们作为管理对象，不能有遗漏和疏忽。

3）全方位的管理

要分析风险对各方面的影响，例如，对整个项目和项目的各个方面（如工期、成本、施工过程、合同、技术、计划）的影响。

采用的对策措施也必须考虑综合手段，从合同、经济、组织、技术、管理等各个方面确定解决方法。风险管理包括风险识别、风险分析、风险文档管理、风险评价、风险控制等全过程。

4）全面的组织措施

在组织上全面落实风险控制责任，建立风险控制体系，将风险管理作为项目各层次管理人员的任务之一。

8.2 建设工程项目风险分析与评价

8.2.1 工程项目的风险因素

按风险来源可将其划分为人为风险、经济风险和自然风险。

1. 人为风险

人为风险是指因为人的主观因素导致的各种风险。这些风险虽然表现形式和影响的范围各不相同，但都与人的思想和行为密切相关。通常，人为风险主要表现为以下几个方面。

(1) 政府和主管部门的行为。国家政府和行业的主管部门常常因为全局利益而采取一些带有全局性的决策。从全局考虑，这些决策正确、可行，但对于一个具体工程项目的建设，可能因为全局决策而导致对工程的不利。许多工程投资人因此不得不改变或调整投资决策，不可避免地要遭受损失。

(2) 体制法规不合理。由于国家实行的体制不健全，实行的法规不尽合理，阻碍当前的经济发展，从而不利于投资人获取项目建设利益。

(3) 金融机构的支持力度。实施工程的前提条件是资金有保证。任何企业都离不开融资，靠自己的本金兴建工程是极其有限的。如果得不到金融机构的支持，投资人的资金筹措困难或资金成本过高都会给投资人带来不利影响。

(4) 合同条款不严谨。通常情况下，工程合同由咨询工程师起草，或由业主根据政府规定的格式拟定。如果合同条款不严谨，实施过程中常常会出现不可预见的情况，承包商利用合同不严谨之处提出索赔，使投资人蒙受损失。

(5) 道德风险。道德风险是指工程项目实施过程中执行人员的道德出现问题，失去了应有的责任感，致使投资人的财产遭受损失，或工程质量缺乏监督保证。

(6) 群体行为越轨。这种风险可分为两种形式：一种是来自社会性的越轨行为，如社会性的骚乱甚至暴乱；另一种是因为承包商克扣和拖欠工人的工资或处事不公引起公愤，虽业主可以通过罚款以减少工程开支，但对工期、质量的损失无法弥补。

(7) 承包商履约不力。在激烈的市场竞争环境下，某些承包商先以低价中标，签订合同后，由于工程的实际价格远远超过投资估算，从而加大了投资人的风险，或者虽然工程承包合同对承包商规定了种种义务和惩罚措施，但在实际操作时，常有很多情况使得合同不能得到圆满履行，使业主和投资人蒙受损失。

(8) 工期拖延。虽然合同中明确规定了合同工期和误期罚款，但罚款总额通常不超过合同的总价。如果工程严重拖期，则会使工程开支急剧扩大，预期效益不能实现，使得投资人要承担直接损失风险和间接损失风险。

(9) 设计失误。在工程项目实施过程中，设计方案都要交付业主审核批准。但是，在许多情况下，业主不具备审核能力。如果出现失误，轻则返工修复，重则可能导致工程毁损，使业主遭受损失。

(10) 其他可能风险。如材料供应商履约不力和失误，指定分包商履约不力以及监理工程师失职等。

2. 经济风险

在社会经济活动中，经济风险是在所难免的。对于工程项目，特别是大型工程项目投资，经济风险难以避免。通常，项目投资或建设过程中所遇到的经济风险主要有以下几种。

(1) 宏观形势不利。宏观经济形势不利对各个行业都会有巨大影响。

(2) 投资环境恶劣。投资环境是投资能否取得成功的关键因素，项目投资人的收益与该行业及区域的软硬环境密切相关。

(3) 市场物价的波动。从总投资额的构成可以看出，物价指数是否平稳关系到价差预备费的估算准确与否。如果经济形势波动很大，物价飞涨，投资人很难对总投资额做出准确估算，其结果必然给投资人带来巨大的风险。

(4) 投资回收期。水电项目投资规模大，回收期长。由于项目实施时间长，出现各种不测事件的可能性大大增加，从而导致预期收益不能实现。

(5) 基础设施落后。基础设施对于工程建设项目的投资具有重要影响，外部的客观环境，尤其是公共基础设施的好坏对工程影响极大。交通落后，能源不足，必然严重制约工程的正常进行，从而加大工程项目的建设费用和运行成本。

(6) 资金筹措困难。工程项目往往投资额巨大，资金筹措困难是投资人经常遇到的最大风险之一。因此，在可行性研究阶段要对资金筹措的问题给予高度重视。

3. 自然风险

自然风险是指工程项目所在地区客观存在的自然条件。工程施工期间，可能碰上恶劣气候等因素，从而给投资人构成威胁。自然风险通常有以下因素：恶劣的自然条件；恶劣的气候和环境；恶劣的现场条件；地理环境不利。

此外，在合同条款中规定了由业主承担的风险，一般称为特殊风险。这些风险包括战争、叛乱、核爆炸等。这些特殊风险事件，承包商对其后果不承担责任，风险损失由投资人承担。由于影响工程项目投资的风险因素非常多，所以应用风险分析方法，系统全面地进行投资项目的风险辨识，分析风险引起的后果的严重程度，或应用专家调查方法进行分析，找出对投资影响大的风险因素，并重点分析。

8.2.2 工程项目风险分析与识别

一般来说，风险并非显而易见的，也不容易识别和预测，至少不容易准确地预测。据统计，在我国的工程项目建设中，由风险造成的损失是触目惊心的，许多工程案例说明了这个问题。特别在国际工程承包领域，人们将风险作为项目成败的主要原因之一。因此，认真做好风险分析是至关重要的。风险分析是对风险的辨识、估计和评价作出全面的综合分析，其主要分析内容有以下三种。

1. 风险辨识

风险辨识要回答如下问题：哪些风险应当考虑？引起风险的主要因素是什么？风险引起的后果的严重程度如何？进行工程项目投资时，能引起风险的因素很多，造成后果的严重程度各异，完全不考虑这些因素和遗漏了主要因素是不对的，但每个因素都考虑也会使问题复杂化。因此，风险的辨识就是要合理地缩小这种不确定性，在风险辨识阶段主要进行定性的分析。

2. 风险估计

风险估计就是对风险进行测量。主要回答的问题是：这风险有多大？通过什么手段和方法给出某一危险发生的概率，以及其后果的性质、大小和概率是多少？

3. 风险评价

风险评价要解决的问题：项目风险的社会与经济意义是什么？它的影响是什么？应当怎样对待？处理的对策是什么？这些问题涉及范围较广，与决策问题紧密相连，主观因素影响更大，因而其方法与结果具有相对性。

管理风险首先必须识别风险，即对风险的严重程度及可能造成的损失进行准确全面地估计。然而，风险并不是显露于外表，常常是隐蔽于各个环节，难以发现，甚至存在于种种假象之中，具有迷惑性。因此，辨识风险是一项复杂而细致的工作，要按照一定的程序和步骤，采用切实可行的方法逐阶段、逐层次分析，实事求是地作出估计。

辨识风险的过程包括对可能的风险事件的来源和结果进行全面、实事求是的调查和系统分类，并恰如其分地评价其后果。其辨识过程通常分为以下四个步骤。

(1) 确认不确定性的客观存在。

这项工作包括两项内容：一要辨认所发现或推测的因素是否存在不确定性。如果是确定无疑的，则无所谓风险。二要确认这种不确定性是客观存在的，是确定无疑的，而不是凭空想象的。

(2) 建立初步清单。

清单中应明确列出客观存在的潜在的各种风险，应包括各种影响生产率、操作运行、质量和经济效益的各种因素。人们通常凭借企业经营者的经验对其做出判断，并且通过对一系列调查表进行深入研究、分析而制定。

(3) 确定各种风险事件并推测其结果。

根据初步风险清单中开列的各种重要的风险来源，推测与其相关联的各种合理的可能性，包括赢利和损失、人身伤害、自然灾害、时间和成本、节约和超支等方面，重点应是资金的财务结果。

(4) 进行风险分类。

通过对风险进行分类能加深对风险的认识和理解，同时也辨清了风险的性质。实际操作中可依据风险的性质和可能的结果，以及彼此间可能发生的关系进行风险分类。这样的风险分类能更彻底地理解风险、预测结果，且有助于发现与其关联的各方面的因素。常见的分类方法是由若干个目录组成的框架形式，每个目录中都列出不同种类的风险，并针对各个风险进行全面检查。这样可避免仅重视某一项而忽视其他风险的现象。

8.2.3 工程项目风险估计

辨识项目建设过程中面临的各种风险后，要分别对风险进行衡量和比较分析，以确定各种风险的相对重要性。风险估计是对各类风险因素进行定量的分析，目前采用的风险估计方法主要有以下三种。

1. 客观估计与主观估计

客观估计是利用客观概率对各种风险进行估计。客观概率的计算方法有两种：一种是根据大量的试验，用统计的方法进行计算；另一种是根据概率的古典定义，将事件收集分解成基本事件，用分析的方法进行计算。用这种方法所得的数据都是客观存在的，不随计算者和分析者的意志而转移，因而称之为客观概率。

主观估计是采用主观概率对各种风险进行估计。在实际工作中，我们常常不可能获得足够多的信息来计算客观概率。特别是在进行风险分析时，所遇到的事件常不可能做大量试验，甚至一次试验也不可能做，事件是将来才发生的，很难计算出客观概率，只好通过决策者或专家的工程经验和个人判断对事件发生的可能性进行估计，这就是主观概率。主观估计的一种方法是直觉判断，它常表现为某些个人对风险发生的概率及其后果做出迅速的判断。决策者根据当时能收集到的信息及过去长期的经验进行估计，做出合理的判断。主观概率在风险估计中的应用近年来日益引起人们的重视，其估计方法使主观估计准确而客观。介于主观估计和客观估计之间的风险估计，称为“合成估计”。关于事件发生的概率的合成估计既不是直接由大量试验和分析得来的，也不是完全由某个人主观确定的，而是两者的合成，称为"合成概率"。关于事件后果的估计，在主观估计和客观估计之间的估计称为"行为结果估计"，它反映了估计者本人价值观和行为对估计的影响。在进行风险估计时，常根据已获得的信息和经验估计事件的概率分布。在风险估计中常用的概率分布有离散分布、等概率分布、阶梯长方形分布、梯形分布、三角形分布、二项分布、正态分布和对数正态分布等。在风险分析时，概率分布的采用要根据所描述的对象及信息情况而定。

2. 外推方法

外推方法是行为风险估计的一种主要方法，分为前推、后推和旁推三种。

3. 蒙特卡洛方法

蒙特卡洛方法是一种以数理统计理论为指导的模拟技术，是对实际可能发生情况的模拟试验，又称为随机模拟或统计试验法。蒙特卡洛方法是利用服从一定的概率分布的随机变量产生随机数的方法来模拟现实系统可能出现的随机现象，通过计算机进行大量的模拟试验得到有价值的分析结果。未来的情况不能确定，只知各输入变量按一定概率分布取值，用一个随机数发生器来产生具有相同概率分布的数值，赋值给各个变量，再计算出各输出变量，产生对应于实际上可能发生的一种情况，是一个试验，或者说是一个幕景。如此反复试验 N 次，便可得到 N 个幕景。由这 N 组数据便可求出各输出量的概率分布，输出量概率分布的函数是随着 N 的变化而变化的。N 愈大，则此分布愈接近于真实的分布。在求得输出量的概率分布后，即获得了进行风险估计的全部信息。

8.2.4 工程项目风险评价

风险评价与决策问题紧密相连，主要方法有：完全回避风险方法，权威风险方法，风险效益分析等。当前工程建设中应用较为普遍的是敏感性分析和模糊数学法。

1. 敏感性分析

敏感性分析是在预测的一个或几个主要因素发生变化的前提下，分析研究项目对这些因素变化的反应程度，即测试项目对各个变化因素的敏感度。

敏感性分析方法只考虑影响工程目标成本的几个主要因素的变化，如利率、投资额、运行成本等，而不是采用工作分解结构把总成本按工作性质，细分为各子项目成本，从子项目成本角度考虑风险因素的影响，再综合成整个项目风险。此方法可以为决策者提供：工程目标成本对哪个成本单项因素的变化最为敏感，哪个其次，并排出相应对成本单项的敏感性顺序。使用敏感性分析方法分析工程风险不可能得出具体的风险影响程度值，只能说明一种影响程度，向决策者提供可能影响项目成本变化的因素及其影响的重要程度，使决策者在作决策时考虑这些因素及最敏感因素对成本的影响。敏感性分析方法一般被认为是一个有用的决策工具。

2. 模糊数学法

在经济评价过程中，有很多影响因素的性质和活动无法用数字来定量地描述，它们的结果也是含糊不定的，无法用单一的准则来判断。对于复杂事物来说，边界往往具有很大的模糊性，难以用严格的数学方法处理模糊现象。模糊数学为我们提供了描述和处理模糊性问题的理论和科学方法。

工程项目中各种风险因素很大一部分难以用数字来准确地加以定量描述，但可以利用工程经验或专家知识，用语言描述出它们的性质及其可能的影响结果。现有的绝大多数风险分析模型都是基于需要数学的定量技术，而分析时用的相关信息却是很难用准确的数量表示，因此，可采用模糊数学模型来解决问题。

8.3　建设工程项目风险处理

8.3.1　风险防范

风险是基于客观存在的分布，而防范则是基于主观的判断。如果主客观一致即可判定风险，从而可以有效地防范。既然风险是在给定情况下存在的可能结果间的差异，那么人们就有可能凭经验推断出其发生的规律和概率。虽然这些规律和概率并非一成不变，但通过一定时期内的观察，可推断出其大致规律，从而可以有意识地采取一些预防手段来防范。风险具有以下特征，这些特征决定了风险防范的可能性。

1. 风险的可测性

风险并不是不可预测的，它有其特定的根源，有发生的迹象和一定的表现形式。人们通过细心观察、深入分析研究、科学地推测，一般可以预测风险发生的可能性、发生的概率，甚至通过概率计算预测风险可能造成的损失程度。

2. 风险的普遍性

由于风险无时不存、无处不在，且时有重复，人们在进行任何举措之前，都会有风险意识，本能地、积极或消极地采取各种预防措施。

3. 风险概率的互斥性

一个事件的演变具有多种可能，而这些可能具有互斥性。例如，投资一个项目至少有两种可能的结果：盈利和亏本。盈利的可能性加大，亏本的可能性就减小，两种可能性不会同时加大或同时减小。

4. 风险的可转移性

不同的人对同样的风险可产生不同的反应，因为人们对风险所具有的承受力不一样。例如，一项工程包括多项子工程，总承包商可以承担总包风险，而将其中自己不具优势的子项工程转包给专业承包商，从而将该子项工程潜伏的风险也转移出去。对于该专业承包商来说，这些潜伏的风险不一定会真正成为风险。

5. 风险的可分散性

风险是由各种因素构成的。若干风险因素集中在一起，风险的因素将会很大。但如果将这些因素分散，尽管每个因素都有可能诱发风险，但其概率将大大降低。工程项目管理是一项多程序、多方位、内容错综复杂的经营活动。投资人可以只考虑其资金筹措中的各种风险，而将工程的设计、实施、管理及运营交给业主，而业主又可通过发包把工程的实施任务委托给承包商，将技术把关任务委托给监理工程师；承包商又可以通过分包将工程各子项中潜伏的风险分散转移至各分包商。这样层层分散、转移，可调动各方面的积极因素，克服消极因素，大家共同承担风险。

6. 风险的可利用性

风险有两类：纯粹风险和投机风险。纯粹风险只会造成损失或不造成损失但不能提供获利机会，如自然灾害、工伤事故。但投机风险则既可能造成损失，又可能提供获利机会，如投资兴办企业，投资失败会造成重大经济损失，反之，则有可能获得巨额利润。因此，投机风险便具有可利用的一面。

8.3.2 风险处理

风险的处理主要有风险控制和风险回避。采用风险控制措施可降低预期损失或使这种损失更具有可测性，从而改变风险。这种方法包括风险回避、风险预防、风险分离、风险分散及风险转移等。风险回避主要是中断风险源，使其不致发生或遏制其发展。风险回避有时可能不得不做出一些必要的牺牲，但较之风险真正发生造成的损失要小得多，甚至微不足道，如回避风险大的项目，选择风险小或适中的项目等。在项目决策时要注意，对于风险超过自己的承受能力、成功把握不大的项目，不介入，不参与合资；甚至有时在工程进行到一半时，预测后期风险很大，必然有更大的亏损，进而不得不采取中断项目的措施。

风险回避虽然是一种风险防范措施，但应该承认这是一种消极的防范手段。因为回避风险固然能避免损失，但同时也失去了获利的机会。风险预防是指要减少风险发生的机会或降低风险的严重性，设法使风险最小化。

1. 风险预防

风险预防是指采取各种预防措施以杜绝风险发生的可能。例如，供应商通过扩大供应渠道以避免货物滞销；承包商通过提高质量控制标准以防止因质量不合格而返工或罚款；管理人员通过加强安全教育和强化安全措施，减少事故的发生等。在商业交易中，各方都把风险预防作为重要事项。业主要求承包商出具各种保函就是为了防止承包商不履约或履约不力；而承包商要求在合同条款中赋予其索赔权利，也是为了防止业主违约或发生种种不测事件。

2. 减少风险

减少风险是指在风险损失已经不可避免的情况下，通过种种措施以遏制风险势头继续恶化或局限其扩展范围使其不再蔓延，也就是使风险局部化。例如，承包商在业主付款误期超过合同规定期限的情况下，采取停工或撤出队伍并提出索赔要求，甚至提起诉讼；业主在确信承包商无力继续实施其委托的工程时立即撤换承包商；施工事故发生后采取紧急救护等都是为了达到减少风险的目的。

3. 风险分离

风险分离是指将各类风险进行分离、间隔，以避免发生连锁反应或互相牵连。这种处理可以将风险局限在一定的范围内，从而达到减少损失的目的。风险分离常用于工程中的设备采购。为了尽量减少因汇率波动而遭致的汇率风险，可在若干不同的国家采购设备，付款采用多种货币，如在欧盟采购支付欧元，在日本采购支付日元，在美国采购支付美元等。这样即使发生大幅度波动，也不会全都导致损失风险。以日元、欧元支付的采购可能因其升值而导致损失，但以美元支付的采购则可以因其贬值而获得节省开支的机会。

在施工过程中，承包商对材料进行分隔存放也是风险分离手段，这样可以避免材料集中于一处时可能遭受同样的损失。

4. 风险分散

风险分散与风险分离不一样，它是通过增加风险单位以减轻总体风险的压力，达到共同分摊集体风险的目的。

工程项目总的风险有一定的范围，这些风险必须在项目参加者之间进行分配。每个参与者都必须有一定的风险责任，这样他才有管理和控制风险的积极性和创造性。风险分配通常在任务书、责任书、合同、招标文件中定义，在起草这些文件时都应对风险作出预计、定义和分配。

5. 风险转移

有些风险无法通过上述手段进行有效控制，经营者只好采取转移手段以保护自己。风险转移并非损失转嫁，也不能被认为是损人利己和有损商业道德，因为有许多风险对一些人的确可能造成损失，但转移后并不一定给他人造成损失。其原因是各人的优、劣势不一样，因而对风险的承受能力也不一样。风险转移的手段常用于工程承包中的分包、技术转让或财产出租。合同、技术或财产的所有人通过分包工程、转让技术或合同、出租设备或房屋等手段将应由其自身全部承担的风险部分或全部转移至他人，从而减轻自身的风险压力。

6. 风险自留

风险自留是指将风险留给自己承担，不予转移。这种手段有时是无意识的，即当初并不曾预测到，不曾有意识采取种种有效措施，以致最后只好由自己承受；但有时也可以是主动的，即有意识、有计划地将若干风险主动留给自己，这种情况下，风险承受人通常已做好了处理风险的准备。主动的或有计划的风险自留是否合理、明智取决于风险自留决策的有关环境。风险自留在一些情况下是唯一可能的对策。有时企业不能预防损失，回避又不可能且没有转移的可能性，企业别无选择，只能自留风险。例如，在河谷中建厂的企业发现已没有其他可能的方法来处理洪水风险，放弃建厂和控制损失的成本都极其昂贵，而且在这一特定领域投保洪灾险也不可能，投资人骑虎难下，只好采取自留风险的对策。但是如果风险自留并非唯一可能的对策时，风险管理人应认真分析研究，通盘考虑，制定最佳决策。

8.4 建设工程项目保险与担保

8.4.1 建设工程项目保险概念及种类

工程项目保险是指通过保险公司收取保险费的方式建立保险基金，一旦发生自然灾害或意外事故，造成参加保险者的财产损失或人身伤亡时，即用保险金予以补偿的一种制度。它的好处是，参加者付出一定的小量保险费，换得遭受大量损失时得到补偿的保障，从而增强抵御风险的能力。建设工程保险主要包括以下种类。

1. 建筑工程一切险(包括第三者责任险)

建筑工程一切险是对各种建筑工程项目提供全面的保障。既对在施工期间工程本身、施工机具或工地设备所遭受的损失予以赔偿，也对因施工给第三者造成的物资损失或人员伤亡承担赔偿责任。建筑工程一切险多数由承包商负责投保。如果承包商因故未办理或拒不办理投保，业主可代为投保，费用由承包商负担。如果总承包商未曾就分包工程购买保险，负责该项分包工程的分包商也应办理其承担的分包任务的保险。建筑工程一切险的保险契约生效后，投保人就成为被保险人，但保险的受益人同样也是被保险人。该被保险人必须是在工程进行期间承担风险责任或具有利害关系，即具有可保利益的人，主要包括业主、总承包商、分包商、监理工程师、与工程有密切关系的单位或个人。如果被保险人不止一家，则各家接受赔偿的权利以不超过其对保险标的可保利益为限。建筑工程一切险适于房屋工程和公共工程，其承保的内容大致包括：

(1) 工程本身；

(2) 施工用设施和设备；

(3) 施工机具；

(4) 场地清理费；

(5) 第三者责任；

(6) 工地内现有的建筑物；

(7) 由被保险人看管或监护的停放于工地的财产。

建筑工程一切险承保的危险与损害涉及面很广，凡保险单中列举的“除外情况”之外的一切事故损失全在保险范围内。建筑工程一切险的保险金额按照不同的保险标的确定；保险费率通常要根据风险的大小确定；保险的期限可以根据合同条件要求确定。

2. 安装工程一切险

安装工程一切险属于技术险种。这种保险的目的在于为各种机器的安装及钢结构工程的实施提供尽可能全面的专门保险。安装工程一切险主要适用于安装各种工厂用的机器、设备、储油罐、钢结构、起重机、吊车，以及包含机械工程因素的各种建造工程。安装工程一切险同建筑工程一切险有着重要的区别。

(1) 建筑工程一切险的标的从开工以后逐步增加，保险额也逐步提高；而安装工程一切险的保险标的一开始就存放于工地，保险公司一开始就承担着全部货价的风险。在机器安装好之后，试车、考核所带来的危险及在试车过程中发生机器损坏的危险是相当大的，这些危险在建筑工程一切险部分是没有的。

(2) 在一般情况下，自然灾害造成建筑工程一切险的保险标的损失的可能性较大；而安装工程一切险的保险标的多数是建筑物内安装及设备（石化、桥梁、钢结构建筑物等除外），受自然灾害（洪水、台风、暴雨等）损失的可能性较小，受人为事故损失的可能性较大，这就要督促被保险人加强现场安全操作管理，严格执行安全操作规程。

(3) 安装工程在交接前必须经过试车、考核，而在试车期内任何潜在的因素都可能造成损失，损失率要占安装工期内总损失的一半以上。由于风险集中，试车期的安装工程一切险的保险费率通常占整个工期保费的较大比例，而且对旧机器设备不承担赔付责任。

安装工程一切险的投保人与被保险人同建筑工程一切险一样，安装工程一切险应由承包商投保，业主只是在承包商未投保的情况下代其投保，费用由承包商承担。承包商办理投保手续并交纳了保费后即成为被保险人。安装工程一切险的被保险人除承包商外还包括业主、制造商（供应商）、咨询监理公司、安装工程的信贷机构和待安装构件的买主等。

安装工程一切险的保险金额包括物质损失和第三者责任两大部分。如果投保的安装工程包括土建部分，其保额应为安装完成时的总价值（包括运费、安装费、关税等）；若不包括土建部分，则设备购货合同价和安装合同价加各种费用之和为保额；安装建筑用机器、设备、装置应按安装价值确定保额。第三者责任的赔偿限额按危险程度由保险双方商定。通常对物质标的部分的保额先按安装工程完工时的估计总价值暂定，工程完工时再根据最后建成价格调整。

安装工程一切险在保险单列明的安装期限内，自投保工程的动工日或第一批被保险项目被卸到施工地点时起生效，直到安装工程完毕且验收时终止。如果合同中有试车、考核规定，则试车、考核阶段应以保单中规定的期限为限。但如果被保险项目本身是旧产品，则试车开始时，责任即告终止。保险期限的延长需征得保险人的同意，并在保险单上加批和增收保费。

3. 雇主责任险

雇主责任险是指雇主为其雇员办理的保险，以保障雇员在受雇期间因工作而遭受意外以致受伤、死亡或患有与业务有关的职业性疾病情况下能获取医疗费、工伤休假期间的工资，并负责支付必要的诉讼费等。

4. 人身意外伤害险

人身意外伤害的保险标的与雇主责任的保险标的都是保证人身遭受意外伤害时负赔偿责任。但两者之间有重要区别，雇主责任险由雇主为雇员投保，保费由雇主承担，所指伤害应与工作相关；而人身意外伤害险并不一定由雇主投保，投保人可以是雇主，也可以是雇员或个体生产者或自由职业者。

人身意外伤害保险的保险范围和除外责任基本与雇主责任险相同，但投保手续、费用及赔付标准和做法均不相同。最大的区别是，人身意外伤害保险规定在保险有效期间，不论有无发生保险事故，保险期满时，保险本金均将退还给被保险人，而雇主责任险则没有这种规定。

人身意外伤害保险可以附加意外伤害医疗保险条款，保障被保险人在保险责任范围内发生意外伤害的治疗费、药品费、检验费、理疗费、手术费、输血输氧费、敷料费、住院费等。

5. 货物运输险

货物运输险是指承包商为实施工程而需要通过河运、海运、空运和陆运的手段，将工程所需材料运至工地过程中可能发生的危险损失而投的险种。通常出卖人不承担运输风险责任，但如果买受人要求，也可以代其投保运输险，并将保险费计人其货物报价中。货物运输险分为海（河）上、陆上（火车、汽车）、航空等多种货物运输险，保险条款大致相同。保险费率根据不同的运输方式、货物特性、运距、险别等不同因素而定。

各种运输险一般有平安险和一切险。所谓运输一切险，是指包括平安险和其他外来原因所致的损失保险；而平安险一般指在运输过程中因各种自然灾害和事故造成货物和运输工具损失或损坏、以及失落或丢失等的损失保障。但是，保险公司对于装运前（运输保险责任开始之前）货物已存在的品质不良和数量短缺及货物的自然损耗、特性改变等损失不承担责任。

8.4.2 建设工程项目担保概念及种类

工程担保制度是一种维护建设市场秩序，保证参与工程各方守信履约，实现公开、公正、公平的风险管理机制。工程担保最早起源于美国。为了解决个人担保存在的局限性，要求所有公共工程必须事先取得工程担保，并以专业担保公司取代了个人信用担保。

1. 担保的形式

归纳起来，担保形式主要有 5 种：保证人、违约金、定金、留置权和抵押权。

1) 保证人

保证人是保证当事人一方履行合同的第三人。被保证的当事人不履行合同时，保证人和被保证人一起承担连带责任;保证人有两人以上的,应当共同承担连带责任。保证作为合同的担保形式,在我国的合同签订中所占比例还不高,然而在涉外合同中,一般双方都要求提供保证或其他担保形式。从司法实践来看,保证的形式还是很有必要的,对项目合同也是非常必要的。

2) 违约金

违约金是缔结合同的一方不履行合同或不适当履行合同时,必须付给对方一定数额的货币。违约金是一种担保形式,因此只要有一方不履行合同的行为,即使对方没有遭到损失,也要按照法律和合同的约定支付违约金。违约金与赔偿损失是不同的。只要违约,不管是否有损失都要负担违约金。赔偿损失只是由于当事人一方的过错使对方造成损失时,才负赔偿责任。违约金可起到督促对方当事人认真履行合同、严肃合同纪律的重要作用。

3) 定金

定金是指签订合同的一方为了证明合同的成立和保证合同的履行向对方支付一定数额的货币。定金的作用有以下几点。

(1) 定金是合同成立的证明。签订合同时,合同当事人一方担心对方毁约而给付定金,借以保证和维护合同关系。因此,给付和收受定金的事实是合同成立的法律依据。

(2) 定金是一种担保形式。定金也是一种法律关系,按照这种关系的要求,给付定金者违约而不履行合同时,无权请求返还定金;接受定金的一方不履行时,应双倍返还定金。双方当事人为了避免定金法则的制裁,只能认真履行合同,体现定金保证作用。

(3) 定金是一种预先给付。签订合同时,当事人在合同规定的应给付的金额中先行给付若干数额的货币作为担保。这种先行给付实质上具有预付款性质。

4) 留置权

留置权是一种法律关系。当事人根据合同规定,保管对方的财物或接受来料加工,在对方不按期或不如数给付保管费或加工费时,有权留置其财物。根据法律规定,不履行合同超过一定期限的,保管人或加工人可在法律许可的范围内,变卖留置的财物,从价款中优先得到清偿,不足部分可继续向对方要求承担赔偿责任。

5) 抵押

抵押是当事人一方或者第三人为履行合同向对方提供的财产保证。负有义务的一方不履行义务时,抵押权人在法律法规许可的范围内,可以从变卖抵押物所得的价款中优先得到清偿;变卖抵押物的价款不足给付应当清偿的数额的,抵押权人有权向负有清偿义务的一方请求给付不足部分。但是,国家法律、法令禁止流通和强制执行的财物,不得作为抵押物。经双方当事人同意,抵押物可以由抵押权人保管,也可以由提供抵押物的人自己保管。抵押权人由于保管不善造成抵押物损坏或遗失的,应当承担赔偿责任。

2. 担保人担保的几种类型

担保形式多种多样，就担保人担保来说又有多种类型，其中应用较多的主要有以下几种。

1）投标保证担保

投标保证是保证人保障投标人正当从事投标活动所做出的一种承诺，其有效期通常比投标书的有效期长。投标人应在规定的时间内，将投标书连同投标保证一并送交招标人。开标之后，业主应将没有中标的投标人的投标保证迅速予以退还。工程签约后，也应退还中标人的投标保证。投标保证包括以下两种做法。

一种做法是由银行提供投标保函，一旦出现投标人在投标有效期到期之前撤销投标；中标人在规定的时间内，未能或拒绝提供应交的履约保证；中标人拒绝在规定的时间内与业主签署合同等情况，银行将按照合同定的投标保证金额对业主进行赔偿。

另一种做法是，在投标报价之前，由担保公司出具担保保证书，以保证投标人不会中途撤销投标，中标后将与业主签约承包工程。一旦投标认定，担保公司应支付业主规定比例的投标保证金。投标保证金亦可取为该标与次低标之间的差额，以弥补业主相应的损失，同时次低标成为中标人。

投标保证的意义在于：拟承包商要想参与投标，事先必须取得投标保证。一方面，由于撤回投标必须承担损失，因此通过投标保证，可以促使投标人认真对待投标保价，这样就有效防止投标人轻率进行投标；另一方面，保证人在为投标人提供投标保证之前，必然严格审查其资信状况，否则将不会为其提供投标保证，这样就排除了不合格的拟承包商参加投标活动。它主要用于筛选投标人。

国外无建筑企业资质审查，市场准入把关通过保证担保人对投标人严格的资格审查来完成。投标保证担保要确保合格者投标及中标者将签约和提供业主所要求的履约，以及为预付款作担保。

2）履约保证担保

履约保证是保证人保障承包商履行承包合同所做出的一种承诺，其有效期通常应截止到承包商完成了工程施工和缺陷修复之日。收到中标通知书和合同协议书之后，中标人应在规定的时间内，签署合同协议书，连同履约保证一并送交业主，然后与业主正式签订承包合同。当承包商正常完成合同后，业主应将履约保证退还给承包商。履约保证也包括下列两种做法。

一种做法是由银行提供履约保函，一旦承包商不能履行合同义务，银行要按照合同规定的履约保证金额对业主进行赔偿。

另一种做法是由担保公司提供担保保证书，担保承包商将正常履行合同义务。如果由于非业主的原因，承包商中途毁约，担保公司将对业主因此蒙受的一切损失进行补偿。担保公司可以向该承包商提供资金及技术援助以使其继续完成合同；担保公司也可以接受该工程，并经业主同意寻找其他的承包商来完成工程建设；担保公司还可以与业主协商重新招标，由新的承包商负责完成合同的剩余部分。业主只按原合同支付工程款，担保公司将承担最后工程造价与原始合同价格之间的差额部分。如果上述解决方案业主均不满意，担保公司可按合同规定的履约保证金额对业主进行赔偿。

此外还有一种方法，在接到中标通知书后，中标人可以按照招标文件的有关规定直接向业主交纳履约保证金。这种做法是承包商自身以现金抵押的形式直接向业主提供信用保障，俗称“抵押金”。由于并未涉及第三方保证人出具信用担保，因此这种做法并不属于保证担保，而应视为一种定金性质的担保。当承包商正常履约后，业主应如期退还这笔现金；若出现承包商中途毁约，业主要没收这笔资金。保证金可以是一笔抵押现金，也可以是一张保兑支票。

上述做法的优点在于操作手续简便，缺点在于承包商的一笔现金被冻结，不利于资金周转，对于大型工程尤其如此。

履约保证是工程保证担保中最重要的形式，也是工程保证金额最大的一项担保，其他的保证形式在某种程度上相当于是对履约保证的补充担保。通过履约保证，充分保障了业主依照合同条件完成工程建设的合法权益，同时迫使承包商必须采取严肃认真的态度对待合同的签约和执行。

3）预付款保证担保

业主往往预先支付一定数额的工程款以供承包商周转使用。为了保证承包商将这些款项用于工程项目建设，防止承包商挪作他用、携款潜逃或宣布破产，需要保证人为承包商提供同等数额的预付款保证，或者提交预付款银行保函。随着业主按照进度支付工程价款逐步扣回预付款，预付款保证责任随之逐步降低直至最终消失。

4）付款保证担保

有的业主会要求承包商提供付款保证。付款保证是保证人为承包商提供的，保证承包商将依照工程进度按时支付工人工资、分包商及材料设备供应商费用的担保形式。一般情况下付款保证附在履约保证之内，也可通过专门文件进行规定。如果缺少付款保证，一旦承包商没有正常付款，债权人有权进行诉讼，致使业主的工程及其财产受到法院的扣押。通过实行付款保证，可以使业主避免不必要的法律纠纷和管理负担。

5）维修保证担保

维修保证也称质量保证，是保证人为承包商提供的，保证工程维修期（国际上称为缺陷责任期）内出现质量缺陷时，承包商应当负责维修的担保形式。维修保证可以包含在履约保证之内，这时履约保证有效期要相应地延长到承包商完成了所有的缺陷修复；维修保证也可以单独列出规定，并在工程完成后依次来替代履约保证，这时维修保证有效期与工程质量保修期相等。

6）分包保证担保

当存在总分包关系时，总承包商要为各分包商的工作承担完全责任。总承包商为了保护自己的权益不受损害，往往要求分包商通过保证人为其提供保证担保，保障分包商将充分履行自己的义务。

7）差额保证担保

如果某项工程招标设有标底，通常在中标价格低于标底的情况下，为了保证按此中标价格不至于造成工程质量的降低，业主往往要求承包商通过保证人对于标底与中标价格之间的差额部分提供担保。当采取合理最低价评标原则时，实行差额保证更能显现出其重要作用。

8）完工保证担保

为了切实保障按照合同完成工程建设，业主还可要求承包商通过保证人提供完工保证。正常"完工"是指承包商要在合同规定的建设工期内完成项目建设，达到预期的质量要求，并控制在合同造价之内。如果由于承包商的原因，出现工期延误，则保证人要承担相应的损失赔偿。

9）保留金保证担保

每月验工计价给承包商发放工程款时，业主一般都要扣留一定比例作为保留金，以使工程不符合质量要求时用于返工。国际上，建设工程合同中通常规定了预扣保留金的限额。在签发工程验收证书时，工程师将向承包商放还一半的保留金；当工程保修期满后，再全部放还保留金余额。保留金作为履约保证的一种补充，可视为一种质量责任留置担保。在合同条件中对于保留金的使用做出了明确的规定，承包商可以通过保证人提供保留金保证，换回在押的全部保留金。

10）其他保证担保形式

除了上述工程保证担保形式之外，要求承包商提供的还有免税进口材料设备保证、机具使用保证、税务保证等工程担保形式。

3. 工程保证担保与保险的区别

工程保证担保与保险有如下区别。

（1）风险对象不同。

保证担保面对的是"人祸"，是人为的违约责任；保险面对的是"天灾"，是意外事件、自然灾害。

（2）风险方式不同。

保险合同是在投保人和保险人之间签订的，风险转移给了保险人。保证担保当事人有三方：委托人、权利人和保证担保人。权利人是享受合同保障的人，是受益方。当委托人违约使权利人遭受经济损失时，权利人有权从保证担保人处获得补偿，这就与保险区别开来。保险是谁投保谁受益，而保证担保的投保人并不受益，受益的是第三方。最重要的在于，委托人并未将风险最终转移给保证担保人，也就是说，最终风险承担者仍是委托人自己。

（3）风险责任不同。

根据担保法律，委托人对保证人为其向权利人支付的任何赔偿，有返还给保证人的义务；而根据保险法律，保险人赔付后是不能向投保人追偿的。另外，在保证担保中，保证人承诺有责任通常属于“第二性”赔付责任。

(4) 风险选择不同。

同样作为投保人，保险没有选择性，只要投保人愿意，都可以被保险。保证担保则不同，它必须通过资信审查评估等手段选择有资格的委托人。因此，在发达国家，能够轻松地拿到保函是有信誉、有实力的象征。也正因为这样，通过保证担保可以建立一种严格的建设市场准入制度。

(5) 风险预期不同。

保险对于风险损失是有预期的，而保证担保在理论上却不希望发生风险损失，这可能是不现实的，但却是保证担保的原理。由于保证担保人在出具保函前要对委托人的各种有关情况进行调查，进行充分的可行性研究，所以一旦决定保证担保，基本上能确信不大可能发生委托人不履约行为。换句话说，保险建立在实际可计算的预期损失的基础上，而保证担保则建立在委托人的信用等级和履约能力的基础上。保险造就的是互助机制，保证担保造就的是信用机制。形成信用机制是建立工程保证担保制度的主要目的所在。

【思考和练习】

1. 风险、项目风险、工程项目风险管理的含义各是什么？
2. 建设工程项目的风险因素有哪些？
3. 简述风险识别的程序。
4. 建设工程项目风险的处理方法有哪些？
5. 试述工程保险的类型。
6. 试述工程担保的含义及主要形式。

第9章 建设工程项目健康、安全和环境管理

【知识要点及学习要求】

知识要点		学习要求
知识要点1	建设工程项目健康、安全和环境管理各自的含义。	了解
知识要点2	建设工程项目职业健康管理的要求，建设工程项目安全保证体系的内容，建设工程项目文明施工的内容。	熟悉
知识要点3	建设工程项目安全事故处理的程序，建设工程项目现场管理的内容。	掌握

职业健康安全管理是20世纪80年代后期国际上兴起的现代管理模式。它是一套系统化、程序化和具有高度自我约束、自我完善的科学管理体系。其核心是要求企业采用现代化的管理模式，使包括健康安全管理在内的所有生产经营活动能科学、规范和有效地进行，并建立健康安全风险意识，从而预防事故发生和控制职业危害。这与我国“安全第一，预防为主”的基本工作方针相一致，也是当前市场经济条件下，企业尤其是大型企业一致采用的管理体系。此管理体系具有很高的科学性、安全性和实效性。

1. 建设工程项目职业健康安全管理的目的

(1) 保护产品生产者和使用者的健康与安全。控制所有影响工作场所内员工、临时工作人员、合同方人员、访问者和其他有关部门人员健康和安全的条件和因素。考虑和避免因使用不当对使用者造成的健康和安全的危害。

(2) 消除、降低和避免各类与工作相关的伤害、疾病和死亡事故的发生，保障全体劳动者的健康与安全。

(3) 指导用人单位自愿建立职业健康安全管理体系，更好地贯彻职业安全健康法律、法规及标准的要求。

(4) 指导相关部门制定职业健康安全管理体系，审核规范及实施指南。

(5) 指导用人单位结合自身实际，开展职业健康安全管理体系各要素的整合工作，并使其成为用人单位全面管理的一部分。

(6) 鼓励用人单位的全体员工，尤其是最高管理者、管理人员、员工及其代表，采用合理的职业健康安全管理原则与方法持续改进职业健康安全绩效。

2. 建设工程项目环境管理的目的

建设工程项目环境管理的目的是为了保护生态环境,使社会的经济发展与人类的生存环境相协调。控制作业现场的各种粉尘、废水、废气、固体废弃物及噪声、振动对环境的污染和危害,考虑能源节约和避免资源浪费。

3. 建设工程项目职业健康安全与环境管理的任务

建筑生产组织(企业)为达到建筑工程的职业健康安全与环境管理的目的,指挥和控制组织的协调活动,包括制定、实施、实现、评审和保持职业健康安全与环境方针所需的组织机构、计划活动、职责、惯例、程序、过程和资源。不同的组织(企业)根据自身的实际情况制定方针,并为职业健康安全与环境管理体系的实施、实现、评审和保持(持续改进)建立组织机构,策划活动,明确职责,遵守有关法律法规和惯例,编制程序控制文件,实行过程控制并提供人员、设备、资金和信息资源,保证职业健康安全环境管理任务的完成。对于职业健康安全与环境管理密切相关的其他任务可一同完成。

9.1 建设工程项目健康管理

9.1.1 建设工程项目职业健康管理概述

建筑业从业人员构成复杂,工作环境艰苦,工作流动性和劳动强度较大,而生活、医疗保健条件也相对较差。建筑业的这种特殊工作方式、环境,使其从业人员成为一个特殊的群体。要保证这一特殊群体的身心健康,使之生理、心理等方面都能积极地适应特殊的工作环境和方式,就应对建筑工地从业人员进行全方位、多层次的健康教育和管理,这是建筑业实现保护和发展生产力的第一需要和重要措施。

世界卫生组织在其宪章中给健康下的定义是:"健康不仅仅是没有疾病和衰弱,而是躯体的、精神的和社会适应的完满状态。"并曾一度提出"人体健康的10条标准",即:

(1) 有足够的精力,能从容不迫地应付日常生活和工作压力,而不感到过分紧张。

(2) 处事乐观,态度积极,乐于承担责任。

(3) 善于休息,睡眠良好。

(4) 应变能力强,能适应环境的各种变化。

(5) 身体匀称,站立时头、臂、臀能够保持协调。

(6) 能抵抗一般感冒和传染病。

(7) 眼睛明亮,反应敏捷。

(8) 牙齿清洁,无空洞,无痛感,牙龈颜色正常,无出血现象。

(9) 头发有光泽,无头屑。

(10) 肌肉皮肤有弹性,走路感觉轻松。

世界卫生组织关于健康的定义和标准是较为全面而又科学的，也是随着时代的发展、社会的进步，人们对健康认识日臻完善的具体体现。它把传统、狭隘的“没有疾病就是健康”提高到生物的、精神的、社会的诸方面辩证统一的理解。而健康管理，就是鼓励和引导人们养成并保持有利于健康的生活方式，自觉地改造个人或群体的生理和心理卫生状况，学会寻找自我保健，避免有害行为，从而增进健康，提高生活质量，并为此进行计划、设计及评价的一门新兴科学。它具有潜在效益大、作用持久、功能多重等特点。它是影响个体和群体行为、预防疾病、消除危险因素、促进人类健康、投资少、效益好的一项管理对策。

建筑业从业人员的年龄构成一般是在18～60岁，这一年龄段是人们一生中从事生产活动和其他社会活动最为复杂、时间最长、范围最广、其精力也最旺盛的生命历程。他们要同时承担生产劳动、家庭生活、社会活动等多方面的压力，既面临着与一般人群相同的公共健康问题，又面临着特殊的职业健康问题，尤其是那些从事有毒有害作业的人们，可能会因为职业因素对健康的影响而丧失正常的劳动能力，甚至生活自理能力。因此，对建筑业从业人员展开职业健康教育和管理活动，具有重要的现实意义。

9.1.2 建设工程项目职业健康管理要求

世界卫生组织和国际劳工组织对职业健康和安全提出了如下五项原则。

(1) 改善环境与疾病预防原则，即保护职工健康不受作业环境中有害因素的损害。

(2) 工作适应原则，即根据每个职工心理和生理特点安排适当的工作，使作业方式与作业环境适合职工的职业能力。

(3) 健康促进原则，即优化职工的心理、行为、生活及劳动生产与社会适应状况。

(4) 治疗与康复原则，即早期诊断、早期治疗，尽可能减轻工伤、职业病所致的不良后果。

(5) 初级卫生保健原则，即尽可能就近为职工提供治疗及预防疾病的基本医疗卫生服务。

建筑工地的健康管理范围很广，内容繁杂，有很强的职业特点，不仅包括各种需要控制的有害因素对健康的危害，还包括如何进行个人防护及如何改造环境和改善劳动条件等。

1. 消除职业精神紧张，预防身心疾病

精神紧张不仅可引起神经症状或心因性精神病，同时还会引发其他慢性疾病。精神紧张可能是身心疾病的病因，也可能是诱因或促成因素，如神经性厌食、溃疡病、心律不齐、高血压、冠心病、甲亢、糖尿病、哮喘、神经性皮炎、湿疹、荨麻疹、脱发、月经不调、流产及神经性头痛等，都可因精神紧张而引起。

在激烈竞争的社会环境中，就建筑业而言，常见的易引起精神紧张或精神疲劳的工作主要有如下几类。

(1) 长期从事简单重复的作业，如瓦灰工、司机、卷扬机操作员等。

(2) 长期与家庭隔离的工作，如异地施工等。

(3) 上班时间无规律或经常超负荷的工作。

(4) 精神高度集中的工作，如高空作业等。

(5) 企业管理者。

(6) 工作环境中的不良人际关系，虽非职业本身所致，但也是职业人群常见的精神紧张因素之一。

(7) 职业变化或失业，主要指企业改革过程中下岗和多余人员分流而造成的心理恐慌及思想不稳定等。

减轻或消除精神紧张的办法与措施应从多方面入手。首先要求企业的管理者采用先进的管理模式，合理地组织劳动与生产，正确地处理管理者与职工之间的关系，同时也要对职工不断地进行生产技能与思想认识的培训与教育，尤其对新职工应尽快使之适应快速的劳动生产节奏。其次是进行心理卫生的健康教育，即根据职工的心理、生理特点，教育职工摆正自己的社会地位和角色，充分认识自己的能力、作用和价值，和谐地处理人际关系，使职工把劳动和工作当作人生的需求。对于精神或心理有异常表现者，应尽快进行心理咨询、诊断和治疗；对于已有其他病症者也应尽快进行诊治。

2. 改变不良作业方式，预防有关工作疾病

不良作业方式对劳动者的健康会造成明显损害。不良作业方式一方面由客观的劳动生产所决定，另一方面也与个人主观的习惯有关。

(1) 长期站立作业，如瓦灰工、油漆工等，由于重力作用可引起下肢静脉曲张、痔疮、内脏下垂等。

(2) 引起视力疲劳的作业，如电焊工，可引起视力下降、头痛头晕等。

(3) 手动搬机作业，如机动铆钉、打夯等，可引起腱鞘炎或手指和腕关节的损伤。

(4) 强迫体位作业，如砌砖、地面修整作业等，长期弯腰可使脊椎、胸廓变形及腰背肌损伤。

(5) 搬运作业，由于负荷姿势不正确或负荷过重而使关节肌肉产生损伤，同时，由于过重体力劳动而消耗大量能量，如不及时补充能量会使机体抵抗力下降，从而易受外来有害因素侵袭，使“内在”的疾病“爆发”。

(6) 局部振动作业，如磨削工、抛光工、风钻工、木工等，可引起四肢关节局部损伤或“白指症”等振动病。

(7) 发出噪声的作业，如使用混凝土振动棒、打桩机、碎石机等，可引起职业性耳聋。

不良作业方式引起的健康损害与尘、毒、噪声、有害光线造成的损害不同，前者只有进行具体操作时才会受到影响，而后者只要置身于该生产环境就会受到影响。因此，消除不良作业方式的影响、保护健康的措施主要是采取正确的作业方式及坚持工间操制度，同时也要合理组织和安排劳动生产时间和工作时间。

3. 改善劳动环境，治理职业有害因素，预防职业病的发生

在建筑施工过程中，一般都会产生各种各样的尘、毒等物理性有害因素，因此，治理和预防尘、毒等危害因素是目前建筑业健康工作的重点，也是工地健康管理工作的重点。

(1) 粉尘与尘肺：生产性粉尘是危害面最广、接触人数最多、危害程度最严重的职业性有害因素。到目前为止，尘肺的治疗尚无特效的药物和办法。粉尘危害严重的行业有矿山采选、隧道开凿、建材生产等。这些行业的粉尘多为含游离二氧化硅较高的无机粉尘，其危害明显。如石工、碎石机工、玻璃打磨等工作环境二氧化硅尘多，易导致硅肺；混凝土搅拌机司机、砂浆搅拌机司机、水泥上料搬运及料库工等工作环境水泥尘多，易导致水泥尘肺；木工等工作环境木屑尘多，易导致木屑尘肺。各地区对粉尘的治理都有一些成功经验，其主要问题是如何进行推广应用。

(2) 化学毒物与化学中毒：化学毒物种类繁多，分布也很广。该类有害因素又可分为以下几种。

① 金属、类金属及其化合物，如铅、汞、铬、锰、镉、砷等。

② 有机金属化合物，如有机铅、有机汞、有机锡等。

③ 有机溶剂，如苯及苯系物、四氯化碳、三氯乙烷等。

④ 高分子化合物单体，如氯乙烯、丙烯腈、有机氟化物等。

⑤ 刺激性气体，如二氧化硫、二氧化氮、氯气、酸雾等。

⑥ 窒息性气体，如硫化氢、一氧化碳、氢氰酸气体等。

建筑行业与化学毒物接触的工种有很多，如油漆工、喷漆工、冷沥青涂刷工等，所有的化学毒物对神经系统都有明显损害，其中有些毒物还有明确的“靶器官”，即主要对某一器官或系统造成明显损害。因此，在进行健康管理时，应使目标人群了解化学毒物的理化性质、侵入人体的途径及主要损害特点，着重提高进行个人防护的能力。

(3) 物理性有害因素与有关职业病：物理性有害因素很多，如异常的气压与气温、噪声、振动及各种有害光线及放射线等。物理性有害因素的治理比较困难，主要是采取个体防护措施。

9.2 建设工程项目安全管理

9.2.1 建设工程项目安全管理概述

1. 安全生产的概念

安全生产是指使生产过程处于避免人身伤害、设备损坏及其他不可接受的损害风险(危险)的状态。

不可接受的损害风险(危险)通常是指:超出了法律、法规和规章的要求;超出了方针、目标和企业规定的其他要求;超出了人们普遍接受(通常是隐含的)的要求。

因此,安全与否要对照风险接受程度来判定,它是一个相对性的概念。

2. 安全管理的概念

安全管理是指采取措施使项目在施工中没有危险,不出事故,不造成人身伤亡和财产损失。施工安全与施工质量都是施工项目实施中的两大永恒的主题。安全既包括人身安全,也包括财产安全。安全法规、安全技术和工业卫生是安全管理的三大主要措施。安全法规也称劳动保护法规,是用立法的手段制定保护职工安全生产的政策、规程、条例、制度。安全技术是指在施工过程中为防止和消除伤亡事故或减轻繁重劳动所采取的措施。工业卫生是指在施工过程中为防止高温、严寒、粉尘、噪声、振动、毒气、废液、污染等对劳动者身体健康的危害采取的防护和医疗措施。安全管理的三大措施与控制对象和控制内容的关系是:安全法规侧重于对劳动者的管理,约束劳动者的不安全行为,其主要控制内容是安全生产责任制、安全教育、安全事故的调查与处理;安全技术侧重于劳动对象和劳动手段的管理,消除、减弱物品不安全状态,其主要控制内容是安全检查和安全技术管理;工业卫生侧重于环境的管理,以形成良好的劳动条件,其主要管理内容也是安全检查和安全技术管理。人、物和环境这些控制对象构成了安全施工体系,安全管理要管人、管物、管环境。

3. 安全管理的方针

安全管理的目的是为了安全生产,因此安全管理的方针也应符合安全生产的方针,即“安全第一,预防为主”。

“安全第一”是把人身的安全放在首位,安全为了生产,生产必须保证人身安全,充分体现了“以人为本”的理念。

“预防为主”是实现“安全第一”的最重要手段,采取正确的措施和方法进行安全管理,从而减少甚至消除事故隐患,尽量把事故消灭在萌芽状态,这是安全管理最重要的思想。

4. 安全管理的目标

安全管理的目标是减少和消除生产过程中的事故,保证人员健康安全和财产免受损失。具体可包括:

(1) 减少或消除人的不安全行为的目标;

(2) 减少或消除设备、材料的不安全状态的目标;

(3) 改善生产环境和保护自然环境的目标;

(4) 安全管理的目标。

5. 安全管理的流程

(1) 确定项目的安全目标。按“目标管理”方法在以项目经理为首的项目管理系统内进行分解，从而确定每个岗位的安全目标，实现全员安全管理。

(2) 编制项目安全技术措施计划。对生产过程中的不安全因素，用技术手段加以消除和控制，并用文件化的方式表示，这是落实“预防为主”方针的具体体现，是进行工程项目安全管理的指导性文件。

(3) 安全技术措施计划的落实和实施。包括建立健全安全生产责任制，设置安全生产设施，进行安全教育和培训，沟通和交流信息，通过安全管理使生产作业的安全状况处于受控状态。

(4) 安全技术措施计划的验证。包括安全检查、纠正不符合情况，并做好检查记录工作。根据实际情况补充和修改安全技术措施。

(5) 持续改进。直至完成建设工程项目的所有工作。

6. 安全管理的基本要求

安全管理是一项系统工程。企业中任何一个人、任何一个生产环节的工作，都会不同程度地直接或间接地影响着安全工作。因此，必须把所有人员的积极性充分调动起来，人人关心安全，全员参加安全管理。只有通过各方面的共同努力，才能做好安全管理工作。

要实现全员安全管理应抓好如下两个方面。

(1) 首先必须抓好全员的安全教育，强化员工的安全意识，牢固树立“安全第一”的思想，促进员工自觉地参加安全管理的各项活动。同时还要不断提高员工的技术素质、管理素质和政治素质，以适应深入开展全员安全管理的需要。

(2) 要实现全员安全管理，除需执行过去一些行之有效的管理办法外，还要开展岗位责任承包制，单位和个人每年都要相互签订承包合同，实行连锁承包责任制，与此同时运用安全按月计奖、资金抵押承包、与工资挂钩等一系列经济手段来抓管理，把安全目标管理落到实处。

7. 安全管理的范围

安全管理的范围是设计、施工准备、生产安装、竣工验收的全过程。安全管理是指对每项工作、每种工艺、每个施工阶段的每一步骤，都要抓好安全管理。对施工企业来说，就是对从工程设计、施工准备工作，到生产安装的各个阶段，直至工程竣工验收、交付使用的全过程所进行的安全管理，也就是纵向一条线的安全管理。

8. 安全管理要求全企业的安全管理

安全管理可以从安全职能和组织管理两方面来理解。

(1) 从安全职能上看，安全职能分散在企业的各个部门，要搞好企业生产安全，就必须将企业各部门的安全职能充分地发挥出来，都对安全生产负责。但由于各部门在企业中的职责和作用不同，其安全管理的内容是不一样的，因此需要加强各部门之间的组织协调，齐心协力地把安全工作做好。

(2) 从组织管理角度看，“全企业”的含义就是要求企业各管理层次都有明确的安全管理活动内容。每个施工企业的管理都可以分为上层、中层、基层管理，每个管理层次都有自己的安全管理活动的重点内容。上层管理侧重于安全管理决策，并统一组织、协调企业各部门、各环节、各类人员的安全管理活动，保证实现企业的安全管理目标；中层管理则要实施领导层的安全决策，执行各自的安全职能，进行具体的安全业务管理；基层管理则要求员工严格按照标准、规章制度、操作规程施工，完成具体的安全生产任务。

① 建设项目必须取得安全行政主管部门颁发的《安全施工许可证》后才可开工。

② 总承包单位和每一个分包单位都应持有《施工企业安全资格审查认可证》。

③ 各类人员必须具备相应的执业资格才能上岗。

④ 所有新员工必须经过三级安全教育，即进厂、进车间和进班组的安全教育。

⑤ 特殊工种作业人员必须持有特种作业操作证，并严格按规定定期进行复查。

⑥ 对查出的安全隐患要做到“五定”，即定整改责任人、定整改措施、定整改完成时间、定整改完成人、定整改验收人。

⑦ 必须把好安全生产“六关”，即措施关、交底关、教育关、防护关、检查关、改进关。

⑧ 施工现场安全设施齐全，并符合国家及地方有关规定。

⑨ 施工机械（特别是现场安设的起重设备等）必须经安全检查合格后方可使用。

综上所述，“全员”、“全过程”、“全企业”三个方面的安全管理，编织成纵横交错的安全管理网络，囊括了企业全部安全管理工作的内容。

9.2.2 建设工程项目安全生产保证体系

安全生产保证体系是“为实施安全管理所需的组织结构、程序、过程和资源”。也就是说，安全生产保证体系是以安全生产为目的，由确定的组织结构形式，明确的活动内容，配备必需的人员、资金、设施和设备，按规定的技术要求和方法，去展开安全管理工作这样一个系统的整体。

1. 建立安全生产保证体系的原则

建立安全生产保证体系有两条原则，即安全生产保证体系的建立应结合建筑企业特点和工程项目的具体情况，并符合标准要求；安全生产保证体系须文件化。

(1) 建立安全生产保证体系应结合建筑企业和工程项目施工生产管理现状及特点，并符合标准要求。

在建立安全生产保证体系时应考虑以下因素。

① 工程项目规模的大小。根据工程规模来确定组织结构形式：大工程管理机构应齐全，分工可细化；小工程管理机构宜简洁，可一人多岗。

② 工程项目的复杂程度。根据工程项目的复杂程度来确定体系文件的繁简。对工程复杂、技术含量高、危险性大的工程项目，在制订文件化体系时，应要求有详

尽的以独立形式体现的安全保证计划，必要时还要制订有针对性的作业指导书等；对工程简单、技术含量低，危险性小的工程项目，其安全生产保证计划在施工组织设计中独立、完整体现即可。

③ 工程项目工期的长短。工程项目工期的长短一般与工程项目的规模大小和复杂程度相对应。在这种情况下，根据工程项目工期长短来考虑管理机构、体系文件的繁简。当工程项目的工期长短与工程项目规模大小和复杂程度不对应(如工期短且工程复杂、危险性又大)时，则应在设计安全体系时考虑及时增加资源的投入，增加控制项目现场的人力、物力，合理确定内审周期等。

(2) 建立安全生产保证体系应形成安全体系文件。安全管理是在安全生产保证体系中运作的。为了使体系成为有形的系统、具有较强的操作性和检查性，要求项目现场的安全生产保证体系形成文件，并加以保持。

文件化的安全生产保证体系是安全体系的具体体现，是安全体系运行的法规性依据，通过对安全活动和方法做出规定，使所有与安全生产有关的活动都能做到有章可循、有据可依。安全体系文件化要求的实质是工作有标准、检查有依据、运行有记录，达到责任明确、岗位落实、管理到位的状态。文件的数量及其内容取决于工作的复杂程度、所用方法的难易程度，以及从事活动的人员所需的技能和培训情况，绝不是越多越好，越细越好。

① 文件包括：

a. 安全保证计划；

b. 工程项目部所属上级单位制定的各项安全管理标准；

c. 相关的国家、行业、地方法律、法规、规章和标准；

d. 记录、报表和台账等。

② 文件的作用与内容：

a. 安全保证计划。安全保证计划是针对具体的项目现场如何满足安全生产要求，由工程项目部依据安全保证体系标准要求规定专门的安全措施、资源和活动顺序的文件，是项目现场安全生产的纲领性文件和管理依据，可以依据安全生产保证计划对安全活动的过程和结果进行监控和评审。它可以独立的文件形式体现，也可在工程项目的施工组织设计中独立完整地体现。安全保证计划是依据安全生产策划结果而制定的。

b. 法律、法规、规章和标准。这部分文件大多为可操作的国家、行业及上级颁发的涉及安全管理和安全技术的法令、法规文件，以及企业自行制订的安全管理和安全技术标准。这些文件是安全保证计划必须满足的强制性、规范性文件或涉及的支持性文件，可在安全保证计划中被引用。

c. 记录、报表和台账。这类文件的发生量最大，是安全生产保证体系运行的见证资料，也是安全体系评价和审核的依据材料。

2. 工程项目安全生产保证体系的运行程序

安全生产保证体系的各要素大致时间里在一个由“计划、实施、检查、处理”诸环节构成的 PDCA 动态循环过程的基础上。

(1) 安全管理目标。表达了项目现场安全管理的总体目标和意向，是安全生产保证体系运行的主导。

(2) 安全策划。工程项目部根据行业和现场实际建立文件化的安全生产保证体系，包括一系列为开展安全管理活动所需的资源、支持和控制措施。

(3) 检查和处理。项目现场在实施安全保证计划的过程中，须经常对其体系的运行情况和安全状况进行检查、审核，以确定体系是否得到了正确有效的实施，安全管理目标的要求是否得到了满足，如发现不符合要求，应考虑采取适当的纠正措施和预防措施。

应当说明的是，安全生产保证体系不是一系列功能模块的顺序搭接，体系的运行也不是简单地对各个要素的依次运作。安全管理是一项复杂的活动，所涉及的要素性质各异，彼此错综关联。体系一旦启动，各个要素都将进入运行，经常同时涉及多个环节，或是重复涉及其中的某些环节。此外，各个要素也并不是截然分开的，它们之间往往存在互相重叠(甚至完全覆盖)的情况。例如，安全保证计划存在于多个有关要素的运作中，有关安全的职责也存在于体系运行的各项活动之中。

3. 安全生产策划

安全生产策划是指确定安全管理目标及确定采用安全体系要素的应用目标和要求的活动，是使项目现场恰当满足安全体系要求的方法。安全生产策划应包含以下内容。

(1) 配备必要的设施、装备和专业人员，确定控制和检查手段、措施。考虑施工过程中的安全防护设施的搭设部位、数量、时间，施工中的机械设备和有资格的操作人员配备。针对项目现场规模的大小、工程的进度、施工的人数来制订安全检查的次数，参加检查的人员中须有专业人员。

(2) 确定整个施工中应执行的文件、规范。对施工过程中的各作业过程，如脚手架工程(含特殊脚手架)、高空作业、机械作业、临时用电、动用明火、沉井、深基础施工和爆破工程等作业，需要执行的规程、规范等，应在作业前作出具体要求，并做好相应的书面交底及有针对性的安全技术措施。

(3) 冬季、雨天、雪天施工的安全技术措施及夏季的防暑降温工作。特殊气候及防暑降温、防寒保暖的措施如何落实。

(4) 确定危险部位和过程，对风险较大和专业性较强的工程项目进行安全论证，同时采取相应的安全技术措施，并得到有关部门的认可。施工中存在较大风险或施工难度的工程项目，如：基础深度超过 5 m 以上，工程邻近的地下情况复杂(地铁隧道、大型的地下管道等)，高层与超高层的结构施工或施工中用新工艺、新技术、新材料、新设备、新设施等工程项目施工时，必须编制专项的、适当的安全技术保证措施，必要时组织技术评审。

(5) 做出因本工程项目的特殊性而需补充的安全操作规定。在特殊工程项目施工中，应针对特殊的设施、设备、电动升降吊篮的操作、整体式提升脚手升降的操作、新材料、新工艺施工等，对安全操作规程作出补充规定。

(6) 选择或制订施工各阶段针对性安全技术交底文本。主要是针对施工过程中的分部、分项工程情况，从现有安全操作技术规定的交底文本中，选择针对性条款作为交底资料，也可以按行业或企业上级部门制订的安全操作技术规程进行必要补充后进行交底。

(7) 制订安全记录的种类和表式，确定搜集、整理和填制各种安全活动记录的人员和职责。主要确定安全生产保证体系在运行过程中，需要记录的安全活动的内容、所使用的表式，搜集、整理需留存的安全资料。安全记录的表式，可采用当地行业主管部门下发的统一表式，当统一表式不能满足或不能适应本工程项目的需要时，应在安全生产策划中确定、补充表式的使用项目、内容及相应的标识。同时，应确定负责安全记录的专兼职人员和相关接口配合人员的职责。

安全生产策划时，很难做到纯安全策划，在安全生产策划的具体实施过程中必然会涉及工程项目的其他工作，会出现许多接口，如施工方案、质量控制、文明施工和场容场貌、采购、工程分包等。因此在进行安全生产策划时，应注意以下事项。

(1) 尽量利用现有的管理机构和体系，如质量体系与质量组织机构、技术管理机构等。应以现有的组织机构和可依附的体系作载体，有机地将安全生产保证体系各要素的要求和活动穿插在其中，安排在合适的位置。切忌各体系互不相关、各搞一套，从而使安全体系的建立和运行人为地变得复杂化，以致难以操作。

(2) 项目现场安全生产保证体系的策划应与有关项目现场管理法律、法规、规章与标准的要求相结合，且无相悖之处。

(3) 安全生产保证体系文件应是受控的有效文件，安全保证计划应与工程项目的施工组织设计、质量计划一样接受相应的系统审核和审批。

4. 安全保证计划的编制

(1) 安全保证计划是安全生产策划的结果，是本项目结合实际就如何贯彻项目现场安全生产保证体系标准的要求，制订安全管理目标，规定专门安全管理措施、资源和活动顺序，以保证项目安全管理目标实现的管理性文件。它也可用来监督并评定项目现场是否遵循安全生产规定要求，以及向有关方面证实工程项目部对项目现场安全生产的保证能力。

安全保证计划应与施工项目部制订的其他计划相协调。

(2) 安全保证计划可以包括但不局限于下列内容：

① 工程概况(以非独立形式编制时可免)；

② 工程项目安全管理目标；

③ 工程项目部安全管理组织结构；

④ 安全保证体系要素与安全管理职能分配；

⑤ 工程项目部各级人员的安全生产岗位责任制；

⑥ 标准各要素在本项目中如何贯彻执行和安排，针对性地确定控制和检查手段，配备必要的设施、装备和人员技能；

⑦ 确定整个施工过程中应执行哪些文件、规范，应补充哪些安全管理（操作）规定；

⑧ 选择施工各阶段针对性安全技术交底文本，需补充哪些特殊的安全技术交底内容；

⑨ 确定如何记录、由谁记录各种安全活动；

⑩ 安全保证计划的管理要求，如编审、收发、变更的处理程序等。

安全保证计划的部分内容可能已包括在施工组织设计、施工企业的其他管理文件或程序中，即安全保证计划应有适当的文件化程序来支持，安全保证计划可直接全文引用，也可部分引用。对现有文件不能覆盖的，应视工程项目的具体情况，专门补充编制必要的作业指导书作为支持性文件，用以规范安全管理活动。安全保证计划一般不包括纯技术性内容，对安全保证计划涉及的一些技术性文件可作为其支持性文件，在计划中引用，无专用技术文件时，也应补充编制作业指导书等。

安全保证计划实施前，须经工程项目部的上级机构确认。

(1) 确认的组织。

① 上级机构有关负责人主持安全保证计划的审核。

② 执行安全保证计划的工程项目部负责人及相关部门参与确认。

③ 记录并保存确认过程。

④ 通过确认的安全保证计划，应送上级主管部门备案。

(2) 确认的重点内容。

① 安全保证计划内容的完整性和措施方法的可行性。

② 各级职能部门和人员的安全生产职责、权限及岗位责任制是否明确、合理，部门与人员是否清楚。

③ 安全保证计划是否与施工技术方案等有关专项控制手段和措施取得一致。

④ 工程项目部机构设置，管理和作业人员的资格、资历，施工生产中的机械设备、安全设施的可靠性是否能满足安全保证的要求。

5. 安全检查和隐患处理

工程项目安全检查是消除隐患、防止事故、改善劳动条件及提高员工安全生产意识的重要手段，是安全管理工作的一项重要内容。通过安全检查可以发现工程中的危险因素，以便有计划地采取措施，保证安全生产。施工项目的安全检查应由项目经理组织，定期进行。

1) 安全检查的类型

安全检查可分为日常性检查、专业性检查、季节性检查、节假日前后的检查和不定期检查。

(1) 日常性检查。日常性检查即经常的、普遍的检查。企业一般每年进行1～4次;工程项目组、车间、科室每月至少进行一次;班组每周、每班次都应进行检查。专职安全技术人员的日常检查应该有计划,针对重点部位周期性地进行。

(2) 专业性检查。专业性检查是针对特种作业、特种设备、特殊场所进行的检查,如电焊、气焊、起重设备、运输车辆、锅炉压力容器、易燃易爆场所等。

(3) 季节性检查。季节性检查是指根据季节特点,为保障安全生产的特殊要求所进行的检查。如春季风大,要着重防火、防爆;夏季高温多雨、多雷电,要着重防暑、降温、防汛、防雷击、防触电;冬季着重防寒、防冻等。

(4) 节假日前后的检查。节假日前后的检查是针对节假日期间容易产生麻痹思想的特点而进行的安全检查,包括节假日前进行安全生产综合检查,节假日后进行遵章守纪的检查等。

(5) 不定期检查。不定期检查是指在工程或设备开工和停工前、检修中,工程或设备竣工及试运转时进行的安全检查。

2) 安全检查的内容

安全检查的内容主要是查思想、查管理、查隐患、查整改、查事故处理等。

(1) 查思想。主要检查企业的领导和职工对安全生产工作的认识。

(2) 查管理。主要检查工程的安全生产管理是否有效。其主要内容包括:安全生产责任制、安全技术措施计划、安全组织机构、安全保证措施、安全技术交底、安全教育、持证上岗、安全设施、安全标识、操作规程、违规行为和安全记录等。

(3) 查隐患。主要检查作业现场是否符合安全生产、文明生产的要求。

(4) 查整改。主要检查对过去提出问题的整改情况。

(5) 查事故处理。对安全事故的处理应达到查明事故原因、明确责任并对责任者做出处理、明确和落实整改措施等要求。同时还应检查对伤亡事故是否及时报告、认真调查、严肃处理。

安全检查的重点是违章指挥和违章作业。安全检查后应编制安全检查报告,说明已达标项目、未达标项目、存在问题、原因分析、纠正和预防措施。

3) 隐患处理

(1) 检查中发现的隐患应进行登记,它不仅可作为整改的备查依据,而且还是提供安全动态分析的重要信息渠道。若多数单位安全检查都发现同类型隐患,则说明是"通病";若某单位在安全检查中重复出现同类型隐患,则说明整改不彻底,形成"顽症"。根据检查隐患记录分析,制定指导安全管理的预防措施。

(2) 安全检查中查出隐患,应发出隐患整改通知单。对凡存在即发性事故危险的隐患,检查人员应责令停工,被检查单位必须立即进行整改。

(3) 对于违章指挥、违章作业行为,检查人员可以当场指出,立即纠正。

(4) 被检查单位领导对查出的隐患,应立即研究制定整改方案。按照"三定"(定人、定期限、定措施),限期完成整改。

(5) 整改完成后要及时通知有关部门派员进行复查验证，经复查整改合格后，方可销案。

9.2.3 建设工程项目安全事故处理

1. 安全隐患处理

(1) 项目经理部应根据安全检查隐患记录，进行数据分析区别“通病”、“顽症”，修订和完善安全整改措施。

(2) 项目经理部在检查后发出安全隐患统计单，被检查单位应进行安全隐患原因分析，制定纠正和预防措施，经检查单位负责人批准后实施。

(3) 对于检查出的违章指挥、违章作业行为，安全检查人员应当场指出，限期纠正。

(4) 安全员对纠正和预防措施的实施过程和实施效果，应进行跟踪验证并保存验证记录。

2. 伤亡事故处理

(1) 安全事故处理的原则(“四不放过”原则)。

① 事故原因不清楚不放过。

② 事故责任者和员工没有受到教育不放过。

③ 事故责任者没有处理不放过。

④ 没有制定防范措施不放过。

(2) 伤亡事故处理规定。

① 事故调查组提出的事故处理意见和防范措施建议，由发生事故的企业及其主管部门负责处理。

② 因忽视安全生产、违章指挥、违章作业、玩忽职守或发现事故隐患、危害情况而不采取有效措施以致造成伤亡事故的，由企业主管部门或企业按照国家有关规定，对企业负责人和直接责任人员给予行政处分；构成犯罪的，由司法机关依法追究刑事责任。

③ 在伤亡事故发生后隐瞒不报、谎报，故意延迟不报，故意破坏事故现场，或者以不正当理由，拒绝接受调查及拒绝提供有关情况和资料的，由有关部门按照国家有关规定，对有关单位负责人和直接责任人员给予行政处分；构成犯罪的，由司法机关依法追究刑事责任。

④ 伤亡事故处理工作应当在90日内结案，特殊情况不得超过180日。伤亡事故处理结案后，应当公开宣布处理结果。

3. 伤亡事故等级

(1) 根据国务院1991年3月1日起实施的《企业职工伤亡事故报告和处理规定》，职工在劳动过程中发生的人身伤害、急性中毒伤亡事故分为：轻伤、重伤、死亡、重大死亡事故。

(2) 建设部对工程建设过程中发生的伤亡事故,按程度不同,将重大事故分为以下 4 个等级。

① 一级重大事故:死亡 30 人以上或直接经济损失 300 万元以上的。

② 二级重大事故:死亡 10 人以上 29 人以下或直接经济损失 100 万元以上,不满 300 万元的。

③ 三级重大事故:死亡 3 人以上 10 人以下;重伤 20 人以上或直接经济损失 30 万元以上,不满 100 万元的。

④ 四级重大事故:死亡 2 人以下;重伤 3 人以上 19 人以下或直接经济损失 10 万元以上,不满 30 万元的。

4. 伤亡事故的处理程序

发生伤亡事故后,负伤人员或最先发现事故的人应立即报告领导。企业对受伤职工满一个工作日以上的事故应填写伤亡事故登记表并及时上报。

企业发生重伤和重大伤亡事故,必须立即将事故概况(包括伤亡人数、发生事故的时间、地点、原因)等,用快速方法分别报告企业主管部门、行业安全管理部门和当地公安部门、人民检察院。各有关部门接到报告后,应立即转报各自的上级主管部门。

对于事故的调查处理,具体按照下列步骤进行。

(1) 迅速抢救伤员并保护好事故现场。事故发生后现场人员不要惊慌失措,要有组织、听指挥。首先抢救伤员和排除险情,制止事故蔓延扩大。同时,为了事故调查分析需要,应该保护好事故现场。确因抢救伤员和排险而必须移动现场物品时,应做出标识。因为事故现场是提供有关物证的主要场所,是调查事故原因不可缺少的客观条件。要求现场各种物件的位置、颜色、形状及其物理、化学性质等尽可能保持事故结束时的原来状态。必须采取一切可能的措施防止人为或自然因素的破坏。

(2) 组织调查组。在接到事故报告后的单位领导应立即赶赴现场组织抢救,并迅速组织调查组开展调查。轻伤、重伤事故由企业负责人或其指定人员组织生产、技术、安全等部门及工会组成事故调查组进行调查;伤亡事故由企业主管部门会同企业所在地区的行政安全管理部门、公安部门、工会组成事故调查组进行调查。重大死亡事故按照企业的隶属关系,由省、自治区、直辖市企业主管部门或国务院有关主管部门会同同级行政安全管理部门、公安部门、监察部门、工会组成事故调查组进行调查。死亡和重大死亡事故调查组应邀请人民检察院参加,还可邀请有关专业技术人员参加。与发生事故有直接利害关系的人员不得参加调查组。

(3) 现场勘察。在事故发生后,调查组应迅速到现场进行勘察。现场勘察是技术性很强的工作,涉及广泛的科技知识和实践经验,对事故的现场勘察必须及时、全面、准确、客观。现场勘察的主要内容如下。

① 现场笔录：

a. 发生事故的时间、地点、气象等；

b. 现场勘察人员的姓名、单位、职务；

c. 现场勘察的起止时间、勘察过程；

d. 能量失散所造成的破坏情况、状态、程度等；

e. 设备损坏或异常情况及事故前后的位置；

f. 事故发生前劳动组合、现场人员的位置和行动；

g. 散落情况；

h. 重要物证的特征、位置及检验情况等。

② 现场拍照：

a. 方位拍照，能反映事故现场在周围环境中的位置；

b. 全面拍照，能反映事故现场各部分之间的联系；

c. 中心拍照，能反映事故现场中心情况；

d. 细目拍照，能提示事故直接原因的痕迹物、致害物等；

e. 人体拍照，能反映伤亡者主要受伤和造成死亡的伤害部位。

③ 现场绘图。根据事故类别和规模及调查工作的需要应绘出下列示意图：

a. 建筑物平面图、剖面图；

b. 事故时人员位置及活动图；

c. 破坏物立体图或展开图；

d. 涉及范围图；

e. 设备或工、器具构造简图等。

5. 分析事故原因

(1) 全面调查　通过全面的调查来查明事故经过，弄清造成事故的原因（包括人、物、生产管理和技术管理等方面的问题），经过认真、客观、全面、细致、准确的分析，确定事故的性质和责任。

(2) 事故分析步骤　首先整理和仔细阅读调查材料，按受伤部位、受伤性质、起因物、致害物、伤害方法、不安全状态和不安全行为等7项内容进行分析，确定直接原因、间接原因和事故责任者。

(3) 分析事故原因　应根据调查所确认的事实，从直接原因入手逐步深入到间接原因。通过对直接原因和间接原因的分析确定事故中的直接责任者和领导责任者，再根据其在事故发生过程中的作用确定主要责任者。

(4) 事故性质类别：

① 责任事故即由于人的过失造成的事故；

② 非责任事故即由于人们不能预见的自然条件变化或不可抗力所造成的事故，或是在技术改造、发明创造、科学试验活动中，由于科学技术条件的限制而发生的无法预料的事故。但是，对于能够预见并可以采取措施加以避免的伤亡事故或没

有经过认真研究解决技术问题而造成的事故,不能包括在内;

③ 破坏性事故即为达到既定目的而故意制造的事故,对已确定为破坏性事故的,应由公安机关认真追查破案,依法处理。

6. 制定预防措施

根据对事故原因分析,制定防止类似事故再次发生的预防措施。同时,根据事故后果和事故责任者应负的责任提出处理意见。对于重大未遂事故不可掉以轻心,应认真按上述要求查找原因,分清责任,严肃处理。

7. 写出调查报告

调查组应着重把事故发生的经过、原因、责任分析、处理意见及本次事故的教训和改进工作的建议等写成报告,经调查组全体人员签字后报批。如调查组内部意见有分歧,应在弄清事实的基础上,对照法律、法规进行研究,统一认识。对于个别同志仍持有不同意见的允许保留,并在签字时写明自己的意见。

8. 事故的审理和结案

(1) 事故调查处理结论。应经有关机关审批后方可结案。伤亡事故处理工作应当在 90 日内结案,特殊情况不得超过 180 日。

(2) 事故案件的审批权限同企业的隶属关系及人事管理权限一致。

(3) 对事故责任者的处理应根据其情节轻重和损失大小来判断。主要责任、次要责任、重要责任、一般责任还是领导责任等应按规定给予处分。

(4) 要把事故调查处理的文件、图纸、照片、资料等记录长期完整地保存起来。

9. 员工伤亡事故登记记录

(1) 员工重伤、死亡事故调查报告书,现场勘察资料(记录、图纸、照片)。

(2) 技术鉴定和试验资料。

(3) 物证、人证调查材料。

(4) 医疗部门对伤亡者的诊断结论及影印件。

(5) 事故调查组人员的姓名、职务并应逐个签字。

(6) 企业或其主管部门对该事故所作的结案报告。

(7) 受处理人员的检查材料。

(8) 有关部门对事故的结案批复等。

9.3 建设工程项目环境管理

9.3.1 建设工程项目环境管理概述

当今世界面临严重的环境问题,主要表现在两个方面:一是大量的污染物向自然界排放,使人类生活和生产的环境严重恶化;二是对自然资源的过度消耗,使生态环境遭到严重的破坏。环境的破坏已经严重影响了人类社会的持续发展,因此,增强环境保护意识，加强环境保护工作，已是迫在眉睫。工程项目建设既要消耗大量的自然资源，又要向自然界排放相当乃至大量的废水、废气、废渣及产生噪声等，是造成环境问题的主要根源之一，加强工程项目建设的环境管理，是整个环境保护工作的基础之一。

环境保护必须坚持“预防为主，防治结合”的方针。

1. 建设工程项目环境保护的原则和内容

1）建设工程项目环境保护的原则

(1) 凡实施对环境有影响的建设工程项目，都必须执行环境影响报告书的审批制度，执行“三同时”制度，即防治污染及其他公害的设施与主体工程同时设计、同时施工、同时投产使用。

(2) 凡改建、扩建和进行技术改造的工程，都必须对与建设项目有关的原有污染，在经济合理的条件下同时进行治理。

(3) 建设项目建成后，其污染物的排放必须达到国家或地方规定的标准和符合环境保护的有关法规。

(4) 对外经济开放地区现有的不合理布局，应当结合城市改造、工业调整逐步加以解决。在生活居住区、水源保护区、疗养区、自然保护区、风景游览区、名胜古迹和其他需要特殊保护的地区，不得建设污染环境的项目；已建成的，要限期治理，调整或搬迁。

2）建设工程项目环境保护的内容

(1) 建设工程项目建议书可根据拟建项目的性质、规模、厂址、环境现状等有关资料，对建设工程项目建成后可能造成的环境影响进行简要说明。

(2) 建设工程项目在可行性研究阶段完成环境影响报告书或环境影响报告表。对环境影响较小的大中型基本建设项目和限额以上技术改造项目，经省级环境保护部门确认，可只填报环境影响报告表。小型基建项目和限额以下技改项目（包括乡镇、街道、个体生产经营者的建设项目）填报环境影响报告表，县级或县级以上环境保护部门确认对环境有较大影响的建设工程项目，要编制环境影响报告书。

(3) 建设工程项目的初步设计，必须有环境保护篇章。其内容应当包括：环境保护措施的设计依据；环境影响报告书或环境影响报告表及审批规定的各项要求和措施；防治污染的处理工艺流程、预期效果；对资源开发引起的生态变化所采取的防范措施；绿化设计、监测手段、环境保护投资的概预算等内容。

(4) 建设工程项目在施工过程中，应当保护项目现场周围的环境，防止对自然环境造成不应有的破坏，防止和减轻粉尘、噪声、振动等对周围生活居住区的污染和危害；建设工程项目竣工后，施工单位应当修整和复原在建设过程中受到破坏的环境。

(5) 建设工程项目在正式投产或使用前，建设单位必须向负责审批的环境保护部门提交“环境保护设施竣工验收报告”，说明环境保护设施运行的情况、治理的效果、达到的标准。经验收合格并发给“环境保护设施验收合格证”后，方可正式投入生产或使用。

2. 项目现场的环境保护措施

1）组织措施

（1）实行环保目标责任制。

把环保指标以责任书的形式层层分解到有关单位和个人，列入承包合同和岗位责任制，建立一个懂行善管的环保自我监督体系。

项目经理是环保工作的第一责任人，是项目现场环境保护自我监督体系的领导者和责任者。应将环保政绩作为考核项目经理的一项重要内容。

（2）加强检查和监控工作。

要加强检查，加强对项目现场粉尘、噪声、废气的监测和监控工作。要与文明项目现场管理一起检查、考核、奖罚。及时采取措施消除粉尘、废气和污水的污染。

（3）保护和改善项目现场的环境，应进行综合治理。

一方面施工单位要采取有效措施控制人为噪声、粉尘的污染和采取技术措施控制烟尘、污水、噪声污染。另一方面，建设单位应该负责协调外部关系，同当地居委会、村委会、办事处、派出所、居民、施工单位、环保部门加强联系。

要做好宣传教育工作，认真对待来信来访，凡能解决的问题，立即解决，暂时解决不了的扰民问题，要说明情况，求得谅解并限期解决。

2）技术措施

在编制施工组织设计时，必须有环境保护的技术措施。在项目现场平面布置和组织施工过程中都要执行国家、地区、行业和企业有关防治空气污染、水源污染、噪声污染等环境保护的法律、法规和规章制度。

建筑工程施工由于受技术、经济条件限制（如建筑机械本身噪声超标，现在一时又无好办法解决，或因资金问题一时不能解决），对环境的污染不能控制在规定范围内的，建设单位应当会同施工单位事先报请当地人民政府建设行政主管部门和环境行政主管部门批准。

下面分别简要讨论防止大气、水源和噪声污染的措施。

（1）防止大气污染的措施。

① 项目现场垃圾渣土要及时清理出现场。高层建筑物和多层建筑物清理施工垃圾时，要搭设封闭式专用垃圾道，采用容器吊运或将永久性垃圾道随结构安装好以供施工使用，严禁凌空随意抛掷。

② 项目现场道路采用焦渣、级配砂石、粉煤灰级配砂石、沥青混凝土或水泥混凝土等，有条件的可利用永久性道路，并指定专人定期洒水清扫，形成制度，防止道路扬尘。

③ 袋装水泥、白灰、粉煤灰等易飞扬的细颗粒散体材料，应库内存放。室外临时露天存放时，必须下垫上盖，严密遮盖防止扬尘。

散装水泥、白灰、粉煤灰等细颗粒粉状材料，应存放在固定容器（散灰罐）内，没有固定容器时，应设封闭式专库存放，并具备可靠的防扬尘措施。

运输水泥、白灰、粉煤灰等细颗粒粉状材料时，要采取遮盖措施，防止沿途遗撒、扬尘。卸运时，应采取措施，以减少扬尘。

④ 车辆不带泥砂出现场措施。可在大门口铺一段石子，定期过筛清理；做一段水沟冲刷车轮；人工拍土，清扫车轮、车帮；挖土装车不超装；车辆行驶不猛拐，不急刹车，防止洒土，卸土后注意关好车箱门；场区和场外安排人员清扫洒水，基本做到不洒土、不扬尘，减少对周围环境的污染。

⑤ 除设有符合规定的装置外，禁止在项目现场焚烧油毡、橡胶、塑料、皮革、树叶、枯草、各种包皮等，以及其他会产生有毒、有害烟尘和恶臭气体的物质。

⑥ 机动车要安装 PVC 阀，对尾气排放超标的车辆要安装净化消声器，确保不冒黑烟。

⑦ 工地茶炉、大灶、锅炉尽量采用消烟除尘型茶炉、锅炉和消烟节能回风灶，烟尘降至允许排放量为止。

⑧ 工地搅拌站除尘是治理的重点。有条件的要修建集中搅拌站，由计算机控制进料、搅拌、输送全过程，在进料仓上方安装除尘器，可使水泥、砂、石中的粉尘降至 99%以上。采用现代化先进设备是解决工地粉尘污染的根本途径。

工地采用普通搅拌站的，应先将搅拌站封闭严密，尽量不使粉尘外泄，扬尘污染环境。并在搅拌机拌筒出料口安装活动胶皮罩，通过高压静电除尘器或旋风滤尘器等除尘装置将风尘分开净化达到除尘目的。最简单易行的是将搅拌站封闭后，在拌筒进出料口上方和地上料斗侧面装几组喷雾器喷头，利用水雾除尘。

⑨ 拆除旧有建筑物时，应适当洒水，防止扬尘。

(2) 防止水源污染的措施。

① 禁止将有毒、有害废弃物作土方回填。

② 项目现场搅拌站废水、现制水磨石的污水、电石（碳化钙）的污水须经沉淀池沉淀后再排入城市污水管道或河流。最好将沉淀水用于工地洒水降尘或采取措施回收利用。上述污水未经处理不得直接排入城市污水管道或河流中去。

③ 现场存放油料，必须对库房地面进行防渗处理。例如，采用防渗混凝土地面、铺油毡等。使用时，要采取措施，防止油料跑、冒、滴、漏污染水体。

④ 项目现场 100 人以上的临时食堂，污水排放时可设置简易有效的隔油池，定期掏油及杂物，防止污染。

⑤ 工地临时厕所的化粪池应采取防渗漏措施。中心城市项目现场的临时厕所可采取水冲式厕所，蹲坑上加盖，并有防蝇、灭蝇措施，防止污染水体和环境。

⑥ 化学药品、外加剂等要妥善保管，库内存放，防止污染环境。

(3) 防止噪声污染的措施。

① 严格控制人为噪声，进入项目现场不得高声喊叫、无故甩打模板、乱吹哨，限

制高音喇叭的使用，最大限度地减少噪声，防止扰民。

② 凡在人口稠密区进行强噪声作业时，须严格控制作业时间，一般晚上 10 点到次日早晨 6 点之间停止强噪声作业。确系特殊情况必须昼夜施工时，应尽量采取降低噪音措施，并会同建设单位找当地居委会、村委会或当地居民协调，出安民告示，求得群众谅解。

③ 从声源上降低噪声。这是防止噪声污染的最根本的措施。

a. 尽量选用低噪声设备和工艺代替高噪声设备与加工工艺。如低噪声振捣器、风机、电动空压机、电锯等。

b. 在声源处安装消声器消声。即在通风机、鼓风机、压缩机、燃气轮机、内燃机及各类排气放空装置等进出风管的适当位置设置消声器。常用的消声器有阻性消声器、抗性消声器、阻抗复合消声器、穿微孔板消声器等。具体选用哪种消声器，应根据所需消声量、噪声源频率特性和消声器的声学性能及空气动力特性等因素而定。

④ 在传播途径上控制噪声。采取吸声、隔声、隔振和阻尼等声学处理的方法来降低噪声。

a. 吸声：吸声是利用吸声材料（如玻璃棉、矿渣棉、毛毡、泡沫塑料、吸声砖、木丝板、甘蔗板等）和吸声结构（如穿孔共振吸声结构、微穿孔板吸声结构、薄板共振吸声结构等）吸收通过的声音，减少室内噪声的反射来降低噪声。

b. 隔声：隔声是把发声的物体、场所用隔声材料（如砖、钢筋混凝土、钢板、厚木板、矿棉被等）封闭起来与周围隔绝。常用的隔声结构有隔声间、隔声机罩、隔声屏等。有单层隔声和双层隔声两种结构。

c. 隔振：隔振就是防止振动能量从振源传递出去。隔振装置主要包括金属弹簧、隔振器、隔振垫（如剪切橡皮、气垫）等。常用的材料还有软木、矿渣棉、玻璃纤维等。

d. 阻尼：阻尼就是用内摩擦损耗大的一些材料来消耗金属板的振动能量并变成热能散失掉，从而抑制金属板的弯曲振动，使辐射噪声大幅度地削减。常用的阻尼材料有沥青、软橡胶和其他高分子涂料等。

9.3.2 建设工程项目文明施工

文明施工即指按照有关法规的要求，使项目现场和临时占地范围内秩序井然，文明安全，环境得到保持，绿地树木不被破坏，交通畅达，文物得以保存，防火设施完备，居民不受干扰，场容和环境卫生均符合要求。建立文明项目现场有利于提高工程质量和工作质量，提高企业信誉。为此，应当做到主管挂帅，系统把关，普遍检查，建章建制，责任到人，落实整改，严明奖惩。

1. 文明施工的组织与管理

（1）组织和制度管理。项目现场应成立以项目经理为第一责任人的文明施工管理组织。分包单位应服从总包单位的文明施工管理组织的统一管理，并接受监督检查。

① 各项目现场管理制度应有文明施工的规定。包括个人岗位责任制、经济责任制、安全检查制度、持证上岗制度、奖惩制度、竞赛制度和各项专业管理制度等。

② 加强和落实现场文明检查，考核及奖惩管理，以促进施工文明管理工作的提高。检查范围和内容应全面周到，包括生产区、生活区，场容场貌、环境文明及制度落实等。检查发现的问题应采取整改措施。

(2) 建立收集文明施工的资料及其保存的措施。

① 上级关于文明施工的标准、规定、法律、法规等资料。

② 施工组织设计(方案)中对文明施工的管理规定，各阶段项目现场文明施工的措施。

③ 文明施工自检资料。

④ 文明施工教育、培训、考核计划的资料。

⑤ 文明施工活动各项记录资料。

(3) 加强文明施工的宣传和教育。在坚持岗位练兵的基础上，要采取派出去、请进来、短期培训、上技术课、登黑板报、听广播、看录像、看电视等方法狠抓教育工作。要特别注意对临时工的岗前教育。专业管理人员应熟悉掌握文明施工的规定。

2. 施工现场文明施工的基本要求

(1) 一般规定。

① 有整套的施工组织设计或施工方案。

② 有健全的施工指挥系统和岗位责任制度，工序衔接，交叉合理，交接责任明确。

③ 有严格的成品保护措施和制度，大小临时设施和各种材料、构件、半成品按平面布置堆放整齐。

④ 施工场地平整，道路畅通，排水设施得当，水电线路整齐，机具设备状况良好，使用合理。施工作业符合消防和安全要求。

⑤ 实现文明施工，不仅要抓好现场的场容管理工作，而且还要做好现场材料、机械、安全、技术、保卫、消防和生活卫生等方面的工作。一个工地的文明施工水平是该工地乃至所在企业各项管理工作水平的综合体现。

(2) 现场场容管理。

① 工地主要入口要设置简朴规整的大门，门边设立明显的标牌，标明工程名称、施工单位和工程负责人姓名等内容。

② 建立文明施工责任制划分区域。明确管理负责人，实行挂牌作业，做到现场清洁整齐。

③ 项目现场场地平整，道路畅通，有排水措施，基础、地下管道施工完后要及时回填平整，清除积土。

④ 现场施工临时水、电要有专人管理，不得有长流水、长明灯。

⑤ 项目现场的临时设施，包括生产、办公、生活用房、仓库、料场、临时上下水管道及照明、动力线路，要严格按施工组织设计确定的施工平面图布置、搭设或埋设整齐。

⑥ 项目现场清洁整齐，做到活完料清，工完场地清，及时消除在楼梯、楼板上的砂浆、混凝土。

⑦ 砂浆、混凝土在搅拌、运输、使用过程中要做到不洒、不漏、不剩。盛放砂浆、混凝土应有容器或垫板。

⑧ 要有严格的成品保护措施。严禁损坏污染成品、堵塞管道、高层建筑要设置临时便桶，严禁随地大小便。

⑨ 建筑物内清除的垃圾渣土，要通过临时搭设的竖井或利用电梯等措施稳妥下卸，严禁从门窗口向外抛掷。

⑩ 项目现场不准乱堆垃圾及余物。应在适当地点设置临时堆放点，并定期外运。清运渣土垃圾及流体物品时，要采取遮盖防漏措施，运输途中不得遗撒。

⑪ 根据工程性质和所在地区的不同情况，采取必要的围护和遮挡措施，保持外观整洁。

⑫ 针对项目现场情况设置宣传标语和黑板报，并适时更换内容，切实起到表扬先进、促进后进的作用。

⑬ 项目现场严禁居住家属。严禁居民、家属、小孩在项目现场穿行、玩耍。

(3) 现场机械管理。

① 现场使用的机械设备，要按平面布置规划固定点存放，遵守机械安全规程，经常保持机身及周围环境的清洁，机械的标识、编号明显，安全装置可靠。

② 清洗机械排出的污水要有排放措施，不得随地流淌。

③ 在用的搅拌机、砂浆机旁应设沉淀池，不得将浆水直接排放入下水道及河流等处。

④ 塔吊轨道按规定铺设整齐稳固，塔边要封闭，道碴不外溢，路基内外排水畅通。

9.3.3 建设工程项目现场管理

1. 项目现场管理的含义

现场一般指作业场所，工程项目现场就是直接建造建筑工程的地点和为建筑工程提供生产服务的场所，即劳动者运用劳动手段，作用于劳动对象，完成一定生产作业任务的场所。它既包括生产前方的作业场所——工地，又包括生产后方的各辅助生产的作业场所，如为工地服务的各类加工厂(混凝土构件、木制品、铁件和水、电加工等成品或半成品的加工厂)、试验室、库房、锅炉房等。

建筑施工在现场进行就必然有项目现场管理问题。所谓项目现场管理就是运用科学的管理思想、管理组织、管理方法和管理手段，对项目现场的各种生产要素，如人(操作者、管理者)、机(设备)、料(原材料)、法(工艺、检测)、环境、资金、能源、信息等，进行合理配置和优化组合，通过计划、组织、控制、协调、激励等管理职能，以保证现场按预定的目标，实现优质、高效、低耗、按期、安全、文明的生产。

工程项目现场管理是建筑企业管理的重要环节，也是企业管理的落脚点。企业管理中的许多问题必然会在现场得到反映，各项专业管理工作也要在现场贯彻落实。但是，作为建筑企业的最基层的基础工作的项目现场管理，其首要任务是保证施工活动能高效率、有秩序地进行。现场出现的各种生产、技术、质量和安全等问题，有关施工人员在现场必须及时解决，实现预定的目标任务。从这个意义上说项目现场管理也就是现场的生产管理，决不仅仅是维持现场施工秩序和保证文明施工的部分管理。

2. 项目现场管理的任务

有人将项目现场管理理解为现场材料合理堆放，搞好环境卫生，组织文明施工，这仅是一种狭义的理解，是很不全面的。项目现场管理的任务主要是合理地组织项目现场的各种生产要素，并优化配置，使之有效地结合起来形成一个有机的生产系统，并经常处于良好的运行状态，达到优质、低耗、高效、安全和文明施工的目的。工程项目现场管理的具体任务如下。

(1) 以市场需求为导向，生产满足社会生产和人民生活需要的建筑产品，全面完成生产计划规定的任务，包括产量、产值、质量、工期、资金、成本、利润和安全等技术经济指标。

(2) 按施工客观规律组织生产，优化生产要素配置，尽可能采用新工艺、新技术，开展技术创新和合理化建议活动，消除项目现场的浪费现象，实现高效率和高效益。

(3) 优化劳动组织，搞好班组建设和民主管理，不断提高项目现场人员的思想素质和技术业务素质。

(4) 加强定额考核、施工任务单和限额领料单等现场管理制度，降低物料和能源消耗，减少生产储备和资金占用，不断降低生产成本。

(5) 优化专业管理，建立与完善技术工艺、质量、设备、计划调度、财务、安全等专业管理保证体系，并使它们在项目现场协调配合，发挥综合管理效应，有效地控制工程项目现场的投入和产出。

(6) 推行项目现场标准化，做到事事有标准。现场的所有工作均应按标准进行，按标准检查，按标准考核。

(7) 加强管理基础工作，做到人流、物流运转有序，信息交流及时、准确，出现异常现象能及时发现并解决，使项目现场始终处于正常、有序、可控的状态。

(8) 整治项目现场环境。改变施工现场“脏、乱、差”的状况，确保安全与文明施工。

3. 项目现场管理的内容

由项目现场管理的任务可知，项目现场管理是对施工过程中各个生产环节的管理，它不仅包括现场施工的组织管理工作，还包括企业管理的基础工作在项目现场的落实和贯彻。从生产力要素在项目现场优化配置的角度来分析，项目现场管理的内容应包括：

(1) 落实施工任务，签订内部承包合同；

(2) 进行开工前的各项业务准备和现场施工条件的准备，促成工程开工；

(3) 进行施工过程中的经常性准备工作；

(4) 按计划组织综合施工，进行施工过程中的全面控制(包括计划控制、质量控制、成本控制、技术与安全管理物流管理、机械设备管理、劳动管理等)和全面协调；

(5) 加强项目现场的平面管理，合理利用空间，搞好大型临时设施和料具堆放，保证良好的施工条件；

(6) 利用施工任务书，进行基层的施工管理；

(7) 组织工程交工验收。

【思考和练习】

1. 简述建设工程项目职业健康管理的要求。
2. 如何理解建设工程项目要实行全员安全管理?
3. 如何进行安全检查与隐患处理?
4. 收集一个案例说明建设工程项目安全事故处理的程序。
5. 建设工程项目现场的环境保护有哪些措施?
6. 简述建设工程项目现场管理的内容。
7. 讨论“好的健康、安全和环境管理会为企业带来长远的经济效益”。

第 10 章　建设工程项目信息管理

【知识要点及学习要求】

知识要点	学习要求
知识要点 1　信息的含义与特征，信息管理的含义。	了解
知识要点 2　工程项目信息管理的环节。	熟悉
知识要点 3　工程项目信息管理系统开发的环节。	掌握

10.1　建设工程项目信息管理概述

10.1.1　信息与信息管理

1. 信息

1）信息的定义

信息作为科学的范畴，其概念是相当深刻和十分丰富的，不同的人有不同的理解和不同的定义。随着时代的发展和科学的进步，其内涵与外延都在不断地变化和发展着，综合各种对信息的解释和说明，其定义为：信息是客观事物以数据形式传送交换的知识，它反映事物的客观状态和规律。

这里的数据是广义上的数据，包括文字、语言、数字、图表、图像、电话及多媒体技术等表达形式。信息用数据体现，数据是信息的载体，但并非任何数据都是信息，这是因为数据本身是一个符号，只有当它经过处理、解释，对外界产生影响或用于指导客观实践时才能成为信息。

信息与消息是有区别的。消息是关于人和事物情况的报道，它往往缺乏真实性与准确性，不能反映事物的客观状态和规律。因此，在工程项目管理中，做出判断、进行决策的依据是有关项目的信息而非消息。

2）信息的特征

(1) 可识别性。它可以通过人的感觉器官直接识别，也可以通过各种辅助仪器间接识别。经过识别后的信息可以用文字、数字、图表、图像、代码等表示出来。信息如果不能被识别，那就毫无意义。

(2) 可处理性。对信息可以进行加工、压缩、精练、概括、综合，以适用于不同的目的。信息可以通过报纸、杂志、书籍、信件、报告、电视、广播等各种手段进行传递，使信息为更多的人所共有。同时，信息可以通过计算机存储起来，根据需要随时进行加工和处理。信息的可处理特征是人们利用信息的基本条件。

(3) 事实性。信息的来源必须是事实。毫无根据的信息不仅不会给决策者提供正确的决策依据,反而会使决策者做出错误的决定。

(4) 滞后性。从时间上考虑,信息总是落后于事实的,总是先有事实然后才有信息,而且信息是有寿命的,它可以随事实的变化不断扩大,也可以很快的速度衰减和失效。信息的滞后性对决策的影响很大,在实际工作中对信息的滞后性应有充分的认识,否则可能产生错误的决策。

(5) 可转换性。信息可以通过一定的方式转换成资金、劳力、物资和时间。从这个意义上说信息本身就是财富。

3) 信息和数据

信息和数据是信息系统中最基本的术语。信息是经过处理后对决策产生影响的数据,而数据是在生产活动中,通过观察或测量所收集到的,用各种物理介质记录下来的事实,包括数字、文字、符号、图形等信息是对数据的解释,是加工的结果;数据则是信息的具体表现形式。

4) 信息的要求

信息作为工程项目管理者进行判断、决策的主要依据之一,具有重要的意义,应符合下列要求。

(1) 真实性要求。信息反映事物或现象的本质及其内在联系,真实和准确是信息的基本特征。因此,只有正确的项目信息才能产生正确的决策。

(2) 完整性要求。任何方面的信息或数据都是对整个工程项目有机整体的一部分或一定程度的认识,彼此之间构成一个有机的整体,相互矛盾是不允许的。

(3) 时效性要求。任何信息只在一定时间内起作用,随着工程项目的进展,新出现的信息将部分或全部地取代原有的信息。故作为决策依据的有用信息,必须是在其时效范围内的。

(4) 等级性要求。不同层次、不同级别的工程项目管理者需要不同等级的信息。

5) 信息的种类

项目中的信息很多,一个稍大的项目结束后,作为信息载体的资料就汗牛充栋,许多项目管理人员整天就是与纸张打交道,如作计划、协调、下达指令、了解情况、分配任务等。

项目中的信息大致有如下几种。

(1) 项目基本情况信息。它主要存在于项目手册、各种合同、设计文件、计划文件中。

(2) 实际工程信息。如实际工期、成本、质量信息等,它主要存在于各种报告中,如日报、月报、重大事件报告、设备劳动力材料使用报告及质量报告中。这里还包括问题的分析、计划和实际的对比及趋势预测的信息。

(3) 各种指令、决策方面的信息。

(4) 其他信息。如外部进入项目的市场情况、气候、外汇波动、政治动态等信息。

2. 信息管理

信息管理是指对信息的收集、整理、处理、存储、传递与应用等一系列工作的总称，其实质是根据信息的特点，有计划地组织信息沟通，以保证能及时、准确地获得所需要的信息，达到正确决策的目的。为此，须把握信息管理的各个环节，包括信息的来源、信息的分类、建立信息管理系统，正确应用信息管理手段，掌握信息流程的不同环节。对于业主、监理方和承包商来说，虽然信息种类、信息管理的细节等有所区别，但信息管理的原则、信息管理的环节等基本一致。

10.1.2　工程项目信息管理

工程项目信息管理是对项目信息的收集、整理、处理、存储、传递与应用等一系列工作的总称，也就是把项目信息作为管理对象进行管理。项目信息管理的目的是根据项目信息的特点，有计划地组织信息沟通，以保证决策者能及时、准确地获得所需要的信息。为了达到信息管理的目的，需要把握项目信息管理的各个环节，包括：信息的收集、加工和整理、传递。在此基础上，建立项目信息管理系统。

1. 项目信息的收集

要利用信息，首先就应开辟各种信息来源，并采取适当有效的方法来收集信息。进行收集工作，首先应明确信息收集的目的及组织业务活动的性质，在此基础上有针对性地选择和开辟正确的信息渠道。

1) 项目信息的来源

一般而言，项目信息的来源可分为组织内部经营方面所产生的信息及外部环境方面的信息。以企业为例，主要如下。

企业内部的信息源包括：

(1) 来自各职能部门的统计报表和工作总结；

(2) 生产作业现场所提供的计划、指标、定额完成情况的原始记录及各类凭证和统计资料；

(3) 来自技术科研部门关于技术改造、设备维修、科研和产品技术开发进展情况等各方面的信息。

企业外部的信息源包括：

(1) 各种新闻媒体所公开发表的某些信息，主要包括报刊、杂志、电视等；

(2) 政府部门所发布的经济信息及各类政策、法令；

(3) 各类科研机关和大专院校所掌握的最新科技成果和经济管理方面的信息；

(4) 企业的代理商、顾客方面的建议和意见等；

(5) 企业竞争对手情况调查所获得的信息；

(6) 行业协会及各类咨询机构处所拥有的信息；

(7) 其他。

2）项目信息收集的内容和范围

企业的信息管理部门应当在全面、系统地收集企业内外信息的基础上，根据企业的业务活动性质及管理目标的要求，围绕企业经营与管理重点，集中力量收集某方面的信息。一般而言，企业应收集以下各方面的信息。

（1）政治方面的信息。主要包括经营所在国或地区的政治环境的稳定程度、政治体制、对外政策、军事实力及动态，所处的国际环境，各执政党及在野党的情况，政府在一定时期内所奉行的政治路线、方针、政策，以及所确定的战略计划等。

（2）宏观经济方面的信息。主要包括经营所在国的经济发展水平、规模、增长速度，产业结构的状况及变动趋势，居民的整体消费水平和平均消费水平，消费结构状况及变动，该国的财政收支情况，国际收支状况，金融状况等。

（3）科学技术方面的信息。主要包括科研机构及科研力量，技术发展水平，最新出现的科学技术成果。

（4）商品信息。主要包括商品的市场供求状况及变动，价格的现状及趋势。

（5）供应商、竞争者及消费者方面的信息。

（6）法律方面的信息。由于不同的国家，其政治体制和经济体制不同，以及社会文化生活习惯不同，因而各国之间存在着不同的法律环境。企业的经营必须符合所在国的法律。了解这方面的情况，能使企业的经营更加顺利。

（7）社会文化，风俗习惯等。包括民族特点、民风民俗、社会风气、宗教信仰、价值观念、道德准则、教育水平、文体卫生等。

（8）企业内部各层次、各部门提供的信息。

3）项目信息收集的方法

信息的来源渠道和信息收集的内容确定以后，就应当采取恰当的方法来收集信息。一般而言，主要方法有两大类。第一类是直接到信息产生的现场去调查研究；第二类是收集、整理已有的信息情报资料，间接获取信息。

（1）现场调查研究。其方式如下。

① 询问法。询问法包括当面询问、会议调查、发函问卷调查和电话调查。

② 观察法。观察法包括销售现场观察、使用现场观察和供应厂家现场观察。

③ 试验法。指把本企业的全新产品或改进后的新产品在正式投放市场以前，先进行小规模的试行销售，看顾客的动向。

（2）收集现存有的项目信息。其方式如下。

① 收集公开发行的报纸、杂志和书籍中的信息。从这些报刊、杂志中，可以推测或了解国家有关经济政策、法令的调整和变化。另外，还可以了解国家或国际的宏观经济形势。

② 收集本行业出版发行的报纸、杂志和科技书籍中的信息。这些信息资料行业性和技术性都比较强，从中可以了解本行业政策及本行业新产品和新技术发展动态，以及本行业内生产厂家方面的情况。

③ 内部信息的收集和积累。即收集企业生产技术活动中的原始记录和对有关原始记录进行过一定汇总和加工的分析报告等。

2. 项目信息的加工和处理

所谓信息的加工和处理是指将组织收集到的原始信息，根据管理的不同需要，运用一定的设备、技术、手段和方法对其进行分析处理，以获得可供利用的或可存储的真实可靠的信息资料。对初始的原始信息的加工主要包括判断、分类整理、分析和计算、编辑和归档保存等几方面的工作。

(1) 判断。

由于原始信息当中通常存在一些虚假信息或水分，因此信息管理工作者在进行信息加工的过程中，必须首先对其真伪性进行判断，以剔除那些明显不真实、不可靠的信息。这部分工作及其有效性主要取决于信息工作者的经验及对业务的熟悉程度。

(2) 分类整理。

企业从各方面收集到的信息是分散的、杂乱无章的，因而要对其进行分类整理。主要是将初始信息按一定的标准(如时间、地点、使用目的、所反映的业务性质等)分门别类，排列成序。目前这方面的工作方法已有成熟的编码技术。

(3) 分析和计算。

分析和计算是指利用一定的方法，主要是数理统计和运筹学的方法将数据信息进行加工，从中得到符合需要的数据。

(4) 编辑和归档保存。

信息进行加工和处理后，必须储存起来，以供随时调用。因而，对处理加工后的信息结果，应编辑成文件或装订成册，并以一定的形式归档保存。目前归档保存的形式有两种：一种是手工的方式；另一种是采用计算机的方式。采用计算机来归档保存信息资料简单、方便、存储量大、费用少，已被企业信息管理部门所广泛采用。

信息资料经过加工和处理后，管理者便可传递与运用，为管理决策和管理控制等服务。

3. 项目信息的传递

将收集到的信息及时地传递到信息需求者手中是项目信息管理的一项重要内容，这就要求建立一套合理的信息传递制度，并使其标准化。

(1) 专人负责信息的传递项目实施过程中各工程部门、各科、各组之间都有许多日常资料需要传递。对于需要分发的文件，信息人员先按照规定的份数复印，然后确定以下几个问题：是哪一种文件、制定的时间、是否修改过、将发给谁等，再按文件分配单进行分发。

(2) 通过通信方式传递信息。即通过信函、电话、电报、传真、邮件等方式进行项目信息的传递。

(3) 通过会议方式传递信息。会议方式是项目信息传递的重要方式，包括关键会议、例会、特别会议。项目执行期间要召开各种各样的工作会议，如项目开工会议、项目进展报告会议、项目总结会议、项目协调会议等。

10.2 建设工程项目信息管理系统

项目信息管理系统就是以计算机、网络通信、数据库作为技术支撑，对整个项目生命周期中所产生的各种数据，及时、正确、高效地进行管理，为项目所涉及的各类人员提供必要的高质量的信息服务。

项目管理信息系统经历了从无到有的发展，但总的来说还不是很成熟，只能说是项目管理软件。近几年来，商品化的项目管理软件大量地涌现出来，它们可以用于项目管理过程中的各项活动，例如帮助用户制定任务、管理资源、进行成本核算、跟踪项目进度等，其功能越来越强，并提供便于操作的图形界面。

尽管我国已经有不少项目使用项目管理软件进行辅助管理，但我国真正形成气候的商品化的项目管理软件却还没有，更谈不上项目管理信息系统了。所以，随着我国项目管理受到越来越高的重视，开发项目管理信息系统将是必然的发展方向。

开发一个项目管理信息系统要经过系统规划、系统分析、系统设计和系统实施等几个环节，下面对这几个环节分别给予论述。

10.2.1 系统规划

由于项目信息管理系统是一个大系统，复杂程度高、投资大、开发周期长，因而，在启动初期必须以整个系统为分析对象，确定这个系统的总目标和主要功能。也就是从总体上来把握系统的目标功能框架，提出实施的解决方案，继而研究论证这个总体方案的可行性，这样就为今后的系统分析、系统设计和系统实施打下了好的基础。

总体规划阶段主要包括以下工作：按照项目的具体要求，进行初步调查、分析已确定系统的目标；制定出实施的策略与具体方案；进行系统的可行性研究并编写可行性报告。

1. 确定系统目标

为了确定系统的目标与功能，先要进行初步的调查研究，旨在从总体上了解概况。初步调查的内容包括以下方面。

(1) 整个组织的概况。规模、历史、人力、物力、设备、技术条件和管理体制等。

(2) 组织的对外关系。与哪些外部实体有联系，哪些环境条件对本组织有影响。

(3) 现行系统的概况。功能、人力、技术条件、工作效率、可靠性等。

(4) 各方面对现行系统的态度及对新系统的期望。

(5) 新系统的条件。包括管理基础、原始数据的完整和准确、计算机设备和人员状况、开发新系统的经费等。

系统目标是系统建立后要达到的运行指标。它是进行可行性研究、系统分析与设计及系统评价的依据。不同项目的系统目标具体内容各不相同，对于基础系统可以归纳为以下几个方面：

(1) 提高工作效率和减轻劳动强度；

(2) 提高信息处理速度和准确度；

(3) 提高系统的安全性、可靠性和可控性；

(4) 提供新的功能和决策信息；

(5) 为服务对象提供更多的方便条件；

(6) 节省成本和日常费用开支；

(7) 其他方面的改进；

(8) 大致的系统功能。

系统的目标不可能在初步调查研究阶段就制定的非常具体和确切，随着系统分析和设计工作的深入，系统目标也将逐步具体化和定量化。

2. 项目信息管理系统的实施策略

当前项目信息管理系统的实施策略如下。

(1) 要以项目信息门户网站作为项目管理信息系统的战略目标。

(2) 建立不同生命周期信息系统之间的数据流程和接口是项目信息管理系统规划的核心人物和目标。

(3) 项目信息管理系统的规划设计必须列入工程项目概念阶段方案拟定和认证的必备内容。

(4) 以造价、合同、财务管理为主线和重心构建项目信息管理系统。

(5) 建立进度项目划分、费用项目划分和质量项目划分三者之间编码的统一或对应关系是项目信息管理系统开发的重点和难点。

3. 可行性研究及可行性报告

1) 可行性研究

可行性的意思是指：在当前的具体条件下，这个信息系统是否具备必要的资源条件和其他条件。可行性研究可从以下三个方面考虑。

(1) 技术方面。根据系统目标衡量所需要的技术是否具备，如硬件、软件和其他应用技术，以及从事这些工作的技术人员的数量和水平。

(2) 经济方面。估计系统开发所需要的投资费用和将来的运行费用，并同系统运行收益比较，看是否有利。

投资和运行费用包括：

① 设备费用，即计算机硬件、软件、通信设备和通信线路、电源、机房、空调等

费用；

② 人员费用，即系统开发人员、操作人员、维护人员的工资及培训费用等；

③ 材料费用，即施工用材料及日常用耗材（如打印纸、墨盒、光盘等）等费用；

④ 施工费用，工程施工需要的费用；

⑤ 其他费用，不属于以上所列开支的一切费用。

收益的估算比较困难和复杂，有些指标是不可量化计算的，收益包括：

① 节省人力，降低劳动强度；

② 降低成本和其他费用；

③ 改进薄弱环节，提高工作效率；

④ 提高数据处理的速度和准确度；

⑤ 提高管理水平；

⑥ 具有广告效应。

(3) 运行（组织管理）方面。评价系统运行的可能性及运行后引起的各方面变化（如组织机构、管理方式、工作环境等），将对社会或人的因素产生影响。

新系统对现行组织机构的影响、现行系统管理人员对系统的适应性，以及对现有人员的安排、培训，对环境的影响等，都是可行性研究需要重点考虑的因素。

2）可行性报告

在对集中方案的上述三个方面的可行性分析比较后，最后要写出系统开发的可行性研究报告。如果可行性研究通过，则可进入系统分析工作；如果某些条件不成熟，则需要创造条件，增加资源或改变系统目标后，再重新进行可行性论证；如果可行性研究结果不可行，则系统开发工作必须放弃。

可行性报告是可行性分析的结果，它既是向上级部门的报告，也是给用户和管理人员的，同时也是写给系统研发组的。因此，可行性报告应尽量通俗、真实、详细。

10.2.2 系统分析

系统分析阶段的任务是设计出满足系统条件的逻辑模型，即根据本组织的具体情况，规定出所设想的信息系统应该做什么，应该具有什么样的功能。

系统分析阶段的主要工作如下：① 系统调查；② 用数据流图、数据字典、UML等构造系统的逻辑模型；③ 写出系统分析报告。

1. 项目信息管理系统的外部结构与处理流程

项目信息管理系统的性能、效率和作用不取决于系统的内部结构与功能，而取决于系统的外部接口结构和环境，因此，必须在项目概念阶段对项目信息管理系统的内部信息处理流程和外部信息供需关系进行战略规划和设计。对于外部信息要求，必须在招标文件中向所有供应商明确指明本项目信息系统拟采用的网络平台、数据库平台、安全控制平台等系统特性；对于项目管理中常用的工具软件（如项目财务软件、进度控制软件、图纸档案管理软件等)，必须明确指明业主拟采购的供应商、版本号及数据接口。统一和规范项目管理信息系统的范围与外部处理流程规划必须在采购开始之前完成，并作为全部采购招标文件的重要附件。

2. 项目信息管理系统的内部结构与处理流程

项目信息管理系统的内部结构与处理流程是项目管理职能在信息处理过程中的客观反映。

1) 项目信息管理系统的内部结构

一个大型建设项目信息管理系统从内部功能上一般包括项目进度信息管理系统，项目造价信息管理系统，项目质量信息管理系统，项目设备信息管理系统，项目合同信息管理系统，项目财务信息管理系统，项目物资信息管理系统，项目图纸、文档信息管理系统，项目办公与决策信息管理系统等大的管理功能。但出于不同项目生命周期阶段的信息系统，其核心内容和目标会有所侧重和区别。譬如，对于规划阶段的项目设计信息管理系统，图档处理是系统的核心功能；对于实施阶段的业主项目信息管理系统，项目进度、质量和造价三大控制信息的一体化集成处理是系统的主要目标；对于实施阶段的项目监理信息系统，质量信息的实时采集与控制是系统的核心目标等。

2) 项目信息管理系统的处理流程

由于系统的结构与功能目标的差异，不同的项目生命周期的项目信息管理系统的内部处理流程也有所不同。经过不断分析总结中国大型建设项目信息管理系统建设经验，业主信息管理系统内部处理流程的原则如下。

(1) 进度管理、质量管理和造价管理三大信息控制系统在分部工程的项目划分与项目编码上必须一一对应。

(2) 以施工图设计和概预算数据库为基础，以进度计划网络图为工具，自动产生指导性的物资(材料、设备)需求、人力资源需求、施工机具需求计划等项目资源计划，作为项目管理控制的基本预期目标。以实际进度、实际财务数据为依据，动态产生实际的人力、资金、物资、机具等资源支出消耗数据，并自动与指导性目标数据相比较，为合同结算、成本控制提供动态、实时的信息和依据。

(3) 物资需求计划的编码与采购合同的编码必须一一对应；项目财务信息管理系统的科目设置与概预算项目划分编码一一对应；采购合同编码与概预算编码及财务科目编码在联结点上必须一一对应。合同的财务支付数据可以按时间自动实现月度、季度、年度的资金需求汇总，也可以按项目进行自动汇总并与指导性的概预算资源计划目标动态对比分析，产生动态的资金需求与费用分析报告。

(4) 质量验评项目范围与图纸档案的立卷编码和文件包编码一一对应；质量管理部门的验评数据自动汇总成分段工程、分部工程、分项工程和单位工程验收文档，并与图纸档案管理系统数据共享，自动立卷归档，形成数字化项目技术档案。

10.2.3 系统设计

系统设计又称系统的物理设计。也就是根据系统的逻辑功能的要求，考虑实际条件，进行各种具体设计，确定系统的实施方案，解决"系统如何去做"的问题。

系统设计的任务是：首先确定系统的总体结构。在此基础上，进行计算机系统选型、模块设计、数据库设计(包括编码设计)、输入输出设计、编写系统设计报告等工作。

1. 总体技术构架

1) 设计原则

项目管理信息系统包含了计算机技术、网络技术、通信技术、数据库技术等几乎所有的尖端 IT 技术，它是非常庞大的综合应用系统，一步到位的开发设想与施工计划往往是不现实的。只有在设计开发过程中采用模块化设计，才能有条不紊地完成整个系统的开发与研制。

2) 技术路线

互联网从形式到内容上都是不断变化的，如果被动的跟从这种变化，将永远处于落后和被动的局面。在不能准确预测未来发展趋势的情况下，确定一个在一段时间内先进的、具有发展空间的技术路线，将会有效的把握先进，以不变应万变。

整个系统采用模块化设计，为系统功能扩展留下足够的空间。

3) 系统结构

一般来说，系统结构可分为以下三种。

(1) 终端 / 主机(T/M)结构。终端 / 主机(T/M)结构一般适用于需要高度集中控制、高安全可靠、业务确定性大、使用者自由度小的场合。

(2) 客户 / 服务(C/S)结构。客户/服务(C/S)结构是在微型计算机应用十分普及、网络技术发展较成熟的背景下产生发展的，开始的方式是个人计算机/文件服务(PC/FS)结构，20 世纪 90 年代才出现了真正意义上的客户 / 服务(C/S)结构，它构建成本低，客户端自由度大，广受一般管理人员的欢迎，所以它很快在中小企业中得到了广泛的应用。

(3) 浏览 / 服务(B/S)结构。浏览 / 服务(B/S)结构是在 Internet 高度发展的基础上产生的，它实际上是客户 / 服务(C/S)结构的发展，但它克服了客户 / 服务(C/S)结构的一些弊病(如不适合远距离联系、系统维护费用高等)，是目前最为先进、最为灵活、使用最广、发展前途最大的系统结构。

所以，项目信息管理系统为了适应网络技术的多变性、保持系统的功能扩展性、争取技术水平的先进性，应采用浏览 / 服务(B/S)结构。

2. 数据库设计

数据库是项目信息管理系统的核心。数据库设计包括两个部分：一是逻辑数据库设计，即根据数据库系统应用环境的特点和用户的应用要求，确定整个数据库的数据逻辑结构；二是物理数据库设计，即确定其物理实现的方法、数据存取方法及其他物理实现细节。对于选用商用关系型数据库管理系统的项目信息管理系统开发人员来说，数据库系统设计的主要任务就是进行逻辑数据库的设计。比较流行的设计方法有基于3NF(第三范式)的方法、实体模型(E-R)方法等(设计理论的详细情况可参看有关数据库的教科书)。

3. 功能模块设计

在此只对项目信息管理系统的功能模块进行设计，而各模块的详细设计可参看有关软件工程的教科书。

项目信息管理系统一般包含如下9大子系统。

(1) 造价管理子系统。该子系统的主要功能应包括：① 编制概预算书；② 定额维护与管理；③ 取费定额维护与管理；④ 工程造价分析。

(2) 进度管理子系统。该子系统的主要功能应包括：① 创建单代号图；② 生成双代号图；③ 生成年度网络图；④ 生成横道图；⑤ 资源管理；⑥ 系统汇总；⑦ 报表打印；⑧ 辅助工具。

(3) 设备管理子系统。该子系统提供的设备管理功能以“库存管理”、“计划管理”和“合同管理”模块为中心，辅助以报表、计划、合同的统计分析等各项功能。该子系统的主要功能应包括：① 库存管理；② 计划管理；③ 合同管理；④ 因为本系统对于每一笔货物都有详细的特征描述，因此实现了四类情况的处理：单批货物合同、同类多批货物合同、不同类多批货物合同以及复合型货物合同；⑤ 报表管理。

(4) 材料管理子系统。该子系统与设备管理子系统类似，提供的材料管理功能以“库存管理”、“计划管理”和“合同管理”模块为中心，辅助以报表、计划、合同的统计分析等各项功能。

(5) 合同管理子系统。该子系统的主要功能应包括：① 经济合同通用文档资料管理；② 全部经济合同台账及合同附件数据库的建立与维护；③ 经济合同履行过程中的数据管理；④ 经济合同终结、工程竣工价款结算、信息的维护和管理；⑤ 各类经济合同台账及附件资料的输出管理。

(6) 财务管理子系统。该子系统的主要功能应包括：① 建账；② 制单；③ 记账；④ 查询；⑤ 出纳；⑥ 邮件；⑦ 系统管理。

(7) 投资控制子系统。该子系统的主要功能应包括：① 编制工程预算；② 编制现金流计划；③ 编制现金流实际；④ 统计查询报表。

(8) 档案管理子系统。该子系统的主要功能应包括：① 选择工程；② 开工报告；③ 档案登记；④ 文档检索；⑤ 系统维护；⑥ 用户管理；⑦ 数据备份与恢复；⑧ 接收数据。

(9) 工程质量管理子系统。该子系统的主要功能应包括：① 选择工程；② 工程概况；③ 质保体系；④ 验收范围；⑤ 质量记录；⑥ 竣工报告；⑦ 查阅标准；⑧ 维护系统。

10.2.4 系统实施

实施阶段的工作相对来说不确定因素较少，所以也较容易控制。但是，许多信息系统却是在这个阶段宣告失败的，且往往不是由于技术的原因，而是由于管理上的原因。因此必须认真地对待系统实施阶段。

1. 系统实施的工作流程

系统实施的工作流程如图 10-1 所示。

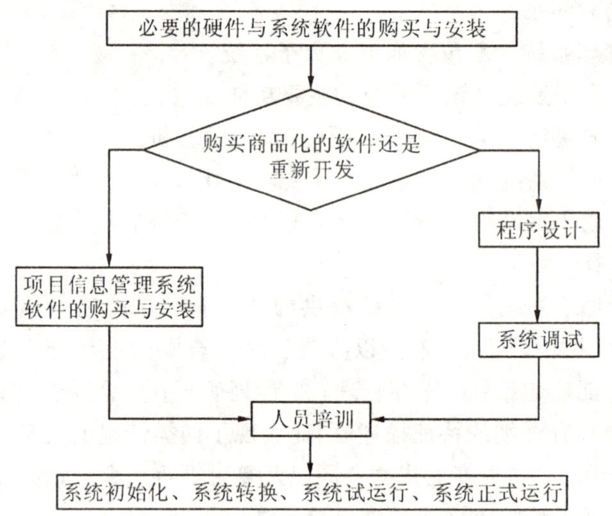

图 10-1 系统实施的工作流程图

2. 项目信息管理系统实施的机构

对于周期短、规模小的项目，项目信息管理没必要在项目实施的业务流程中单独构成一个独立的管理环节。

在借鉴、参考国外先进项目信息管理系统的基础上，提出如下项目信息管理组织机构的设置原则。

(1) 限额以上的大型建设项目概念阶段的组织和资源规划中必须设立专门的信息管理机构，部门名称可以叫做项目信息中心或项目信息办公室。如果受人员编制限制可以把信息管理部门与档案管理部门等合并设置，但必须保证至少 2 名信息管理的专职编制。

(2) 成立以项目总经理为核心的项目信息管理系统建设领导小组，统一规划部署项目信息化工作。设立项目信息总监或项目总信息师，项目信息化领导小组办公室设在项目总信息师办公室中。

(3) 管理岗位职责和信息采集、流转、处理、存储管理程序。

(4) 在项目的计划、财务、合同、物资、档案、质量、办公室等职能部门设立部门级项目信息员。项目信息员受部门领导和总信息师双重领导，从而形成上通下达的项目信息资源管理组织体系。

(5) 目前大型建设项目的信息管理系统的建设费用在每个行业的项目划分和投资估算中没有专门的列编,许多建设单位从总预备费或办公室管理费用中列支计算机网络、数据库、项目管理软件等采购费用。

3. 企业实施项目管理软件的策略

使用项目管理软件辅助项目管理已经成为项目管理人员的共识。如何尽快上手,在项目的有限生命周期内,尽其所能的发挥管理的功效,这是摆在每个项目总经理面前亟待解决的问题。

在项目上应用项目管理软件系统首先要解决两个问题:一是自主开发还是以引进为主,再做二次开发;二是项目管理的核心是什么。

通过长期的实践,在项目上马后再找开发人员开发项目管理系统,已经在过去的十多年的实践中证实是行不通的,原因有:开发任何一个软件系统都需要很长的时间,从需求分析到编程,再到调试、修改、试运行,可能要花掉两年左右的时间,而很多项目的总工期只有3～5年。因此提倡在对待项目管理软件时,对核心软件还是以引进为主,在此基础上做少量的二次开发工作,以满足工程的某些特殊需求。

对于项目管理的核心问题,有人说是进度管理,有人说是成本管理,也有人说是合同管理,这要根据项目的不同情形而定。确定了核心之后,就应围绕着核心来构筑项目管理系统。先确定核心软件,然后再着手开发和引进周边软件系统。切忌把整个项目管理软件系统搞得很大、很全,重点不突出,核心数据湮没在整个项目信息的汪洋大海中。构筑一个工程项目管理软件,首先,要在招标阶段就选定核心软件,并在标书及今后的合同文件中规定使用相同的软件;其次,在项目开工之前,就要组织各方有关人员进行培训,并进行统一WBS编码、工作编码、资源编码的工作,同时制定项目管理软件的实施办法;最后,在工程开工后,定期收集工程的进展情况,通过一定的奖惩措施,促使各单位严格按照计划组织生产,及时准确地反馈数据,确保整个工程处于控制之中。

10.3 工程项目管理软件

10.3.1 项目管理软件的分类

项目管理中的应用软件非常的多,国际市场上已商品化的就有几百个,另外,还有大量的研究者和应用者自己开发的软件。目前项目管理软件主要分为以下几类。

1. 以网络技术为核心的项目管理软件包

网络技术软件包是工程项目管理中开发和应用最早的软件,是对项目进行计划和控制最重要的软件。它目前在技术上已相当成熟,应用也十分广泛。许多软件包被称为项目管理软件包,尽管功能有些增加,但实质上都属于这一类,例如P3、

ARTMIS、Project2000、PLUSEINS、OPEN PLAN、ASSURE、我国的梦龙软件等。这一类软件包的主要功能如下。

(1) 工期计划和控制。

(2) 成本计划和控制。

(3) 资源计划和控制。

(4) 输出功能。

(5) 其他功能。

① 可以一次性完整地输入另一个项目的全部信息,拼接成大网络。这样可以进行多项目的管理。

② 可以对已完成的项目进行统计、分析、计算,以得到并保存该项目的特征信息。

③ 文字的编辑功能,这样可以对项目作各种说明、备注。

④ 与其他系统(如操作系统)有良好的信息接口。

⑤ 可以选择多种语言状态,这样在软件安装时可以选择屏幕所提示的语言。

2. 特殊功能的软件

特殊功能的软件能给项目管理者提供一些专业方面的功能,以满足一些专门的需要。许多单位自己研究、开发和应用的软件大多数属于这一类。这方面的软件使用和开发的范围广泛,应用前景很好。目前主要有如下特殊功能的软件。

(1) 合同管理软件。

(2) 风险分析,例如,蒙特卡洛模拟分析,决策树的绘制、分析和计算,风险状况图的绘制。

(3) 项目评估软件,例如,工程项目财务评价软件、项目实施状况评价软件、项目后评估软件。

(4) 文档管理。

(5) 项目后勤管理。

(6) 成本结算、预算和成本控制软件。

(7) 工程师应用软件。

(8) 其他专用软件,例如,库存管理软件、质量管理软件、索赔管理软件等。

3. 工作岗位软件

工作岗位软件通常与项目管理的专门工作无关,仅在日常工作中起辅助作用。作为日常工作和信息处理的工具,它的使用频繁,能大大地提高管理者的工作效率和工作质量。现在我国这些软件使用得也很普遍。经调查,95%以上的专家认为这类软件可以改善项目小组的工作效率。具体包括以下几种。

(1) 文本处理软件。

(2) 表处理软件,主要用来做各种统计、运算工作。在成本管理中经常用到这种软件。

(3) 制图软件,通用的制图软件。在项目管理中,97%的专家认为它有重大的意义。

(4) 数据库软件,数据库软件有两种:① 像 DBASE 这样的数据库语言;② 专用的数据库。例如,历史工程成本数据库、工程定额数据库等。实质上它属于特殊功能的软件。

(5) 集约化的工作岗位软件,包括上述各种功能,已形成一个功能十分完备的系统。

4. 计算机辅助项目管理教学软件

它主要用于对新的项目管理者进行培训,作模拟教学。90%以上的项目管理专家对这一类软件的应用和发展前景有很高评价。其主要包括以下几种。

(1) 项目管理软件包使用的教学软件。一般每个软件包都有相应的教学软件,用以对购买者进行教学培训,它具有软件操作的各种提示。

(2) 模拟决策系统。

(3) 训练专家系统,在许多领域都有这方面的应用。例如,可以模拟各种环境状况,提供各种方案,让学生进行对策研究,综合评判。

5. 计算机联网软件

计算机之间的联网不仅能达到信息的远距离传输,加强远程控制,增加信息的流通和系统的反馈速度,加强项目信息的共享程度和项目实施状况的透明度,而且能通过联网进行多项目网络的拼接,实现用 PC 机进行大项目、多项目管理。近几年计算机联网软件发展地很快,而且发挥着巨大的作用。其主要包括以下几种。

(1) 通信软件。

(2) 局域网和广域网。许多项目管理软件包都有网络版,可以联网使用。

(3) 电子邮件(E-mail)。许多项目管理软件包都有直接收发电子邮件的功能。

10.3.2 常用的项目管理软件

1. CA-Super Project 软件

这是一个常用的软件,特别是一些管理公司网络的项目管理人员、在 Unix 或 Windows 环境下的工作人员及需要高性能程序的人员更喜欢使用。这个软件包能支持多达 160000 多个任务的大型项目。许多评论人员因为它在大型项目及小型项目两方面的优异表现而予以高度评价。它能创建及合并多个项目文件,为网络工作者提供多层密码入口,进行计划审评法(PERT)的概率分析。而且,这一程序包含一个资源平衡算法,在必要时可以保证重要工作的优先性。它的主要缺点是用户界面友好性相对较差,应当在将来的版本中进一步解决。

2. Microsoft Project 软件

Microsoft Project 软件已经占领了项目管理软件包市场的大量份额。Microsoft Project 的主要优点是它与微软其他产品(Access、Excel、PowerPoint、Word)很相似,菜单栏几乎一样,用户的工具栏如出一辙。另外,用户可以在应用文件之间轻易地来回移动信息资料，日常用语、提示卡及大量帮助范例，大大简化了程序的应用，交互式日程系统、电子邮件及分配设备的功能很强大。现在，还包含应用文件的视像，便于高级用户设计接口或自动处理重复性工作。它的缺点是关键路径处理，用户不容易查看，并且不如其他一些软件包能处理多个项目及子项目。

3. Project Scheduler 软件

Project Scheduler 软件具备传统项目管理软件的所有特征，图形界面设计完好，报表功能强大，制图方面也是如此。比如甘特图，能用各种颜色把关键任务、正或负的时差、已完成的任务及正在进行的任务区别开来。任务之间建立图式连接很方便，任务工时的修改也很容易。资源的优先设置及资源的平衡算法非常实用。对多个项目及大型项目的操作处理比较简单，与外部数据库的连接也很好。该软件美中不足的是联机帮助和文件编制及电子邮件功能有限。

4. Sure Trak Project Manager 软件

这是一个高度视觉导向的程序，具有优异的放缩、压缩及拖放功能。它的基本结构，比如柱形、图表、色彩和数据结构便于调整，定制模板也容易创建。它的工作分析结构功能优异，便于使用。重复活动处理简便，活动网络图可以分区段储藏在磁盘里，并可装入其他程序。联机帮助及文件编制是它的不足之处。

5. TimeLine 软件

Timeline 软件在初学者使用时略微有些困难，但它是有经验的项目经理的首选。它的报表功能及与 SQL 数据库的连接功能都很突出。日程表、电子邮件的功能、排序和筛选能力及多项目处理都是精心设计的。另外，它还有一个叫做Co-Pilot的功能，这是一个很有用的推出式帮助设施，用户界面很好，极易操作。然而，许多评论人员认为 TimeLine 软件最适于大型项目及多任务项目，但不如其他软件包便于初学者使用。

6. High-End Project Management Software 软件

如果上面讨论的基于个人电脑的软件包不能管理大型或企业规模型的项目，人们就会想到这个软件包。这些系统软件包括 Lucas Management Systems 的 Artemis、Welcome Software Technology 的 Open Plan、Primavera 的 Project Planner 及 PSDI 的 Project。这些软件能在一个分布式数据环境下共享资料，便于处理多任务项目，连接其他商业信息系统，比如会计、采购，而且通常对进度计划及资源配置有非常完善的算法。

7. Time Phaser Gloal Work Scheduler 软件

Time Phaser Gloal Work Scheduler 软件包括四个密切相关的应用工具，这些工具可以为管理者提供易用、实时状态与进度安排及成本控制等能力。① EnterpriseTo-Do-List 是一个企业范围内的工作进度安排工具，它的设计目的是用来安排一个公司内的所有工作进度，而不仅仅是针对大的工作。② Management Data View 是一个企业范围的管理信息系统，该系统可以提供丰富的统计和在不同详细程度上向所有授权管理员提供关于所有工作情况的详细报告。③ Application Integrator 是一个无缝链接工具，该工具在一个组织内部支持软件与其他应用软件间的数据集成。④ Platform Navigator 是一个“平台无关性导航”工具，该工具可以使软件在主要计算机平台上，如 IM 主框架机、AS/400、PC/LAN(DOS,OS/2,Windows 与 WindowsNT)、RS/600、UNIX、DEC/VAX、DG/MULL、Wang/V5、S/36 与 Macintosh，操作起来具有相同的观感。

8. Project/2SeriesX(P/X)软件

Project/2SeriesX(P/X)软件具有功能强、支持客户/服务器系统、面向企业级公司与联邦应用设计等特点。P/X 的柔性使其适应不同规模项目。P/X 的主要特性为：图形化用户界面、集成化进度安排与成本估算功能、可扩展的报告与图形功能、全局数据操纵、系统集成与客户化能力。利用 P/X，文件可以跨平台共享，并可以存于 ORACLE 数据库中。

9. All Tech Project Simulator 软件

All Tech Project Simulator 软件是一个基于 Lotus123 的应用模板。通过仿真，确定即将进行的一个项目的总耗时的概率分布，并给出本项目关键路径上的每个活动(最多 25 个活动)的最小、最可能和最大时间。它不是一个进度规划程序，相反它可以利用提供关键路径数的进度计划程序的输出。

本软件涉及三类工作文件：Simulation 文件、TGANG 文件和 TREPEAT 文件。Simulation 文件是主文件，其输入是本项目关键路径上的每个活动(最多 25 个活动)的最小、最可能和最大时间。每个活动的时间单位是不固定的，可以是小时、日和周。Simulation 的输出是即将开始的整个项目的最小、平均和最大时间，以及与平均值的标准差，并可以给出一个概率分布图。

10. Primavera Project Planner 软件

Primavera Project Planner 软件简称 P3，它是集进度计划安排、资源分配与均衡、成本控制与展示图等功能于一体的项目管理软件。P3 是一个真正的多功能软件。用户可以在单用户模式下使用 P3，也可以注册到局域网中加入 P3 工作组。P3 允许用户在任意层次上进行汇总，在一个实例中用户可以在活动、资源和 WS(工作分解结构)角度之间任意切换。利用 P3 用户可以组织管理：自己的项目与主项目及子项目的关系；24 类可供选择、排序和过滤活动代码及多达 16 组便于详细组织与跟踪项目的用户数据项；详细网络图(fragnets)；条形图；纯逻辑图；用户希望的任意顺序的活动数据列；资源代码；WS 码与颜色码。

P3 具有相当数量的标准报表，允许用户对每一个报表通过简单的击键与菜单选择进行裁剪。P3 与合同控制软件 Expedition、性能监测软件 Parade 及所有 SureTrak Project Scheduler 全面集成。

11. Micro Man 软件

Micro Man 软件是 POC-IT Management System 公司产品。Micro Man 软件

是一个专门为信息服务组织设计的具有项目与人员管理的集成化系统。在项目管理上它包括进度计划安排和项目跟踪;在人员管理上它包括监测资源的使用情况和人员计划;为信息系统的全局管理提供领导信息。

Micro Man 处理的项目数和资源数没有限制而且存在公用的项目与资源数据库。进度安排工具可以考虑资源的可用性、事件的依赖关系、合作与资源日历及其他项目(多项目进度安排)等内容。

12. SAS System for Info Delivery 软件

SAS System for Info Delivery 软件是 SAS Institute 公司产品。SAS/OR 是一组功能强大的管理科学软件工具,它是 SAS System for Info Delivery 的一个集成决策支持组件。该软件包括数学规划、决策支持与项目管理工具。其中项目管理工具具有很高的灵活性,可以支持用户通过一个单独的集成系统计划、管理和跟踪项目。作为 SAS/OR 项目管理工具需补充的是 PROJMAN 菜单系统,这是一个可以客户化与扩展的点击界面。

13. MARKⅢ MANAGEMENT SYSTEM 软件

MARKⅢ MANAGEMENT SYSTEM 软件是 Program Control 公司产品。MARKⅢ是一个用户界面友好、非常容易理解的项目管理系统。从个人计算机到先进的主框架机,它可以在不同的计算机系统上运行。项目管理数据可以保存在MARKⅢ基本数据库中,或者任何其他可操作的电子表格和数据库系统中。本系统基于关键路径依赖关键技术,并且可以处理多项目。项目内或项目间的任务交互作用是不受限制的。MARKⅢ的最直观的输出是高分辨率图形显示的甘特条形图、网络图、资源累积曲线和直方图。这些输出可以以不同的格式生成以便输出其他软件包中。所有项目相关的计算(计划、外推、估计等)都以表格形式来显示,这些表格可以由用户来自己定义成不同的报表形式。图形输出与 HPGL 及其他各种数字化电子绘图系统相兼容。MARKⅢ的数据库可以在主系统之间进行变换而无需变换请求。

14. ARTEMIS Prestige for Windows 软件

ARTEMIS Prestige for Windows 软件是 Lucas 管理系统公司产品。它是一个简单易用、基于客户/服务器环境、运行于微软视窗系统下的项目管理应用程序。利用该软件的多用户功能,许多人可以同时访问和更新同一项目的数据。另外,该软件允许无限制数目的多项目结合及全局资源规划能力。

15. 梦龙智能项目管理系统

1) 软件功能

(1) 自带汉字功能。

(2) 方便灵活的文本编辑功能。

(3) 简洁快速的图形编辑功能。

(4) 屏幕多窗口功能:可将整体图形和操作的局部图形分别显示在两个同时被激活的窗口内,且图形可在窗口中漫游;图形上可打开文本窗口以便查阅和输入数据。

(5) 优化功能：按总工期固定不变，资源均衡进行优化；按资源有限，工期最短进行优化。

(6) 统计功能。

(7) 子网功能：进入子网时，当前网有关数据带入子网；退出子网时，子网的有关数据带回当前网；可把独立网络图并入当前网里成为它的一个子网，反之亦可。

(8) 图形输出功能。

(9) 数据转换功能。

(10) 其他功能：标题栏功能，以表格形式编辑打印网络图的标题栏内容；倒排功能，根据完工时间自动计算开工时间；具有自动产生工作代号和节点代号的功能；可检索、查询符合某种条件的任务和资源，以供统计、计算、打印之用。

2) 友好的人机界面

(1) 采用弹出直拉式菜单，使操作快速、直观。

(2) 在屏幕下方会有汉字提示，以便用户操作。

(3) 很少使用功能键、组合键。

(4) 屏幕顶端提示整个计划的有关时间参数和其他信息。

(5) 可采用鼠标操作，使操作更为直观和快捷。

【思考和练习】

1. 试述工程项目信息管理的主要环节。
2. 工程项目中有哪些常见信息？
3. 试述工程项目信息管理系统。
4. 项目管理软件有哪些分类？说出几种常见的工程项目管理软件及其主要功能和特点。

第 11 章　建设工程项目组织协调管理

【知识要点及学习要求】

知识要点	学习要求
知识要点 1　项目组织的协调关系，项目中存在的几种重要沟通的内容。	了解
知识要点 2　协调和沟通的含义，常见的沟通问题及原因。	熟悉
知识要点 3　如何解决争执，项目的沟通方式。	掌握

11.1　建设工程项目组织协调管理概述

11.1.1　项目协调

项目协调是项目管理的一项重要工作，作为一种管理方法贯穿整个项目和项目管理过程中。在项目实施过程中，项目经理是协调的中心和沟通的桥梁。在整个项目的目标设计、项目定义、设计和计划、实施和控制中有着各种各样的协调工作。

在各种协调中，组织协调具有独特的地位，它是其他协调有效性的保证，只有通过积极的组织协调才能实现整个系统全面协调的目的。

项目中的协调工作主要包括：

(1) 项目目标因素之间的协调；

(2) 项目各子系统内部、子系统之间、子系统与环境之间的协调；

(3) 各专业技术方面的协调；

(4) 项目实施过程的协调；

(5) 各种管理方法、管理过程的协调；

(6) 各种管理职能(如成本、合同、工期、质量等)的协调；

(7) 项目参与者之间的组织协调。

项目的协调管理依赖于项目信息沟通，沟通是组织协调的手段，是解决组织成员之间障碍的基本方法。良好的沟通有助于建立和改善人际关系，是项目经理实现成功领导的重要手段。

11.1.2　项目沟通

1. 项目组织沟通的概念

项目组织沟通是以一定的组织形式、手段和方法，对项目管理中产生的不畅关系进行疏通，对产生的干扰予以排除的过程。通过沟通，促使各方协同一致，齐心协力，以实现项目的预定目标。

项目组织沟通是提高项目组织运行效率的重要措施，是项目成功的关键因素之一。从组织系统角度看，项目组织沟通可分为项目组织内部关系沟通和项目组织系统外部沟通，项目组织系统外部沟通根据项目组织与外部联系的程度又可分为近外层沟通和远外层沟通。近外层沟通是指项目参与方（如业主、设计单位、承包商、供应商）之间的沟通；远外层沟通是指项目组织与相关方（如相邻单位、工商、税务、公安部门）之间的沟通。

2. 沟通的重要性

沟通是项目管理的一项重要工作，要取得一个项目的成功，沟通具有重要作用。沟通是计划、组织、领导、控制等管理职能有效性的保证，没有良好的沟通，对项目的发展及人际关系的处理、改善都存在着制约作用。其重要性可以概括为以下几个方面。

(1) 有效的沟通是良好决策的必要前提。项目的决策者要做出正确的决策，就必须有准确、完整、及时的大量信息作为决策依据。沟通不力，信息不畅，阻碍了决策者获取最及时有效的信息，也就会影响决策的结果。

(2) 有效的沟通对项目活动的顺利实施极为重要。

(3) 沟通对于组织内部、外部之间关系的协调极为重要。组织内部成员，有必要通过沟通知晓所要实现的目标，并通过沟通处理好内部成员之间的关系，形成强有力的整体。通过与组织外部沟通，协调各方关系，减少矛盾与对立的产生，使项目能够顺利实施。

(4) 沟通对信息反馈也很重要。在项目实施过程中，要不断对其工作进程进行评价，把评价信息反馈给管理者，便于管理者及时进行控制。

3. 沟通的作用

沟通是组织协调的手段，是解决组织成员之间障碍的基本方法。通过沟通可以达到：

(1) 使项目的目标明确，项目参加者对项目的总目标达成共识；

(2) 使各种人、各方面互相理解、了解，建立和保持较好的团队精神，使人们积极地为项目工作；

(3) 使人们行为一致，减少摩擦、对抗，化解矛盾，达到一个较高的组织效率；

(4) 保持项目的目标、结构、计划、设计、实施状况的透明性；

(5) 是计划、组织、激励、领导和控制等管理职能有效性的保证。

4. 沟通的特性

项目的沟通管理是一种系统化的过程。沟通管理的目的是要保证项目信息及时、准确的提取、收集、分发、存储、处理，从而保证项目组织内外信息的畅通。

项目的沟通管理具有系统性和复杂性两大特性。

(1) 系统性。工程项目是一个开放的复杂系统，涉及政治、经济、文化诸多方面。项目的沟通管理应从整体利益出发，系统全面地分析解决问题，进行有效的管理。

(2) 复杂性。任何项目的建立与实施，都涉及大量的组织机构和单位。这决定了项目外部关系的复杂性。另外，根据项目的组织形式，多数项目是临时组建而成的，因此项目沟通管理必须协调内部与外部的各种关系，以确保项目的顺利进行。

项目组织和项目组织行为的特殊性，使得在现代工程项目中沟通十分困难。尽管有现代化的通信工具和信息收集、存储、处理工具，减小了沟通在技术上和时间上的障碍，但仍然不能解决人们许多心理上的障碍。组织沟通的复杂性表现在以下方面。

① 工程项目规模大，参加单位多，造成每个参与方沟通面大，各方面都存在着复杂的联系，需要复杂的沟通网络。

② 现代工程项目技术的复杂、新工艺的使用、专业化和社会化分工，以及项目管理的综合性和人们的专业化分工的矛盾增加了交流和沟通的难度；特别是项目经理和各职能部门之间经常难以做到协调配合。

③ 由于各参与方有不同的利益、动机和兴趣，所以对沟通而言，各参与方会有不同的出发点，对项目会有不同的期望和要求。项目管理者在沟通过程中不仅要强调总体目标，而且要照顾各方面的利益，使各方面都满意，增加了沟通的难度。

④ 由于项目是一次性的，项目组织都是新的成员、新的对象、新的任务，项目的组织摩擦大，容易产生争执，沟通上有困难。

⑤ 反对变革的态度，项目组织是一个新系统，它会对上层企业组织、外部组织、其他参与方产生影响，需要他们改变行为方式和习惯，接受并适应新的结构和过程，这就会使他们产生逆反和对抗心理，这种对抗常常会对项目的实施造成干扰。

⑥ 人们的社会心理、文化、习惯、专业、语言对沟通产生影响，特别是在国际合作项目中，参与方来自不同的国度，他们有不同的世俗观念、社会制度、法律背景、宗教文化、语言，这些都会使沟通产生障碍。

⑦ 在项目实施过程中，企业和项目的战略方针与政策应保持稳定性，否则会造成协调的困难，造成人们行为的不一致，使沟通无法进行。

11.2 建设工程项目中的重要沟通

11.2.1 项目经理与业主的沟通

业主代表项目的所有者，对项目具有特殊的权利，而项目经理为业主管理项目，最重要的职责是保证业主满意。要取得项目的成功，必须获得业主的支持。所以，作为项目经理，应该做到以下几点。

(1) 项目经理首先要理解总目标、理解业主的意图，反复阅读合同或项目任务文件。必须了解项目构思的基础、起因、出发点，了解目标设计和决策背景。

(2) 让业主一起投入项目全过程，而不仅仅是给他一个结果。通过沟通使项目经理在做出决策时能考虑到业主的期望、习惯和价值观念，了解业主对项目关注的焦点，随时向业主通报情况。在业主做决策时，向他提供充分的信息，让他了解项目的全貌、项目的实施情况、方案的利弊得失及对目标的影响。加强计划性和预见性，让业主了解承包商、了解非程序干预的后果，业主和项目经理双方理解得越深，双方的期望越清楚，矛盾就越少。

(3) 业主在委托项目管理任务后，应将项目前期策划和决策过程向项目经理做全面的说明和解释，提供详细的资料。众多的国际项目管理经验证明，在项目过程中，项目管理者越早进入到项目中，项目实施得越顺利。最好是让项目经理参与目标设计和决策过程，在整个项目过程中保持项目经理的稳定性与连续性。

(4) 项目经理应该自己指导项目实施和指挥项目组织成员。项目经理有时会遇到业主所属组织的其他部门，或者合资方各方都想来指导项目实施的情况。对于这种状况，项目经理应该很好地听取这些人的意见和建议，对他们做出耐心的解释和说明，但不能让其直接指导实施和指挥项目组织成员。

11.2.2　项目管理者与承包商的沟通

承包商通常是指工程的承包商、设计单位、供应商等。他们与项目管理者没有直接的合同关系，但他们必须接受项目管理者的领导、组织和协调监督。

(1) 应让各承包商理解总目标、阶段目标及各自的目标、项目的实施方案、各自的工作任务及职责等，应向他们解释清楚，做详细说明，增加项目的透明度。

(2) 指导和培训各参加者和基层管理者适应项目工作，向他们解释项目管理程序、沟通渠道与方法，指导他们，并与他们一齐商量如何工作，如何把事情做得更好。经常解释目标、解释合同、解释计划，防止产生对抗。

(3) 项目管理者在观念上应该认为自己是提供服务、帮助的，强调各方面利益的一致性和项目的总目标，而不应该随便对承包商动用惩罚权。

(4) 在招标、商签合同、工程施工中应让承包商掌握信息，了解情况，以做出正确的决策。

(5) 项目管理者应鼓励承包商将项目实施状况的信息、实施结果及实施过程中遇到的困难等向项目管理者汇总和集中，寻找和发现对计划、控制有误解，或者有对立情绪的承包商和可能存在的干扰，以便及时化解矛盾。

11.2.3　项目经理部内部沟通

项目经理所领导的项目经理部是项目组织的领导核心，在项目经理部内部的沟通中项目经理起着核心作用，如何协调各职能工作，激励项目经理部成员，是项目经理的重要课题。

项目经理部成员的来源与角色是复杂的，有不同的专业目标和兴趣。有的专职为本项目工作，有的以原职能部门工作为主。项目经理部内部沟通管理的主要内容如下。

(1) 项目经理应注意与技术专家的沟通。技术专家对现场的具体施工情况往往了解的比较少，只注意技术方案的优化，而对社会和心理方面的影响考虑的比较少。项目经理应积极引导，从全局考虑，既发挥技术人员的作用，又使方案在全局切实可行。

(2) 建立完备的项目管理系统，明确划分各自的工作职责，设计比较完备的管理工作流程，明确规定项目中正式沟通的方式、渠道和时间，使大家按程序、按规则办事。但是也不能过于依赖程序，应该以程序为主，结合情况灵活运用。

(3) 由于项目的特点，项目经理更应注意从心理学、行为学的角度激励各个成员的积极性。具体如下。

① 采用民主的作风，不独断专行。在项目经理部内放权，让组织成员独立工作，充分发挥他们的积极性和创造性，使他们对自己的工作产生成就感。

② 改进工作关系，关心各个成员，礼貌待人，形成团队。鼓励大家参与和协作，一起研究目标，制订计划，倾听项目成员的意见、建议，允许置疑，建立一个互相信任、和谐的工作氛围。

③ 公开、公平、公正地处理事务。对上层的指令、决策应该清楚快速地传达到项目成员和相关职能部门；对项目实施过程中存在和遇到的问题，不掩饰、不逃避，让大家了解到真实情况，增强团队的凝聚力；合理分配工作，并能够客观公正地接受反馈意见；公平地进行奖罚。

④ 在向上级和职能部门提交的报告中应包括对项目组成员好的评价和鉴定意见，项目结束时应对成绩显著的成员进行表彰，使他们有成就感。

(4) 对以项目作为经营对象的企业，应形成比较稳定的项目管理队伍。这样尽管项目是一次性的，但作为项目小组来说，是相对稳定的。各个成员之间彼此了解，能够大大减少组织摩擦。

(5) 职能人员的双重忠诚问题。由于项目经理部是临时性的组织，尤其是在矩阵式的组织之中，项目成员在原职能部门仍然保持其专业职位，同时又为项目服务，这就要求职能人员对双重身份都具有相当的忠诚性。

(6) 建立公平、公正的考评工作业绩的方法、标准，并定期客观地、慎重地对成员进行业绩考评，在其中剔除运气、不可控制、不可预期的因素。

11.2.4 项目经理与职能部门经理的沟通

项目经理与组织职能部门经理之间的沟通是十分重要的，特别是在矩阵式组织中，职能部门必须对项目提供持续的资源和管理工作的支持，使职能部门与项目之间建立高度的依存性。

(1) 项目经理和职能部门经理的协调是项目成功的关键。项目的目标与职能管理的目标往往差别很大，而项目经理本身能完成的事情很少。因此，必须依靠职能部门经理的合作和支持。项目经理必须与职能部门经理保持良好的工作关系，这是项目顺利进行的保证。

(2) 项目经理和职能部门经理之间必须有一个清楚、快捷的信息沟通渠道，不可发出相互矛盾的命令，项目经理和职能部门经理之间必须每日互相交流。

(3) 项目经理和职能部门经理基本矛盾的根源是经理之间的权利和地位的斗争。职能部门经理变成项目经理的任务的接受者，由项目经理分派各种任务，所以，职能部门经理感到项目经理对其“权利”和“地位”的威胁，感到其固有的价值被忽视了。项目经理要注意这一点的沟通，以消除职能部门经理对项目经理不必要的对立和矛盾。

(4) 项目组织给原组织带来变化，必然要干扰已建立的管理规则和组织机构，项目经理的设立给职能部门经理增加了一个压力来源。

(5) 职能管理是企业管理机构的一部分，有强大的高层支持。

(6) 主要的信息沟通工具是项目计划，项目经理制订项目的总体计划后应取得职能部门资源支持的承诺。

11.3　建设工程项目沟通中的问题及解决

11.3.1　项目沟通中的问题及原因

1. 项目沟通中的问题

在项目实施中出现的问题常常起源于沟通的障碍。项目沟通中常见的问题包括：

(1) 项目组织或项目经理部中出现混乱，而项目经理无法调解争执，总体目标不明确；

(2) 项目经理部经常讨论不重要的非事物性主题，协调会议经常偏离议题；

(3) 信息未能在正确的时间内，以正确的内容和详细的程度传达到正确的位置；

(4) 项目经理部中没有应有的争执，但它在潜意识中存在；

(5) 项目经理部中存在或散布着不安全、气愤、绝望的气氛；

(6) 实施中出现混乱，人们对合同、指令、责任书理解不一或不能理解；

(7) 项目得不到职能部门的支持，无法获得资源和管理服务。

2. 产生问题的原因

产生问题的原因如下。

(1) 项目开始时或当某些参加者介入项目组织时，缺少对目标、责任、组织规则和过程统一的认识与理解。

(2) 目标之间存在矛盾或表达上有矛盾，而各参加者又从自己的利益出发解释，导致混乱。项目管理者没能及时做出解释，使目标透明。

(3) 缺乏对项目组织成员工作明确的结构划分和定义，人们不清楚他们的职责范围。项目经理部内工作含混不清，职责冲突，缺乏授权。

(4) 管理信息系统设计功能不全，信息渠道、信息处理有故障，没有按层次、分级、分专业进行信息优化和浓缩。

(5) 项目经理的领导风格和项目组织的运行风气不正。

(6) 协调会议主题不明，项目经理权威性不强或不能正确引导。

(7) 有人滥用分权和计划的灵活性原则，违背或不符合总体目标，并与其他同级部门造成摩擦，与上级领导产生权利争执。

(8) 使用矩阵式组织，但人们并没有从直线式组织的运作方式上转变过来。组织运作规则未设计好，项目经理与企业职能经理的权力、责任界限不明确。

(9) 项目经理缺乏管理技能、技术判断力或缺少与项目相应的经验，没有威信。

(10) 业主或企业经理不断改变项目的范围、目标、资源条件和项目的优先级。

11.3.2 问题解决的措施

在项目管理中，有效沟通是进行项目各方面管理的纽带，是在人、思想和信息之间建立的联系，它对于项目成功是必不可少的。为做好项目每个阶段的工作，以达到预期效果，必须在项目各部门内、部门与部门之间及项目与外界之间建立沟通渠道，以便快速、准确地传递信息，使项目各部门协调一致，使项目成员明确自己的工作职责。通过大量的信息沟通，可以找出项目管理的问题，制定政策并控制评价结果。

1. 改善有效沟通的方法

(1) 重视双向沟通，双向沟通伴随反馈过程，使发送者可以及时了解到信息在沟通过程中如何被理解，使受讯者能表达接受时的困难，从而得到帮助和解决。

(2) 多种沟通渠道的利用，一个项目组织，往往综合运用多种方式进行沟通，如在语言沟通时辅之以表情、手势；又如会议结束时有个会议纪要，与会人员在口头传达时，参考纪要，可使会议精神更完整地被会外人员所理解。只有这样，才能提高信息沟通的整体效应。

(3) 正确运用文字语言，使用对方易懂的语言，表达要明确，条理要清晰，不能含糊其辞。语言要精练，针对性要强。

2. 提高沟通效果的途径

对于有效的沟通途径，国外许多专家曾经提出许多不同的准则，其中比较完整的是美国管理协会提出的一套建议，其要点如下。

(1) 沟通前先澄清概念，经理事先要系统地思考、分析和明确沟通信息，并将接受者及可能受到该项沟通的影响者予以考虑。

(2) 只沟通必要的信息，现代社会变化迅速，经理应从大量信息中选择，只把与下级人员工作密切相关的信息提供给他们，避免他们信息负担过重。

(3) 明确沟通的目的，经理必须弄清楚，作这个沟通的真正目的是什么？要下级人员理解什么？明确了沟通的目标，沟通内容就容易规划了。

(4) 考虑沟通时的一切环境情况，包括沟通的背景、社会环境、人的环境及过去沟通的情况等，以便沟通的信息得以配合环境情况。

(5) 计划沟通内容时应尽可能取得他人的意见，这样既可以获得更深入的看法，也易于获得别人的支持。

(6) 要使用精确的表达，经理要把自己的想法用语言和非语言精确地表达出来，而且要使接收者从沟通的语言或非语言中得出所期望的理解。

(7) 要进行信息的追踪和反馈，信息沟通后必须同时设法取得反馈，以弄清下属是否真正了解，是否愿意遵循，是否采取了相应的行动等。

(8) 要言行一致的沟通，经理必须以自己的行动支持自己的说法，更有效的沟通是"行"重于"言"。

(9) 沟通时不仅要着眼于现在，还应该着眼于未来，大多数的沟通，要切合当前的实际需要，不能忽视长远目标的配合。

(10) 应该成为一个"好听众"，成为一个"好听众"，才能明白对方说些什么。

11.4 建设工程项目沟通方式

11.4.1 沟通方式概念及分类

项目中的沟通方式是多种多样的，可以从很多角度进行分类，例如，按照是否需要反馈信息，可以分为单向沟通和双向沟通；按照沟通信息的流向，可以分为上行沟通、下行沟通和平行沟通；按照沟通的严肃性程度，可以分为正式沟通和非正式沟通；按照沟通信息的传递媒介，可以分为书面沟通和口头沟通等。

1. 单向沟通与双向沟通

(1) 单向沟通。单向沟通是指发送者和接受者两者之间的地位不变(单向传递)，一方只发送信息，另一方只接受信息的方式。这种方式信息传递速度快，但准确性较差，有时还容易使接受者产生抗拒心理。

(2) 双向沟通。双向沟通中，发送者和接受者两者之间的位置不断交换，且发送者是以协商和讨论的姿态面对接受者，信息发出以后还需及时听取反馈意见，必要时双方可进行多次重复商谈，直到双方共同明确和满意为止，如交谈、协商等。其优点是沟通信息准确性较高，接受者有反馈意见的机会，产生平等感和参与感，增加自信心和责任心，有助于建立双方的感情。

2. 上行沟通、下行沟通和平行沟通

(1) 上行沟通。上行沟通是指下级的意见反映给上级，即自下而上的沟通。项目经理应鼓励下级向上级反映情况，只有上行沟通渠道畅通，项目经理才能全面掌握情况，做出切合实际的决策。上行沟通有两种形式：一是层层传递，即依据一定的组织程序逐级向上反映；二是越级反映，它是指越过中间层次，让项目决策者与员工直接沟通。

(2) 下行沟通。下行沟通是指项目领导者对员工进行的自上而下的沟通。如将项目目标、计划方案等传达给一般员工，发布新闻消息，对组织面临的具体问题提出处理意见等。这种沟通方式是领导者向被领导者发布指令的过程。

(3) 平行沟通。平行沟通是指组织中各平行部门之间的信息交流。在项目实施过程中，可以看到各部门之间经常发生矛盾和冲突，部门之间互不通气是造成这一现象的重要原因之一。保证平行部门之间沟通渠道的畅通，是减少部门冲突的一项重要的措施。

3. 书面沟通和口头沟通

1) 书面沟通

书面沟通是指用书面形式所进行的信息传递和交流，例如通知、文件、报刊等。其优点是可以作为资料长期保存，反复查阅。缺点是效率低，缺乏反馈。

2) 口头沟通

口头沟通是与书面沟通相对应的沟通方式，运用口头表达的方式进行信息交流。例如演说、谈话、讲座、电话通话等。其优点是比较灵活、速度快，双方可以自由交换意见及时反馈，并且信息传递较为准确。缺点是传递过程经过层层交换，信息容易失真，且不容易被保存。

4. 语言沟通和非语言沟通

语言沟通是利用语言、文字等形式进行的沟通。非语言沟通是利用动作、表情、体态、声光信号等非语言方式进行的沟通。

11.4.2 正式沟通与非正式沟通

1. 正式沟通

1) 正式沟通的概念

正式沟通是通过正式的组织过程来实现或形成的。它由项目的组织结构图、项目流程、项目管理流程、信息流程和确定的运行规则构成，并采用正式的沟通方式。正式沟通方式和过程必须经过专门的设计，有专门的定义。其特点如下。

(1) 有固定的沟通方式、方法和过程，它一般在合同中或在项目手册中被规定，作为大家的行为准则。

(2) 大家一致认可，统一遵守，作为组织的规则，以保证行动一致，组织的各个子系统必须遵守同一个运作模式。

(3) 这种沟通结果常常有法律效力，它不仅包括沟通的文件，而且包括沟通的过程。

2）正式沟通的方式

（1）项目手册：包括极其丰富的内容，它是项目和项目管理基本情况的集成，它的基本作用就是为了项目参加者之间的沟通。其主要内容包括：

① 项目的概况、规模、业主、工程目标、主要工程量；

② 各项目参加者；

③ 项目分解结构；

④ 项目管理规范等；

⑤ 项目手册是项目的工作指南。

（2）各种书面文件，包括各种计划、政策、过程、目标、任务、战略、组织结构图、组织责任图、报告、请示、指令、协议等。

① 在实际工程中要形成文本交往的风气和习惯。

② 定期报告制度，建立报告系统，及时通报工程的基本情况。

③ 对工程中的各种特殊情况及其处理应作记录，并提出报告；对一些重大的事件，特别是困难或自己无法解决的问题应呈具报告，便于各方面的了解。

④ 工程过程中涉及各方面的工程活动都应有相应的手续和签收的证据。

（3）协调会议。

① 种类。

常规的协调会议：在规定的时间和地点举行，由规定的人员参加。

非常规的协调会议，一般有：信息发布会；解决专门问题的会议，即在特殊的困难、事故、紧急情况时进行的磋商；决策会议，即业主或项目管理者对一些问题进行决策、讨论或磋商。

② 作用：可以获得大量的信息，以便对现状进行了解和分析；布置下阶段的工作，调整计划，研究问题的解决措施，选择方案，分配资源；动员并激励各参加者努力工作。

③ 协调会议的组织：注意事前筹划，会中的控制和会后处理。

（4）通过各种工作检查，特别是工程成果的检查验收进行沟通。

（5）其他沟通方法，如指挥系统、建议系统、申诉制度、离职交谈。有些沟通方法位于正式和非正式之间。

2. 非正式沟通

1）非正式沟通的形式

非正式沟通是通过项目中的非正式组织关系形成的。在这些组织中人们建立起各种关系来沟通信息，了解情况影响人们的行为。

2）非正式沟通的作用

非正式沟通反映人们的态度，折射出项目的文化氛围，支持组织目标的实现。管理者可以利用非正式的沟通方式达到更好的管理效果。

（1）管理者可以利用非正式沟通了解参加者的真实思想、意图及观察方式，获得软信息。

(2) 通过非正式沟通可以解决各种矛盾，协调好各方面的关系。

(3) 可以产生激励作用。

(4) 非正式沟通获得的信息有参考价值，可以辅助决策，但需要特别谨慎。

(5) 承认非正式组织的存在，有意识的利用非正式组织，可缩短组织层次之间的鸿沟，使大家更亲近。

(6) 在做出重大决策前后采用非正式沟通方式集思广益、通报情况、传递信息，以平缓矛盾，能及早地发现问题，将管理工作做得更完美。

(7) 对小道消息引起的人心不稳定、困难和危机，可采用公开的信息政策、使项目过程、方针、政策透明，减弱小道消息的负面影响。

【思考和练习】

1. 简述工程项目管理中几种重要的沟通。
2. 项目沟通中常见的问题有哪些？如何解决？
3. 简述建设工程项目中主要的几种沟通方式。
4. 什么是非正式沟通？非正式沟通有哪些作用？

第12章　建设工程项目后期管理

【知识要点及学习要求】

知识要点	学习要求
知识要点1　建设工程项目后期管理的内容。	了解
知识要点2　建设工程项目全面分析评价的指标，质量、工期和成本分析的内容。	熟悉
知识要点3　建设工程项目竣工验收、工程结算的程序、方法。	掌握

12.1　建设工程项目的竣工验收

12.1.1　竣工验收的概念和意义

《规范》第18.1.1条，“项目收尾阶段应是项目管理全过程的最后阶段，包括竣工收尾、验收、结算、决算、回访保修、管理考核评价等方面的管理。”

竣工验收是建设工程项目建设周期的最后一道程序，也是我国建设工程的一项基本法律制度。有建设工程就有项目管理，竣工验收又是项目管理的重要内容和收尾阶段的重要工作。实行竣工验收制度，是全面考核建设工程，检查工程是否符合设计文件要求，工程质量是否符合验收标准，是否能够交付使用、投产发挥投资效益的重要环节。国家的有关法律、法规明确规定，所有建设工程按照批准的设计文件、图纸和建设工程合同约定的工程内容施工完毕，具备规定的竣工验收条件，都要组织竣工验收。

竣工验收具体又分为施工项目竣工验收和建设项目竣工验收两个不同的验收主体和验收阶段。《规范》对竣工验收阶段管理的交工主体和验收主体进行了界定，是指施工项目竣工验收，且是施工项目竣工验收和建设项目竣工验收两个不同的验收主体和验收阶段。没有经过施工项目竣工验收，建设项目竣工验收就没有具备最基本的条件。本文仅就施工项目竣工验收进行论述。

1. 竣工验收的概念

(1) 竣工验收的概念。

《规范》第18.3.1条，“项目完成后，承包人应自行组织有关人员进行检查评定，合格后向发包人提交工程竣工报告。”

施工项目竣工验收的定义为承包人按施工合同完成项目全部任务，经验收合格，由发包人组织验收的过程。

(2) 竣工验收客体的特点。

① 针对性。即发包人和承包人在施工合同中约定的项目,而不是其他项目,承包人必须对施工合同承诺的项目目标负责到底,切实加强项目管理。

② 单件性。即承包人的施工项目是单件的、可变的,一般不会重复,承包人承包的项目,无论是单位工程、单项工程或其他工程,建成后都要依法履行交工手续。

③ 专业性。即建设工程的专业特点不同,如工业建筑的、民用建筑的、设备安装的、道路桥梁的等,在交付竣工验收时,采用的技术规范和质量标准也不尽相同。

④ 系统性。即建设工程无论规模大小,造价高低,"麻雀虽小,五脏俱全",其竣工验收都是系统性的验收,而不是局部的、个别的、主观的要求。

(3) 施工项目的竣工验收。

施工项目的竣工验收,是建设工程项目管理中必不可少的一道程序,也是承包人履约建成后交付竣工验收的一个过程,其做法是:承包人按施工合同的约定,完成了设计文件和施工图纸规定的工程内容,进行了自检,并经工程监理机构组织了竣工预验收,由发包人组织有关单位履行正式验收程序后,承发包双方办理的工程交接手续。

建设工程施工完毕,承包人交工、发包人验收,是工程项目管理终结阶段,也是承上启下、顺理成章的工作沟通。

2. 竣工验收的意义

(1) 项目竣工验收标志项目投资已转化为能发挥经济效益的固定资产,并促使建设工程早日使用,以尽早发挥其投资效益。

(2) 项目竣工验收是施工项目管理的最终重要的环节,通过项目竣工验收,可以更好地控制项目质量,使其符合项目设计和使用要求。

(3) 在项目竣工验收时,承建单位必须将项目技术经济资料整理归档,这样有利于总结经验教训,进一步提高施工项目的管理水平。

(4) 项目竣工验收还有利于为今后的建设项目投资提供经验,以利于今后项目投资的优化。

(5) 通过竣工验收,有利于促进全面竣工、积极收尾。

(6) 通过竣工验收,有利于竣工验收的程序进一步优化和完善。

12.1.2 竣工验收的范围和依据

1. 竣工验收的范围

凡列入固定资产投资计划的建设项目或单项工程,按照上级批准的设计文件所规定的内容和施工图纸的要求全部建成,工业项目经负荷试车考核或使生产期能够正常生产合格产品,非工业项目符合设计要求、能够正常使用,不论新建、扩建、改造项目,都要及时组织验收,并办理固定资产交付使用的移交手续。使用技术改造资金进行的基本建设项目或技术改造项目,按现行的投资规模限额规定,也应按国家关于竣工验收规定办理竣工验收手续。

2. 竣工验收的依据

(1) 按国家现行规定,竣工验收的依据是经过上级审批机关批准的可行性研究报告,初步设计或扩大初步设计(技术设计)、施工图纸说明、设备技术说明书、招标投标文件和工程承包合同、施工过程中的设计修改签证,相应的施工技术验收标准、规范及主管部门有关审批、修改、调整文件等。

(2) 建设项目的规模、工艺流程、工艺管线、土地使用、建筑结构形式、建筑面积、外形装饰、技术装备、技术标准、环境保护、单项工程等,必须与各种批准文件内容或工程承包合同内容相一致。

(3) 其他协议规定的某一个国家或国际通用的工艺规程和技术标准、从国外引进技术或成套设备项目及中外合资建设的项目,还应按照签订的合同和国外提供的设计文件等资料进行验收。国外引进的项目合同中未规定标准的,按设计时采用的国内有关规定执行。若国内也无明确规定标准的,按建设单位规定的技术要求执行。

(4) 由国外设计的土木、建筑、结构安装工程验收标准,中外规范不一致时,参照有关规定协商,提出使用的规范。

(5) 设计变更通知书是施工图纸补充和修改的记录,设计变更原则上应由设计单位主管技术负责人签发。

12.1.3 竣工验收的规定、标准、程序和内容及实施

1. 竣工验收的规定

《规范》第 18.3.3 条,“项目竣工验收应依据有关法规,必须符合国家规定的竣工条件和竣工验收要求。”

《规范》所指的“必须符合国家规定的竣工条件和竣工验收要求”,是指法律、行政法规和合同约定等强制性规定条款,承包人必须不折不扣地贯彻执行,不得无故违规、违约。

(1) 必须符合国家法律的规定。

《中华人民共和国合同法》第 279 条规定,“建设工程竣工后,发包人应当根据施工图纸及说明书、国家颁发的施工验收规范和质量检验标准及时进行验收。”还规定,“建设工程竣工经验收合格后,方可交付使用;未经验收或者验收不合格的,不得交付使用。”

《中华人民共和国建筑法》第 61 条规定,“交付竣工验收的建筑工程,必须符合规定的建筑工程质量标准,有完整的工程技术经济资料和经签署的工程保修书,并具备国家规定的其他竣工条件。”

(2) 必须符合行政法规的规定。

国务院第 279 号《建设工程质量管理条例》第 16 条规定,“建设单位收到建设工程竣工报告后,应当组织设计、施工、工程监理等有关单位进行竣工验收。”

还规定，“建设工程竣工验收应当具备下列条件：

① 完成建设工程设计和合同约定的各项内容；

② 有完整的技术档案和施工管理资料；

③ 有工程使用的主要建筑材料、建筑构配件和设备的进场实验报告；

④ 有勘察、设计、施工、工程监理等单位分别签署的质量合格文件；

⑤ 有施工单位签署的工程保修书。”

建设部令第 15 号《建设工程施工现场管理规定》第 18 条规定，“建设工程竣工后，建设单位应当组织设计、施工单位共同编制工程竣工图，进行工程质量评议，整理各种技术资料，及时完成工程初验，并向有关主管部门提交竣工验收报告。”还规定，“单项工程竣工验收合格的，施工单位可以将该单项工程移交建设单位管理。全部工程验收合格后，施工单位方可解除施工现场的全部管理责任。”

(3) 必须符合施工合同的规定。

根据《中华人民共和国合同法》和《中华人民共和国建筑法》等法律，建设部和国家工商行政管理局修订的施工合同示范文本由“协议书”、“通用条款”、“专用条款”三部分构成，在竣工验收条件中增加了中间交工工程的范围、竣工时间和验收程序等内容。

《中华人民共和国合同法》第 12 条规定，“当事人可以参照各类合同的示范文本订立合同。”承包人和发包人在签订施工合同中一旦约定了竣工验收的具体内容或事项，在履行施工合同时即具有强制性。承包人和发包人在工程交付竣工验收时，必须按施工合同的约定执行，不得违约，若违约应承担违约的经济责任。

2. 竣工验收的标准

建设项目竣工验收、交付生产和使用，必须有相应的标准以资遵循。一般有土建工程、安装工程、人防工程、管道工程、桥梁工程、电气工程及铁路建筑安装工程等的验收标准。此外，还可根据工程项目的重要性和繁简程度，对单位工程、分部工程和分项工程，分别制定国家标准、部门有关标准及企业标准。对于技术改造项目，可参照国家或部门有关标准，根据工程性质提出各自使用的竣工验收标准。这里仅讨论与建筑工程有关或相关的内容。

(1) 竣工验收交付生产和使用标准。

① 生产性工程和辅助公用设施，已按设计要求建完，能满足生产使用。

② 主要工艺设备配套，设备经联动负荷试车合格，形成生产能力，能够生产出设计文件所规定的产品。

③ 必要的生活设施已按设计要求建成。

④ 生产准备工作能适应投产的需要。

⑤ 环境保护设施，劳动安全卫生设施、消防设施等已按设计要求与主体工程同时建成使用。

(2) 单位工程竣工验收的合格标准。

国家标准《建筑工程施工质量验收统一标准》(GB 50300—2001)对单位(子单位)工程质量验收合格规定如下：

① 单位(子单位)工程所含分部(子分部)工程的质量均应验收合格；

② 质量控制资料应完整；

③ 单位(子单位)工程所含分部工程有关安全和功能的检测资料应完整；

④ 主要功能项目的抽查结果应符合相关专业质量验收规范的规定；

⑤ 观感质量验收应符合要求。

其他专业工程的竣工验收标准，也必须符合各专业工程质量验收标准的规定；合格标准是工程验收的最低标准，不合格一律不允许交付使用。

(3) 单项工程达到使用条件或满足生产要求。

建设项目的某个单项工程已按设计要求完成，即每个单位工程都已竣工、相关的配套工程整体收尾已完成，能满足生产要求或具备使用条件，工程质量经检验合格，竣工资料整理符合规定，发包人可组织竣工验收。

(4) 建设项目能满足建成投入使用或生产的各项要求。

建设项目的全部子项目工程均已完成，符合交付竣工验收的要求。在此基础上，项目能满足使用或生产要求并应达到以下标准：

① 生产性工程和辅助公用设施已按设计要求建成，能满足生产使用；

② 主要工艺设备配套设施经试运行合格，形成生产能力，能生产出设计文件规定的产品；

③ 必要的设施已按设计要求建成；

④ 生产准备工作能适应投产的需要；

⑤ 其他环保设施、劳动安全卫生、消防系统已按设计要求配套建成。

3. 竣工验收的程序和内容

1) 施工项目竣工验收准备

《规范》第18.2.1条，"项目经理部应全面负责项目竣工收尾工作，组织编制项目竣工计划，报上级主管部门批准后按期完成。"

(1) 编制竣工计划。

项目经理是项目管理的总负责人，应当全面负责施工项目竣工验收前的各项收尾工作，加强项目竣工验收前的施工组织与管理。项目经理要从大局出发，小处着手，认真反复核对施工图纸和工程预算项目，把漏项列入竣工收尾计划，下达到施工作业层，指定专人负责，督促完成并组织验收。项目经理在编制竣工收尾计划时，应突出抓好两个环节，具体如下：

① 建立竣工班子。收尾工作小组要由项目经理亲自挂帅，做到因事设岗，成员包括技术负责人、生产负责人、质量负责人、材料负责人、班组负责人等多方面的人员参加，收尾项目完工要有验证手续，建立完善的收尾工作制度，形成目标管理保证

体系。

② 竣工计划具有针对性。根据施工项目的专业性和技术特点，编制落实有针对性的竣工收尾计划，其内容包括现场施工和资料整理两个部分。

③ 竣工计划包括下列内容(参见《规范》第 18.2.2 条)：

a. 竣工项目名称；

b. 竣工项目收尾具体内容；

c. 竣工项目质量要求；

d. 竣工项目进度计划安排；

e. 竣工项目文件档案资料整理要求。

(2) 竣工计划的检查。

工程竣工验收前，项目经理和技术负责人要定期和不定期地组织对竣工收尾计划进行反复的检查。有关施工、质量、安全、材料、内业等技术、管理人员要积极协作配合，对列入计划的收尾、修补、成品保护、资料整理、场地清扫等内容，要按分工原则逐项检查核对，做到完工一项、验证一项、消除一项，不给竣工收尾留下后遗症。

检查竣工收尾计划应满足下列要求：

① 全部收尾项目施工完毕，工程符合竣工验收条件的要求；

② 工程的施工质量经过自检合格，各种检查记录、评定资料齐全；

③ 水、电、气、设备安装、智能化等经过试验、调试，达到实用功能的要求；

④ 建筑物室内外做到文明施工，四周 2 m 以内的场地达到工完、料净、场地清；

⑤ 工程技术档案和施工管理资料收集、整理齐全，装订成册，符合竣工验收规定。

(3) 工程竣工自检。

《中华人民共和国建筑法》第 29 条规定："建筑工程总承包单位按照总承包合同的约定对建设单位负责；分包单位按照分包合同的约定对总承包单位负责。总承包单位和分包单位就分包工程对建设单位承担连带责任。"

《建设工程质量管理条例》第 27 条规定，"总承包单位依法将建设工程分包给其他单位的，分包单位应当按照分包合同的约定对其分包工程的质量向总承包单位负责，总承包单位与分包单位对分包工程的质量承担连带责任。"

工程竣工阶段自检的步骤如下。

① 属于承包人一家独立承包的施工项目，应由企业技术负责人组织项目经理部的项目经理、技术负责人、施工管理人员和企业的有关部门对工程质量进行检验评定，并做好质量检验记录。

② 依法实行总分包的项目，应按照法律、行政法规的规定，承担质量连带责任，按规定的程序进行自检、复检和报审，直到工程竣工交接报验结束为止。

项目经理部要按照竣工报验的程序，把各自范围内的竣工验收准备工作做扎实、做充分，才能从根本上保证工程顺利通过竣工验收。

(4) 交付竣工验收的约定。

承包人应在验收合格的基础上，向发包人发出预约竣工验收的通知书，说明拟交工程项目的情况，商定有关竣工验收事宜。

2) 进行工程报验

国家标准《建设工程监理规范》(GB 50319—2000)1.0.3条规定，“建设单位与承包单位之间与建设工程合同有关的联系活动应通过监理单位进行。”

承包人确认工程竣工，具备竣工验收各项要求，应经监理单位认可签署意见后，向发包人提交“工程验收报告”。发包人收到“工程验收报告”后，应在约定的时间和地点，组织有关单位进行竣工验收。

工程竣工报验的方法和要求如下。

(1) 分包和总包项目经理部应在竣工验收准备阶段完成各项竣工条件的自检工作，并报所在企业复检。

(2) 该工程已完成设计和施工合同约定的各项内容，工程质量符合有关法律、法规和工程建设强制性标准的规定。

(3) “工程竣工报告”中，自检意见应表述明确，项目经理、企业技术负责人、企业法定代表应签字，并加盖公章。“工程竣工报告”见表12-1。

(4) 递交“工程竣工报验单”，其内容应足以证明工程已按合同约定完成并符合竣工验收要求。“工程竣工报验单”见表12-2。

(5) 总监理工程师组织专业监理工程师对承包人报送的竣工资料进行审查，并对工程质量进行竣工验收。

对存在的问题应要求承包人所在项目经理部及时进行整改。整改完毕，总监理工程师应签署工程竣工报验单，提出工程质量评估报告。

(6) 承包人根据工程监理机构签署认可的工程报验单和质量评估结论，向发包人递交竣工验收通知，具体约定工程交付竣工验收的时间、会议地点和有关安排。

4. 竣工验收的实施

工程竣工验收的程序一般包括单位工程的竣工验收、单项工程的竣工验收和建设项目的竣工验收。

工程竣工验收的实施一般由发包人组织勘察、设计、施工、监理等单位组成的竣工验收组织，按照竣工验收程序，对工程进行核查后，做出验收结论，并形成《工程竣工验收报告》，参与竣工验收的各方负责人在竣工验收报告上签字并盖单位公章。

建设行政主管部门应委托工程质量监督机构对工程竣工验收的组织形式、验收程序、执行标准等情况实施监督。

表 12-1 工程竣工报告

编号：

<table>
<tr><td>工程名称</td><td colspan="2"></td><td>结构类型/层数</td><td></td></tr>
<tr><td>工程地址</td><td colspan="2"></td><td>建筑面积</td><td></td></tr>
<tr><td>建设单位</td><td colspan="2"></td><td>开/竣工日期</td><td></td></tr>
<tr><td>设计单位</td><td colspan="2"></td><td>合同工期</td><td></td></tr>
<tr><td>施工单位</td><td colspan="2"></td><td>工程造价</td><td></td></tr>
<tr><td>监理单位</td><td colspan="2"></td><td>合同编号</td><td></td></tr>
<tr><td rowspan="12">竣工条件自检</td><td colspan="3">自检内容</td><td>自检意见</td></tr>
<tr><td colspan="3">工程设计和合同约定的各项内容完成情况</td><td></td></tr>
<tr><td colspan="3">工程技术档案和施工管理资料</td><td></td></tr>
<tr><td colspan="3">工程所用建筑材料、建筑构配件、商品混凝土和设备、检验报告</td><td></td></tr>
<tr><td colspan="3">涉及工程结构安全的试块、试件及有关材料的试验、检验报告</td><td></td></tr>
<tr><td colspan="3">地基与基础、主体结构等重要分部、分项工程质量验收签认情况</td><td></td></tr>
<tr><td colspan="3">建设行政主管部门、质量监督机构或其他有关部门责令整改的问题的执行情况</td><td></td></tr>
<tr><td colspan="3">单位工程质量自检情况</td><td></td></tr>
<tr><td colspan="3">工程质量保修书</td><td></td></tr>
<tr><td colspan="3">工程款支付情况</td><td></td></tr>
<tr><td colspan="3">交付竣工验收的条件</td><td></td></tr>
<tr><td colspan="3">其他</td><td></td></tr>
</table>

监理单位意见：

经自检，该工程已完成设计和施工合同约定的各项内容，工程质量符合有关法律、法规和工程建设强制性标准。

项目经理：

企业技术负责人：

企业法定代表人：

（施工单位公章）

年　月　日

表 12-2　工程竣工报验单

工程名称：　　　　　　　　　　　　　　　　　　　　编号：

致： 我方已按合同要求完成了工程，经自检合格，请予以检查和验收。 附件： 承包单位(章)： 项 目 经 理： 日　　　期：
审查意见： 经初步验收，该工程： 符合/不符合我国现行法律、法规要求； 符合/不符合我国现行工程建设标准； 符合/不符合设计文件要求； 符合/不符合施工合同要求； 综上所述，该工程初步验收合格/不合格，可以/不可以组织正式验收。 项目监理机构： 总监理工程师： 日　　　期：

12.1.4　竣工验收的组织及竣工项目的移交

1. 工程竣工验收的组织

1) 组织的成立

成立竣工验收组织要根据建设工程的重要性、规模大小、隶属关系、承发包关系、工程项目管理方式等具体情况而定。重点工程、大型项目、技术较复杂的工程应组成验收委员会，一般小型工程项目组成验收小组即可。

竣工验收工作由发包人组织，参加单位应包括勘察、设计、监理和相关单位。参加验收的主要成员有：

(1) 主持竣工验收的发包方负责人和现场总代表；

(2) 勘察单位的负责人；

(3) 设计单位的设计负责人；

(4) 总承包单位和分包单位的负责人、项目经理、技术负责人等；

(5) 监理单位的总监理工程师和专业监理工程师；

(6) 建设主管部门和备案部门的代表。

2) 竣工验收组织的职责

(1) 听取各单位的情况报告。

(2) 审查各种竣工资料。

(3) 对工程质量进行评估、鉴定。

(4) 形成工程竣工验收会议纪要。

(5) 签署工程竣工验收报告。

(6) 对遗漏问题做出处理决定。

2. 工程竣工项目的移交

《规范》第 18.4.4 条,"承包人应按照项目竣工验收程序办理项目竣工结算并在合同约定的期限内进行项目移交。"

工程通过竣工验收,承包人递交《工程竣工报告》的日期为实际竣工日期。承包人应在发包人对竣工验收报告签认后的规定期限内向发包人递交竣工结算报告和完整的结算资料。

承包人在收到工程竣工结算价款后,应在规定的期限内将竣工项目移交发包人,及时转移撤出施工现场,解除施工现场全部管理责任。

1) 办理工程移交的工作内容

(1) 向发包人移交钥匙时,工程室内外应清扫干净,达到窗明、地净、灯亮、水通、排污畅通、动力系统可以使用。

(2) 向发包人移交工程竣工资料,在规定的时间内,按工程竣工资料清单目录,进行逐项交接,办清交验签章手续。

(3) 原施工合同中未包括工程质量保修书附件的,在移交竣工工程时,应按有关规定签署或补签工程质量保修书。

2) 撤出施工现场的计划安排

(1) 项目经理部应按照工程竣工验收、移交的要求,编制工地撤场计划,规定时间,明确负责人、执行人,保证工地及时清场转移。

(2) 撤场计划安排的具体工作要求:

① 暂设工程拆除,场内残土、垃圾要文明清运;

② 对机械、设备进行油漆保养,组织有序退场;

③ 周转材料要按清单数量转移、交接、验收、入库;

④ 退场物资运输要防止重压、撞击,不得野蛮装卸;

⑤ 转移到新工地的各类物资要按指定位置堆放,符合平面管理要求;

⑥ 清场转移工作结束,恢复临时占用土地,解除施工现场管理责任。

12.2 建设工程项目结算

12.2.1 工程价款结算方式

《规范》第 18.4.3 条,"项目竣工验收后,承包人应在约定的期限内向发包人递交项目竣工结算报告及完整的结算资料，经双方确认并按规定进行竣工结算。”

建设部和国家工商行政管理局制定的《建设工程施工合同(示范文本)》通用条款中对竣工结算的规定为：

“33.1 工程竣工验收报告经发包人认可后的28天内，承包人向发包人递交竣工结算报告及完整的结算资料，双方按照协议书约定的合同价款及专用条款约定的合同价款调整内容，进行工程竣工结算。

33.2 发包人收到承包人递交的竣工结算报告及结算资料后28天内进行核实，给予确认或者提出修改意见。发包人确认竣工结算报告后通知经办银行向承包人支付工程竣工结算价款。承包人收到竣工结算价款后14天内将竣工工程交付发包人。

33.3 发包人收到竣工结算报告及结算资料后28天内无正当理由不支付工程竣工结算价款，从第29天起按承包人同期向银行贷款利率支付拖欠工程价款的利息，并承担违约责任。

33.4 发包人收到竣工结算报告及结算资料后28天内不支付工程竣工结算价款，承包人可以催告发包人支付结算价款。发包人在收到竣工结算报告及结算资料后56天内仍不支付的，承包人可以与发包人协议将该工程折价，也可以由承包人申请人民法院将该工程依法拍卖，承包人就该工程折价或者拍卖的价款优先受偿。

33.5 工程竣工验收报告经发包人认可后28天内，承包人未能向发包人递交竣工结算报告及完整的结算资料，造成工程竣工结算不能正常进行或工程竣工结算价款不能及时支付，发包人要求交付工程的，承包人应当交付；发包人不要求交付工程的，承包人承担保管责任。

33.6 发包人、承包人对工程竣工结算价款发生争议时，按本通用条款37条关于争议的约定处理。”

12.2.2 工程价款结算实务

1. 工程竣工结算依据

编制项目竣工结算可依据下列资料(参见《规范》18.4.2条)：

(1) 合同文件；

(2) 竣工图纸和工程变更文件；

(3) 有关技术核准资料和材料代用核准资料；

(4) 工程计价文件、工程量清单、取费标准及有关调价规定；

(5) 双方确认的有关签证和工程索赔资料。

2. 编制竣工结算方法

编制工程竣工结算的方法是在原工程预算或合同价的基础上，根据所收集、整理的各种结算资料，如设计变更、技术核定、现场签证、工程量核定单等，进行工程量或直接费用的增减调整计算，按合同中规定的取费标准(或综合单价、或索赔)的规定计算各项费用，最后汇总为工程结算造价。

工程价款计价方式一般在施工合同中都有具体的规定，在最后竣工结算时，也必须按合同规定的计价方式进行计算；若合同中没有规定，一般由现场签证（即索赔）规定计算。

办理竣工结算应掌握以下原则。

(1) 以单位工程或施工合同约定为基础，对工程预算书的主要内容，包括项目名称、工程量、单价（或综合单价）及计算结果，进行认真的检查和核对，若是根据中标价订立合同的应对原报价单的主要内容进行检查和核对。

(2) 在检查和核对中若发现有不符合有关规定的，单位工程结算书与单项工程综合结算书有不相符的地方，有多算、漏算或计算有误等情况，均应及时进行纠正调整。

(3) 建设工程施工项目是由多个单位工程构成的，应按建设项目划分标准的规定，将各单位工程竣工结算书汇总，编制单项工程竣工综合结算书。

(4) 若建设工程是由多个单项工程构成的项目，实行分段结算并办理了分段验收计价手续的，应将各单项工程竣工综合结算书汇总编制成建设项目总结算书，并撰写编制说明。

3. 工程竣工结算报审

《规范》第 18.4.1 条，"项目竣工结算应由承包人编制，发包人审查，双方最终确定。"

工程竣工结算报告和结算资料应按规定报企业主管部门审定（一般是预算部门），加盖公章（同时加盖工程造价职业资格专用章），在竣工验收报告认可后，在规定的期限内递交发包人或其委托的咨询单位审查。承发包双方应按约定的工程款及调价内容进行竣工结算。

建设部令第 107 条《建筑工程施工发包与承包计价管理办法》第 16 条规定，"工程竣工验收合格，应当按照下列规定进行竣工结算。

(1) 承包方应当在工程竣工验收合格后的约定期限内提交竣工结算文件。

(2) 发包方应当在收到竣工结算文件后的约定期限内予以答复。逾期未答复的，竣工结算文件视为已被认可。

(3) 发包方对竣工结算文件有异议的，应当在答复期内向承包方提出，并可以在提出之日起的约定期限内与承包方协商。

(4) 发包方在协商期内未与承包方协商或者经协商未能与承包方达成协议的，应当委托工程造价咨询单位进行竣工结算审核。

(5) 发包方应当在协商期满后的约定期限内向承包方提出工程造价咨询单位出具的竣工结算审核意见。

发、承包双方对工程造价咨询单位出具的竣工结算审核意见仍有异议的，在接到该审核意见后一个月内可以向县级以上地方人民政府行政主管部门申请调解，调解不成的，可以依法申请仲裁或者向人民法院提起诉讼。”

上述事项的期限在没有承包方、发包方双方明确约定的，一律为28天。

4. 工程竣工结算价款支付

《合同法》第279条规定，“验收合格的，发包人应当按照约定支付价款，并接受该建设工程。”第286条规定，“发包人未按约定支付价款的，承包人可以催告发包人在合理期限内支付价款。发包人逾期不支付的，除按照建设工程的性质不宜打折、拍卖的以外，承包人可以与发包人协议将该工程折价，也可以申请人民法院将该工程依法拍卖。建设工程的价款就该工程折价或者拍卖的价款优先受偿。”

工程竣工结算是项目管理的重要工作，工程竣工结算价款的收取，是项目经理的重要职责和义务。工程竣工结算经发包人签认后，工程预算主管部门应将竣工结算书送交财务部门一份，财务部门据此与发包人进行工程价款的最终结算和收款。

对于项目经理部来说，只有当工程价款结算完毕，才意味着考核施工项目成本目标和决定奖罚有了可靠的根据。

工程竣工结算价款的支付，与施工合同中约定的工程进度和预付备料款等方式有着十分密切的关系。一般而言，承包人完成的工程量越多，施工产值越多，工程结算的价款也就较多。项目经理部根据已结算的工程款与工程结算总价款的比例，就能发现工程项目管理效益的基本情况。

工程竣工结算价款支付的一般公式：

工程竣工结算最终价款支付＝工程预算或合同价＋工程变更调整数额
－预付及已结算工程价款－保修金

5. 工程价款价差的竣工结算

在经济发展过程中，物价水平是动态的、经常不断变化的，但工程建设项目周期长，随着时间的推移，经常要受物价浮动等多种因素的影响，其中主要是人工费、材料费、施工机械费、运费等动态影响，在我国发生最多的是材料费。基于上述原因，有必要对工程价款结算的动态因素予以考虑(但这要受合同约定的制约，即合同中有约定可以考虑动态因素才行，否则是不可以的)。这种结算方式，承包商的风险较小，而发包商的风险较大。工程价款价差调整的方法有工程造价指数调整法、实际价格调整法、调价文件计算法和调值公式计算法等。

(1) 工程造价指数调整法。

这种方法是承发包双方采用当时的预算定额单价计算出承包合同价，待竣工时，根据合理的工期及当地工程造价管理部门所公布的该月度的工程造价指数，对原承包合同价予以调整，对承包商给予调价补偿。我国在计划经济时期，基本采用此法。

(2) 实际价格调整法。

由于建筑材料需要市场采购的范围越来越大，我国有些地区规定对部分价格采用按实际价格结算的方法，即是实际价格调整法。

(3) 调价文件计算法。

这种方法是承发包双方按照造价管理部门调价文件的规定，进行抽料补差。

(4) 调值公式计算法。

调值公式计算法是按国际工程惯例，当合同工期较长时，对建设项目工程价款进行动态结算的一种方法。一般在签订合同时就明确列出这一调值公式，并由此作为价差调整的计算依据。

建筑安装工程费用价格调值公式一般包括固定部分、材料部分和人工部分。调值公式一般为

$$P = P_0\left(a_0 + a_1\frac{A}{A_0} + a_2\frac{B}{B_0} + a_3\frac{C}{C_0} + a_4\frac{D}{D_0}\right) \tag{12-1}$$

式中：P——调值后合同价款或工程实际结算款；

P_0——合同价款中工程预算进度款；

a_0——固定要素；

a_1、a_2、a_3、a_4…——有关各项费用在合同总价中所占比重；

A_0、B_0、C_0、D_0…——基准日期与 a_1、a_2、a_3、a_4…对应的各项费用的基期价格指数或价格；

A、B、C、D…——与特定付款证书有关的期间最后一天的 49 天前与 a_1、a_2、a_3、a_4…对应的各项费用的相应价格指数或价格。

上述四种方法中，只有调值公式计算法是现在国际上最通用的一种调价方法。

6. 国内材料价款的支付与结算

(1) 由承包单位自行采购建筑材料的，发包单位可以在双方签订工程承包合同后按年度工作量的一定比例向承包单位预付备料资金。备料款的预付额度，建筑工程一般不应超过当年建筑工程量的 30%，大量采购预制构件及工期在 6 个月以内的工程，可适当增加；安装工程一般不应超过当年安装工程量的 10%，安装材料较大的工程，可适当增加。

(2) 按工程承包合同规定，由承包方包工包料的，则由承包方负责购货付款，并按规定向发包方收取备料款。

(3) 按工程承包合同规定，由发包单位供应材料的，其材料费可按材料预算价格转给承包单位。材料价款在结算工程款时陆续抵扣，这部分材料款，承包单位不应收取备料款。

【例 1】 某项工程，业主与承包商签订了施工合同，合同中含有两个子项工程，估算工程量 A 项为 2300 m^3，B 项为 3200 m^3，经协商，合同价 A 项为 180 元/m^3，B 项为 160 元/m^3。承包合同规定：

(1) 开工前业主应向承包商支付合同价 20%的预付款；

(2) 业主自第一个季度起，从承包商的工程款中，按 5%的比例扣留保修金；

(3) 当子项工程实际工程量超过估算工程 10%时，可进行调价，调整系数为 0.9；

(4) 工程师签发季度付款最低金额为 25 万元；

(5) 预付款在最后两个季度扣除，每季扣 50%；

(6) 根据市场情况规定价格调整系数平均按 1.2 计算；

(7) 承包商每季度实际完成并经工程师签证确认的工程量如表 12-3 所示。问第四季度竣工结算时实际得到的工程款额为多少？

表 12-3　工程量表

月　份	第一季度	第二季度	第三季度	第四季度
A 项	500	800	800	600
B 项	700	900	800	600

解　(1) 合同价＝2 300×180＋3 200×160＝926 000 元＝92.6 万元

(2) 预付款＝92.6×20%＝18.52 万元

(3) 第一季度工程款＝500×180＋700×160＝202 000 元＝20.2 万元

应签证的工程款＝1.2×20.2×(1－5%)＝23.028 万元<25 万元，所以第一季度工程师不签发工程款。

(4) 第二季度工程款＝800×180＋900×160＝288 000 元＝28.8 万元

应签证的工程款＝1.2×28.8×(1－5%)＝32.832 万元

本季度工程师实际签发的工程款＝23.028＋32.832＝55.86 万元>25 万元

(5) 第三季度工程款＝800×180＋800×160－272 000 元＝27.2 万元

应签证的工程款＝1.2×27.2×(1－5%)＝31.008 万元

应扣预付款＝18.52×50%＝9.26 万元

本季度应付工程款＝31.008－9.26＝21.748 万元<25 万元，所以第三季度工程师不签发工程款。

(6) 第四季度，A 项工程量为 2 700 m^3，比预估工程量超出 400 m^3，已超出 10%的工程量，即 2 300×(1＋10%)＝2 530 m^3，故价格应予调整。B 项工程量为 3 000 m^3，比预估工程量 3 200 m^3 少，故价格不予调整。

A 项超出 10%的工程量＝2 700－2 300×(1＋10%)＝2 700－2 530＝170 m^3

超出部分的应调整价格＝180×0.9＝162 元/m^3

本季度 A 项工程款＝(600－170)×180＋170×162＝104 940 元＝10.494 万元

本季度 B 项工程款＝600×160＝9.6 万元

本季度 A、B 两项工程款＝10.494＋9.6＝20.094 万元

应签证的工程款＝1.2×20.094×(1－5%)＝22.907 万元

应扣预付款＝18.52×50%＝9.26 万元

本季度工程师应签证的竣工工程款＝21.748＋22.907－9.6＝35.055 万元

12.3 建设工程项目回访保修管理

12.3.1 回访与保修的意义、范围

《规范》第 18.6.1 条,“承包人应制定项目回访和保修制度并纳入质量管理体系。”

1. 项目回访与保修的意义

工程交工后回访用户是一种“售后服务”方式,工程交工后保修是我国一项基本法律制度。通过建立和完善回访保修服务机制,贯彻“顾客至上”的服务宗旨,可以展示企业良好的形象。

贯彻回访保修服务制度,要求承包人在工程交付竣工验收后,自签署工程质量保修书起的一定期限内,应对发包人和使用人进行工程回访,发现由非使用原因造成的质量问题,承包人应负责工程保修,直到在正常使用条件下建设工程的质量保修期结束为止。承包人进行工程回访保修的意义如下:

(1) 有利于项目经理部重视项目管理,提高工程质量;

(2) 有利于承包人听取用户意见,履行回访保修承诺;

(3) 有利于改进服务方式,增强用户对承包人的信任感。

2. 项目回访保修的范围

《中华人民共和国合同法》第 275 条规定,建设工程施工合同的内容包括:“质量保修范围和质量保证期”。第 281 条规定,“因施工人的原因致使建设工程质量不符合约定的,发包人有权要求施工人在合理期限内无偿修理或者返工、改建。”

《建设工程施工合同(示范文本)》通用条款中对质量保修作了详细规定:

“34.1 承包人应按法律、行政法规或国家关于工程质量保修的有关规定,对交付发包人使用的工程在质量保修期内承担质量保修责任。

34.2 质量保修工作的实施。承包人应在工程竣工验收之前,与发包人签订质量保修书,作为合同附件。

34.3 质量保修书的主要内容包括:

(1) 质量保修项目内容及范围;

(2) 质量保修期;

(3) 质量保修责任;

(4) 质量保修金的支付方法。”

12.3.2 回访与保修的程序和方法

1. 项目回访保修的程序

承包人应建立与发包人及用户的服务联系网络,及时取得信息,并按计划→实

施→验证→报告的程序，搞好回访与保修工作。其工作程序如下。

(1) 总的指导原则是瞄准建设市场，提高工程质量，与发包人建立良好的公共关系，并将回访保修工作纳入计划实施。

(2) 适时召开一些易于融洽、有益双方交流的座谈会、经验交流会、庆祝佳节茶话会，以加强联系，增进双方友好感和信赖感。

(3) 及时研究解决施工问题、质量问题，听取发包人对工程质量、保修管理、在建工程的意见，不断改善项目管理，才能真正提高工程质量水平，树立承包人的社会信誉。

(4) 千方百计为发包人提供各种跟踪服务，不断满足提出的各种变更修改要求，建立健全工程项目登记、变更、修改等技术质量管理基础资料，把管理工作做得扎扎实实。

(5) 妥善处理与发包人、监理人和外部环境的关系，捕捉机会，创造有利条件，精心组织，细心管理，形成“我精心、你放心、他安心”的“三位一体”工程质量保证机制。

(6) 组织发放有关工程质量保修、维修的注意事项等资料，切实贯彻企业服务宗旨，进行工程质量问卷调查，收集反馈工程质量保修信息，对实施效果应有验证和总结报告。

2. 回访用户

(1) 回访保修工作计划应由承包人根据合同和有关规定编制，具体内容如下（参照《规范》第18.6.2条）。

① 主管回访保修的部门。

② 执行回访保修工作的单位。

③ 回访时间及主要内容和方式。

(2) 回访工作的措施和方法。

① 承包人应制定并实施回访用户和工程保修服务控制程序。

② 在工程交付竣工验收后按工作计划组织回访用户。

③ 严格按相关规定和约定，搞好质量保修服务，履行服务承诺。

④ 正确划分保修和维修的责任界限，处理好与用户的关系。

⑤ 采用多种形式听取用户意见，分析信息，为质量改进提供资料。

(3) 回访工作方式。

《规范》第18.6.3条，“回访可采取电话询问、登门座谈、例行回访等方式。回访应以业主对竣工项目质量的反馈及特殊工程采用的新技术、新材料、新设备、新工艺等的应用情况为重点，并根据需要及时采取改进措施。”

根据回访计划安排，可采取灵活多样的回访工作方式。

① 例行性回访。按回访工作计划的统一安排，对已交付竣工验收并在保修期内的工程，组织例行回访，一般半年或一年进行一次，广泛收集用户对工程质量的反

映。对回访难以覆盖的地方,可采取电话询问方式,也可以适时采取召开一些易于融洽,有益交流的座谈会、茶话会等形式,把回访工作搞活。

② 季节性回访。主要针对具有季节性特点、容易造成负面影响、经常发生质量问题的工程部位进行回访,如雨季的屋面工程等,妥善处理好外部公共关系,认真负责地解答用户提出的问题,必要时可分发一些资料,进行维护知识的宣传教育。

③ 技术性回访。根据建筑新技术在工程上应用日益增多的情况,通过回访用户的方式,及时了解施工过程中采用新材料、新技术、新工艺、新设备的技术性能,从用户那里获得使用后的第一手材料,并进行妥善处理。

④ 专题性回访。对某些特殊工程、重点工程、有影响的工程应组织专访,可将服务工作往前延伸,一般由项目经理部自行组织为好,包括交工前对发包人的回访和交工后对使用人的回访,听取意见,为其跟踪服务,满足提出的合理要求,改进服务方式和质量管理。

3. 工程保修

(1) 工程质量保修制度。

《规范》第 18.6.4 条,"签发工程质量保修书应确定质量保修范围、期限、责任和费用的承担等内容。"

《建设工程质量管理条例》第 39 条规定,"建设工程实行质量保修制度。建设工程承包单位在向建设单位提交工程竣工验收报告时,应当向建设单位出具质量保修书。质量保修书中应当明确建设工程的保修范围、保修期限和保修责任等。"

建设部和国家工商行政管理局根据《建设工程质量管理条例》和《房屋建筑工程质量保修办法》的有关规定,印发了《房屋建筑工程质量保修书(示范文本)》,要求与《建设工程施工合同(示范文本)》一并执行。

(2) 工程质量保修期限。

《建设工程质量管理条例》第 40 条规定,"在正常使用条件下,建设工程的最低保修期限为:

① 基础设施工程、房屋建筑的地基基础工程和主体结构工程,为设计文件规定的该工程的合理使用年限;

② 屋面防水工程、有防水要求的卫生间、房间和外墙面的防渗漏,为五年;

③ 供热与供冷系统,为两个采暖期、供冷期;

④ 电气管线、给排水管道、设备安装和装修工程,为两年。

其他项目的保修期限由发包方与承包方约定。建设工程的保修期,自竣工验收合格之日起计算。"

4. 工程质量保修经济责任的处理

(1) 由于承包人未按照国家标准、规范和设计要求施工造成的质量缺陷,应由承包人负责处理并承担经济责任。

(2) 由于设计人造成的质量问题，应由设计人承担经济责任。当由承包人修理时，费用数额应按合同约定，不足部分应由发包人补偿。

(3) 由于发包人供应的材料、构配件或设备不合格造成的质量缺陷，应由发包人自行承担经济责任。

(4) 由发包人指定的分包人造成的质量缺陷，应由发包人自行承担经济责任。

(5) 因使用人未经许可自行改建造成的质量缺陷，应由使用人自行承担经济责任。

(6) 因地震、洪水、台风等不可抗力原因造成损坏或非施工原因造成的事故，承包人不承担经济责任。

(7) 当使用人需要责任以外的修理维护服务时，承包人应提供相应的服务，并在双方协议中明确服务的内容和质量要求，费用由使用人支付。

【思考和练习】

1. 试述竣工验收的概念和意义。
2. 竣工验收的依据有哪些？
3. 试述单位工程竣工验收的标准。
4. 试述竣工验收的程序和内容。
5. 参加竣工验收的主要成员有哪些？
6. 如何办理工程移交？
7. 办理竣工结算应把握哪些原则？
8. 建设工程项目管理全面分析的指标有哪些？
9. 工程质量分析的内容有哪些？
10. 如何进行工程成本分析？
11. 试述项目回访和保修的程序。
12. 关于工程质量保修的期限有哪些规定？
13. 如何进行工程质量保修经济责任的处理？

参考文献

[1] 中华人民共和国建设部，国家质量监督检验检疫总局. 建设工程项目管理规范[M]. 北京：中国建筑工业出版社，2006.

[2] 《中国工程项目管理知识体系》编委会. 中国工程项目管理知识体系[M]. 北京：中国建筑工业出版社，2003.

[3] (美)项目管理协会. 项目管理知识体系指南[M]. 卢有杰，王勇，译. 北京：电子工业出版社，2005.

[4] 成虎. 工程项目管理[M]. 北京：中国建筑工业出版社，2004.

[5] 蔺石柱，闫文周. 工程项目管理[M]. 北京：机械工业出版社，2006.

[6] 田元福. 建设工程项目管理[M]. 北京：清华大学出版社，北京交通大学出版社，2005.

[7] 胡志根，黄建平. 工程项目管理[M]、武汉：武汉大学出版社，2004.

[8] 范秀兰，张东黎. 建设工程项目管理[M]. 重庆：重庆大学出版社，2008.

[9] 宫立鸣，孙正茂，等. 工程项目管理[M]. 北京：化学工业出版社，2005.

[10] 梁世连，等. 工程项目管理[M]. 北京：清华大学出版社，北京交通大学出版社，2006.

图书在版编目(CIP)数据

建设工程项目管理/吕玉辉,范秀兰 主编.—武汉:华中科技大学出版社,2011.6
(高职高专土建类"十二五"规划教材)
ISBN 978-7-5609-6839-1

Ⅰ.①建… Ⅱ.①吕… ②范… Ⅲ.①基本建设项目-项目管理-高等学校:技术学校-教材 Ⅳ.①F284

中国版本图书馆 CIP 数据核字(2011)第 250796 号

建设工程项目管理 吕玉辉 范秀兰 主编

责任编辑:朱 霞 陈 骏
封面设计:范翠璇
责任校对:周 娟
责任监印:张贵君
出版发行:华中科技大学出版社(中国·武汉)
武昌喻家山 邮编:430074 电话:(027)81321915
录 排:武汉楚海文化传播有限公司
印 刷:华中科技大学印刷厂
开 本:850mm×1065mm 1/16
印 张:17.75
字 数:357 千字
版 次:2013 年 8 月第 1 版第 2 次印刷
定 价:32.00 元

本书若有印装质量问题,请向出版社营销中心调换
全国免费服务热线:400-6679-118 竭诚为您服务